Nils Bäumer
Jenseits des Algorithmus

Nils Bäumer

Jenseits des Algorithmus

Kreativität in der Ära von KI

Mentoren-Verlag

Der Verlag weist ausdrücklich darauf hin, dass im Text enthaltene externe Links vom Verlag nur bis zum Zeitpunkt der Buchveröffentlichung eingesehen werden konnten. Auf spätere Veränderungen hat der Verlag keinerlei Einfluss. Eine Haftung des Verlags ist daher ausgeschlossen.

Bibliografische Information der Deutschen Nationalbibliothek
Die Deutsche Nationalbibliothek verzeichnet diese Publikation in der Deutschen Nationalbibliografie; detaillierte bibliografische Daten sind im Internet über http://dnb.d-nb.de abrufbar.

1. Auflage
© 2024 Mentoren-Media-Verlag,
Königsberger Str. 16, 55218 Ingelheim am Rhein

Lektorat: Sarah Küper, Mainz
Korrektorat: Marie Schumacher, Leipzig
Umschlaggestaltung: Nadine Nagel, Mainz
Fotos der Interviewpartner: Hagen Schnauss (S. 48); Johannes Wosilat (S. 64); Kay Blaschke (S. 81); Markus Bohl (S. 95); Christian Hesselmann (S. 108); Uwe Klössing (S. 122); Kristina Blömer (S. 139); Tim Koller (S. 150); Radio Bremen, Ines Schumann (S. 164); Collin Croome (S. 177); Holger Biermann (S. 192)
Autorenfoto: Barbara Tied
Satz und Layout: Sarah Küper, Mainz
Druck und Bindung: Balto Print, Vilnius, Litauen

ISBN: 978-3-98641-111-4

www.mentoren-verlag.de

Inhaltsverzeichnis

Vorwort(e)

Gendern

In Absprache mit meinem Verlag habe ich im Buch eine einheitliche Form der Personenbezeichnung gewählt und das generische Maskulinum verwendet. Als Standardsatz folgt meist der Hinweis, »dass aus Gründen der besseren Lesbarkeit das generische Maskulinum/Femininum verwendet wird, sich aber selbstverständlich alle Angaben auf Angehörige aller Geschlechter beziehen«. Das stimmt natürlich, aber trotzdem:

Liebe Leserin, lieber Leser, ich möchte Ihnen versichern, dass mir die Schreibweise nicht immer leicht gefallen ist und ich zu jeder Zeit versucht habe, alle sprachlichen und im Leben existierenden Geschlechter miteinzubeziehen. Vielfalt ist auch eine Form von Kreativität und ich liebe Vielfalt.

KI im Buch

Einige Texte in diesem Buch wurden vollständig von einer KI verfasst. Zur besseren Unterscheidung sind diese Passagen kursiv gedruckt. Bei der Überarbeitung meiner eigenen Texte habe ich mir oft vom Programm *DeepL Write* helfen lassen.

Obwohl ich nie ein Buch über KI-Programme schreiben wollte, sondern immer nur über deren Auswirkungen auf die menschliche Kreativität und unsere Gesellschaft, kam ich nicht umhin, viele Programme zu testen, zu benutzen und darüber zu schreiben. Mir ist bewusst, dass viele der Probleme, die zum Zeitpunkt des Schreibens noch existierten, in Ihrer Zeit längst gelöst sind. Betrachten Sie es als eine kleine Zeitreise und schmunzeln Sie über die Probleme meiner Zeit. Ich hoffe sehr, dass der Großteil dieses Buches, seine Inhalte und Aussagen, zeitloser sind und auch langfristig als Orientierung und Denkanstoß nutzbar bleiben.

Dennoch gab es immer wieder Fälle, in denen sich in der Zeit zwischen der ersten Manuskriptabgabe und der endgültigen Druckfreigabe so wichtige Entwicklungen ergaben, dass ich sie im Buch erwähnen wollte. Sie finden daher auf einigen Seiten Textblöcke mit der Überschrift: *Nachtrag aus der Zukunft*. Diese Informationen stammen aus einem Zeitfenster bis zum 30.11.2023 und zeigen, wie schnell und teilweise unvorhersehbar manche Entwicklungen vorangingen. So wie *ChatGPT* immer nur mit Trainingsdaten bis zu einem bestimmten Datum trainiert wurde, hat dieses Buch den 30.11.2023 als Wissensstichtag[1]. Interessanterweise ist das auch der erste Geburtstag von *ChatGPT*, denn der Chatbot wurde am 30.11.2022 veröffentlicht. Ich finde, das passt gut zusammen.

Die Geschichte des Covers, Teil I

Bei einem Buch über künstliche Kreativität liegt es nahe, auch bei der Gestaltung des Covers KI einzusetzen. Nadine Nagel, die im Mentoren-Media-Verlag für die Covergestaltung zuständig ist, hat sich dankenswerterweise sofort auf das Experiment eingelassen und wird im weiteren Verlauf des Buchs selbst zu Wort kommen.

Stellen Sie sich bitte folgende Fragen:
- Wie interpretieren Sie das Titelbild?
- Welche Geschichte erzählt es aus Ihrer Sicht und wie ist es entstanden?
- Ist der Android in der Glühbirne gefangen oder ist es nur eine Darstellung seiner Kreativität?
- Und was für einen Funken hält er in der Hand?

---

1   Das Datum, an dem das Training mit Wissen für ein Sprachmodell endet, wird als »Knowledge Cutoff« Datum bezeichnet. Übersetzt beschreibt Wissensstichtag dieses Datum, bis zu dem ein Training mit aktuellen Informationen erfolgt ist.

Ich weiß nicht, wie Sie das Bild interpretieren, aber vielleicht ändert sich Ihre Sichtweise, wenn Sie das Buch gelesen haben. Gerne erzähle ich Ihnen mehr über meine Gedanken dazu und über die Entstehungsgeschichte des Covers, die sich über einen längeren Zeitraum entwickelt hat. Um aber nicht schon zu Beginn zu viel zu verraten und vielleicht zu verwirren, da es dabei auch um den Einsatz verschiedener KI-Programme geht, haben wir uns entschlossen, die Geschichte hinter dem Cover erst ganz am Ende des Buchs zu erzählen.

Aber eines sei schon verraten. Durch die Möglichkeiten, mit generativer KI zu arbeiten, konnte ich einen großen Teil zum Cover beitragen, was mir noch vor wenigen Monaten so nicht möglich gewesen wäre. Und es floss viel von meiner Kreativität mit ein, sodass das Cover auch zu meinem Cover wurde. Es steckt viel Seele von mir in diesem Bild, obwohl es nur aus generierten Pixeln besteht. Aber vielleicht steckt die Seele zwischen den Pixeln? Mehr zu dieser Idee finden Sie ebenfalls im Buch, viel Spaß beim Lesen und Entdecken.

Gedanken zum Start

Einladung zu einem »Brain Trek«

Kennen Sie *Star Trek*? Wahrscheinlich ja, denn es ist eine der erfolgreichsten Science-Fiction-Sagen unserer Zeit. Nach der ersten Serie folgten mehrere Kinofilme und weitere Serienableger mit und ohne Kapitän Kirk und seine Crew.

Ich bin ein großer Science-Fiction-Fan, und ja, ich mag auch *Star Wars*. Aber an *Star Trek* hat mich von Anfang an nicht nur Spock fasziniert, sondern vor allem die Idee der Reise. Eine Reise durch den Weltraum, ein echter »Star Trek« eben. Oder wie es zum Start jeder Folge der ersten Staffel hieß: »Viele Lichtjahre von der Erde entfernt dringt die Enterprise in Galaxien vor, die nie ein Mensch zuvor gesehen hat.«

Auch ich begebe mich in diesem Buch auf eine Reise und lade Sie ein, mich dabei zu begleiten. Es ist eine Reise durch die Zeit, denn die Entwicklung auf dem Gebiet der *Künstlichen Intelligenz* (KI)[2] ist so rasant, dass ich im Text immer wieder eine Art Zeitstempel anbringen werde, um festzuhalten, wann der jeweilige Text geschrieben wurde. Und es ist eine Reise durch die Welt der Kreativität in ihren verschiedenen Ausprägungen und aus verschiedenen Blickwinkeln.

Einer meiner Vortragstitel lautet *Kreativität ist Science-Fiction – hin zu Ideen, die noch nie ein Mensch zuvor gedacht hat*. Natürlich angelehnt an Star Trek. Als ich diesen Titel zum ersten Mal nutzte, wollte ich damit ausdrücken, dass in Science-Fiction extrem viel Kreativität steckt und wir viel davon lernen können.

Mit der Einführung neuester KI-Modelle lässt er sich allerdings auch ganz anders interpretieren. Vielleicht hat sich schon eine völlig

---

2 Größtenteils beziehe ich mich in diesem Buch auf generative KI, ohne es jedes Mal explizit zu schreiben. Natürlich ist KI schon seit vielen Jahren Teil unseres täglichen Lebens, oft ohne dass wir uns dessen bewusst sind.

neue Form der Kreativität gebildet, die wir und auch ich noch vor wenigen Jahren für Science-Fiction gehalten hätten. Und vielleicht werden einige der nächsten bahnbrechenden Ideen gar nicht mehr vom Menschen gedacht, sondern von Maschinen?

Ich lade Sie ein, mit mir auf diese Reise zu gehen, auf einen »Brain Trek«, der verschiedene Aspekte der menschlichen Kreativität beleuchtet und der künstlichen Kreativität gegenüberstellt. Wo haben wir als Menschen noch Vorteile und wo werden wir ersetzt? Wie sehen verschiedene Expertinnen das Thema? Sehen wir das Ganze eher als Risiko, als Herausforderung oder als Chance?

Wahrscheinlich haben Sie, genau wie ich, zu einigen dieser Fragen bereits eine Meinung, aber ich bin davon überzeugt, dass wir tiefer in das Thema einsteigen sollten. Um die Veränderungen besser zu verstehen, die mit dem Aufkommen der künstlichen Kreativität auf uns zukommen. Wir sollten tief in das Thema eintauchen und es von verschiedenen Seiten beleuchten, um daraus eigene Schlüsse und Handlungsweisen für uns und unser Umfeld ableiten zu können.

Dazu werde ich in diesem Buch immer wieder zwei Arbeitsweisen gegenüberstellen. Die eine stellt den Menschen in den Mittelpunkt und verzichtet auf den Einsatz von KI-Programmen. Exemplarisch zeige ich dies bei der Erstellung des Inhaltsverzeichnisses für dieses Buch, um dann die gleiche oder eine ähnliche Aufgabe einer KI zu stellen. Sie haben die Möglichkeit, beides zu beurteilen und für sich zu bewerten. Was gefällt Ihnen besser? Was erscheint Ihnen kreativer oder wertvoller?

Zusätzlich versuche ich, die eingesetzten Ressourcen zu berücksichtigen. Wie viel Zeit brauche ich für die jeweilige Arbeitsweise? Vielleicht lohnt es sich auch bei einem etwas schlechteren Ergebnis, auf die Arbeit mit KI umzusteigen, wenn der Zeitaufwand dafür um ein Vielfaches geringer ist?

Wohin die Reise gehen wird, kann ich beim Schreiben dieser Zeilen noch nicht sagen und freue mich auf viele Gespräche und Erfahrungen. Es wird auf jeden Fall spannend und, um mit Spock zu sprechen, sicher auch faszinierend. Ich hoffe, dass Sie mich auf dieser Reise begleiten, wenn auch zu einer ganz anderen Zeit. Und wer weiß, vielleicht kreuzen sich unsere Wege irgendwann auch persönlich an einem anderen Ort und zu einer anderen Zeit. Ich würde mich sehr freuen, wenn Sie mich dann ansprechen und mir von Ihrer Reise berichten.

30. MAI 2023

Status quo der KI-Programme

Der oben angegebene Zeitstempel gilt für dieses Kapitel und meinen jetzigen Wissensstand. Ich möchte kurz grundlegend beschreiben, an welchem Punkt der Entwicklung wir stehen, und Leser abholen, die sich vielleicht bislang nicht mit KI-Programmen beschäftigt haben.

Ein mir sehr wichtiger Punkt vorweg: Dies ist kein Buch mit Empfehlungen zu KI-Programmen und wie man sie bestmöglich nutzt. Die Entwicklung auf diesem Gebiet geht so schnell voran, dass der Stand dieses Buches, was KI-Programme angeht, bereits veraltet sein wird, wenn es herauskommt. Ebenso wenig empfehle ich spezielle Programme für die Nutzung oder stehe in irgendeiner Verbindung zu den Anbietern. Alle hier genannten Anwendungen habe ich selbst genutzt, ohne vorher Vor- und Nachteile mit ähnlichen Programmen zu vergleichen. Ich war einfach neugierig und habe sie über unterschiedliche Kanäle kennengelernt. An *ChatGPT* führt zurzeit noch kein Weg vorbei, da auch viele andere Programme darauf aufbauen. Googles KI-Bot *Bard* ist zwar schon auf dem Markt gekommen, aber vorerst nur in englischsprachigen Ländern verfügbar. Doch wer weiß, vielleicht lesen Sie ja in späteren Kapiteln auch darüber mehr, wenn die Zeit voranschreitet. Sie wissen ja – Brain Trek.

Ein kurzer Rückblick: Am 30.11.2022 erschien *ChatGPT* und sorgte für große Furore. Ich werde nicht näher auf die genaue Funktionsweise von KIs eingehen und wie beispielsweise große Sprachmodelle (LLMs) funktionieren, dazu empfehle ich Ihnen andere Lektüren. Wer sich näher damit beschäftigen möchte, dem kann ich insbesondere die digitale Ausgabe von Spektrum der Wissenschaft KOMPAKT mit dem Titel *Künstliche Gespräche – Kommunikation mit KI-Chatbots* empfehlen (erschienen am 15.05.2023).[3] Dort wird kurz und knapp erläutert, was es bei Sprachmodellen, die eine künstliche Intelligenz auszeichnet, mit Encoder, Decoder und Transformer auf sich hat.

Ich bin ehrlich zu Ihnen, ich habe es nicht verstanden. Oder vielleicht hat es mich auch nur nicht richtig interessiert. Ich nutze auch meinen Computer (eigentlich einen *Mac*) und habe keine Ahnung davon, wie er wirklich funktioniert. Aber nachdem ich bei früheren sogenannten Chatbots meistens nur genervt war, da ich mich auf Webseiten von beispielsweise Telefonanbietern immer wieder mit dem Bot im Kreis gedreht habe, um am Ende fast immer einen menschlichen Kundenbetreuer für die Lösung zu benötigen, hat *ChatGPT* mich von Beginn an fasziniert.

ChatGPT selbst antwortete auf die Frage, was ein Chatbot ist, mit: *»Ein Chatbot ist ein Computerprogramm, das entwickelt wurde, um menschenähnliche Konversationen mit Benutzern zu führen. Er basiert auf künstlicher Intelligenz und maschinellem Lernen und kann in verschiedenen Plattformen, wie Websites, Messaging-Apps oder sozialen Medien, eingesetzt werden. Chatbots nutzen Sprach- oder Texteingabe, um mit Benutzern zu interagieren und Informationen bereitzustellen, Fragen zu beantworten, Aufgaben auszuführen oder Kundensupport anzubieten. Sie werden in verschiedenen Anwendungsbereichen eingesetzt, darunter Kundenservice, E-Commerce, Informationssuche und Unterhaltung. Durch ihre Fähigkeit, automatisierte und personalisierte Interaktionen anzubieten, tragen Chatbots zur Effizienzsteigerung und Verbesserung der Benutzererfahrung bei.«*

Mir fällt dabei schon eine Besonderheit auf, die es früher so bei ähnlichen Programmen nicht gab. Es schreibt sehr gerne und oft lange. Bei *ChatGPT* ist dies natürlich kein Problem, denn ich kann es bitten, die Antwort auf zwei Sätze zu kürzen und schon bekomme ich

---

3   Nachtrag aus der Zukunft: Im hörenswerten Podcast von Heise Online wurde am 24.11.2023 ebenfalls ein tieferer Blick in die Funktion generativer KI geworfen. Dieser ist online abrufbar unter: https://www.heise.de/news/KI-Update-Deep-Dive-Generativer-KI-unter-die-Haube-geschaut-9537077. html. Das dort empfohlene Buch *Künstliche Intelligenz verstehen* (http://www.maschinennah.de/ki-buch/) habe ich selbst allerdings noch nicht gelesen.

folgende Antwort: *»Ein Chatbot ist ein computerbasiertes Programm, das mit Hilfe künstlicher Intelligenz menschenähnliche Konversationen führen kann. Es interagiert mit Benutzern über Text oder Sprache und bietet Informationen, Support oder erledigt bestimmte Aufgaben automatisiert.«*

Ohne zu technisch zu werden, folgen noch einige wichtige Begriffserklärungen: Chatbots wie *ChatGPT* basieren auf sogenannten »LLMs«. Ein LLM (Large Language Model = großes Sprachmodell) ist ein Sprachmodell, das auf einer neuronalen Netzwerk-Architektur basiert. Ein besonders wichtiges Merkmal dabei ist, dass diese Modelle Milliarden von Parametern haben. Es gibt schon zum jetzigen Zeitpunkt verschiedene LLMs und sicher werden es noch mehr werden, während ich dieses Buch schreibe. Sie werden also wahrscheinlich auch noch andere Modelle, beziehungsweise die Programme dazu kennenlernen.

Ein Begriff, der ebenfalls Einsicht in die unterschiedlichen Arbeitskapazitäten der Programme gibt, ist »Token«. *ChatGPT* selbst erklärt dies folgendermaßen: *»In der Welt der KI und maschinellem Lernen bezeichnet ein ›Token‹ typischerweise eine Art Einheit der Textverarbeitung. Im Kontext eines KI-Modells wie ChatGPT ist ein Token ein Stück Text, das vom Modell verarbeitet wird.*

Ein Token kann je nach Kontext und Sprache unterschiedlich definiert sein. In vielen westlichen Sprachen kann ein Token als ein Wort oder ein Satzzeichen betrachtet werden.

Die maximale Anzahl von Tokens, die ein Modell wie GPT-3 auf einmal verarbeiten kann, ist festgelegt (für GPT-3 sind es 2048 Tokens). Diese Begrenzung umfasst sowohl die Eingabe- als auch die Ausgabetokens. Wenn also eine Anfrage und die erwartete Antwort zusammen mehr als diese maximale Anzahl von Tokens erfordern würden, muss die Anfrage entsprechend angepasst werden.

Es ist wichtig zu beachten, dass die Tokenisierung in verschiedenen Sprachen unterschiedlich funktioniert und die Anzahl der Tokens für denselben Text in verschiedenen Sprachen variieren kann.«

Tokens werden also sehr speziell berechnet und liegen durchschnittlich in der deutschen Sprache höher als im Englischen. Auf einer Webseite habe ich gelesen, dass pro Wort ca. 1,8 Token im Deutschen benutzt werden. Auf der Webseite von *ChatGPT* selbst wird angegeben, dass *ChatGPT 3.5 Turbo*, die Version, mit der ich am Start arbeiten werde (später auch mit der Version *ChatGPT* 4), bis zu 4.096 Token verarbeiten kann. Dies würde bedeuten, dass wir über circa 2.300 Wörter reden. Sicher wird sich dies noch ändern, aber es ist eine wichtige Information, um einschätzen zu können, wie lang Fragen und Antworten bei KI-Programmen zurzeit sein dürfen.

Nachtrag aus der Zukunft
Seit Anfang November 2023 können zahlende Kunden *ChatGPT* 4-Turbo nutzen. Es besitzt einen Wissensstand bis April 2023 und ein Kontextfenster von 128.000 Token, was ungefähr 100.000 Wörtern oder dem Äquivalent von 300 Seiten Text in einem einzigen Prompt entspricht.

Die Frage oder die Anforderung, die wir KI-Programmen stellen, nennt sich in der Fachsprache »Prompt«. Ich bin mir recht sicher, dass es nicht lange ein Fachbegriff bleiben wird, denn Prompts werden Einzug in unseren Alltag halten. Textliche Eingaben oder Anweisungen, mit denen KI-Programme arbeiten, werden als Prompt bezeichnet. Dadurch können Texte zu Bildern, zu Filmen, zu Musik und vielem mehr umgewandelt bzw. erzeugt werden. Es gibt bereits jetzt das Berufsfeld des Prompt-Engineers[4]. Hierbei handelt es sich um Fachleute, die darauf spezialisiert sind, wie man gute Prompts für die unterschiedlichen KI-Programme schreibt. Ob dies ein Beruf mit und für die Zukunft ist, darüber streiten die Experten zu diesem Zeitpunkt noch. Momentan gibt es aber noch keine optimalen KI-Programme, die uns die Prompts für andere Programme schreiben, auch wenn sie schon

---

4   Ich durfte etwas später aus der Zeitschrift t3n – digital pioneers lernen, dass ein Prompt-Engineer viel mehr macht, als nur die Prompts zu schreiben. Er berät Kunden dabei, welche KI Programme für sie geeignet sind und integriert diese in die bestehende IT Struktur; Vgl. Weck, A. (2023). Die richtigen Worte finden, Fachzeitschrift t3n – digital pioneers, Seite 28 bis 29.

auf dem Vormarsch sind. Also ist das Wissen über die Funktionsweisen von Prompts, beispielsweise bei Programmen zur Bilderstellung, noch wichtig und es bedarf einer gewissen Expertise dazu.

Das bringt mich zu Programmen wie *Midjourney* oder *Dall-E*, denn auch wenn *ChatGPT* erstaunlich ist, haben mich erst diese Programme richtig aus meiner kreativen Wohlfühlzone gerissen.

Programme zur Bildgenerierung waren für mich eher der Einstieg in die Welt der künstlichen Kreativität als Sprachmodelle. Dabei ist es von der Programmierung her anscheinend einfacher, mit Bildern zu arbeiten als mit Worten. Bei Bildern werden Punkten oder Pixeln Werte zugeordnet, was bei Sprache nicht so einfach möglich ist, da sich die Bedeutung erst aus dem Kontext erschließt. Vielleicht hat mich Bildgenerierung aber vor allem deshalb fasziniert, weil es mir einen Bereich eröffnet, den ich bis dahin nicht beherrschte. Ich kann nicht gut malen und hatte bis zu dem Zeitpunkt auch kein fundiertes Wissen zur Nutzung von Bildbearbeitungsprogrammen.

Mit KI-Programmen urplötzlich selbst Bilder erstellen zu können, nur indem ich ihnen Texte zuwarf, erstaunte mich extrem. Als ich sah, wie *Midjourney* auf 27 Kanälen im Sekundentakt Bilder auswarf, wurde mir zum ersten Mal bewusst, was auf uns zukommen könnte oder wird. Falls Sie noch nie mit einem Programm gearbeitet haben, das Texte zu Bildern umgestaltet, dann kann ich Ihnen nur empfehlen, dies einmal zu testen (alternativ beispielsweise auch *Dall-E* oder *Night Café*). Es ist faszinierend.

Über die Qualität der Bilder, wofür sie genau genutzt werden können und wer in diesem Prozess der Erstellung und Umgestaltung den eigentlichen kreativen Part liefert — Mensch oder Maschine? — darüber lesen Sie in den kommenden Kapiteln noch mehr. Und für die Expertinnen unter Ihnen, *Midjourney* läuft ab Mai 2023 in der Version 5.

Dies dient als kleiner Einstieg sowie zum Überblick über die zurzeit nutzbaren KI-Programme und mit welchen ich gearbeitet habe, um der künstlichen Kreativität auf die Schliche zu kommen. Denn die Nutzung dieser Tools gab den entscheidenden Impuls, warum es dieses Buch überhaupt gibt.

Warum gibt es dieses Buch?

Die Frage nach dem »Warum?« ist immer auch eine Frage nach der Vergangenheit. Die Erklärung, warum etwas passiert ist, wirft einen Blick zurück auf den Auslöser der Handlung. Dieser kann von außen oder von innen kommen und natürlich kann es auch mehrere Gründe geben, warum man etwas tut oder unterlässt.

Mein erstes Buch über das Thema *Kreativität* habe ich geschrieben, weil mir viele Experten auf dem Markt dazu geraten haben. Die allgemein anerkannte Meinung dazu war, dass ein professioneller Vortragredner (ein Teil meines Berufsbildes) ein Buch zu seinem Thema benötigt, um dadurch seine Expertise zu bestätigen. Damals dachte ich mir, dass ich ja eigentlich Redner sein will und nicht Schreiber. Aber ich habe auf die Empfehlungen gehört und kann sie auch durchaus bestätigen. Ein Buch verhilft zu einem gewissen Expertenstatus in der Außenwahrnehmung. Ich möchte das an dieser Stelle aber nicht weiter beleuchten oder gar bewerten.

Also plante ich 2015 ein Buch zu schreiben. Ganz im Gegensatz zum jetzigen Thema gab es dabei keinerlei Zeitdruck. Die Bedeutung und die Sichtweise von Kreativität in der Gesellschaft haben sich aus meiner Sicht in den letzten 25 Jahren nicht wesentlich verändert. Ein Buch über das Training der eigenen Kreativität ist aus Sicht des Autors (also mir), immer noch wertvoll und zeitgemäß. Und es wäre wohl auch relativ zeitlos, wäre nicht der rasante Qualitätssprung innerhalb der KI-Programme und damit den Auswirkungen auf das Gebiet der Kreativität gewesen.

Dieses erste Buch habe ich über einen Zeitraum von über einem Jahr geschrieben, mit längerer Planungsdauer zum Start und begleitet durch einen Podcast, den ich alle 14 Tage aufgenommen und dessen Themen ich in das Buch integriert habe. Es war ein langer und manchmal auch zäher Prozess.

Bei meinem zweiten Buch ging es um die Gewichtung von Kreativität innerhalb der agilen Arbeitsmethode *Scrum*. Ich entwickelte eine eigene Kreativitätstechnik, die auf *Scrum* basiert und nannte sie »murcS«. Ich bin mir bislang nicht sicher, ob ich das Buch nur geschrieben habe, um das Wortspiel gut unterzubringen. Es ist ein eher fachliches Buch, mit vielen Informationen zu den Techniken, aber wenig Herzblut von mir selbst (natürlich dennoch lesenswert, wenn Sie mit Agilität und agilen Arbeitsmethoden zu tun haben).

Und dann war da noch ein Badewannenbuch mit dem Titel *Geistesblitz im Badesitz*. Und ja, es ist ein echtes Badewannenbuch, also für das Lesen in der Wanne gemacht und daher auch nicht aus Papier. Ein tolles Geschenk mit kleinen Tipps zur Kreativität, aber sicher nicht das, was ich selbst von einem Buch erwarte. Gelesen ist es in circa zehn bis fünfzehn Minuten und ähnelt vom Inhalt her damit eher einem längeren Artikel. Es bietet daher gar nicht die Möglichkeit, ein Thema näher auszuleuchten oder tiefer in einzelne Aspekte einzutauchen. Dafür kann man damit untertauchen.

Der Zeitstempel für den ersten Stups, der den Stein zu diesem Buch ins Rollen brachte, liegt am 01.03.2023. Von der allerersten Idee zu diesem Thema bis zum Schreiben dieses Kapitels sind also gerade einmal zwei Monate vergangen. Ich nahm an diesem Tag an einem kurzen Workshop über KI-Programme teil. Dort hatte ich den ersten engeren Kontakt zu Text-zu-Bild-Programmen und beschäftige mich seitdem täglich mit KI und den Fragen darum herum.

Und es passierte etwas, dass nur dem menschlichen Geist gegeben ist. Mein Unterbewusstsein wurde aktiv, sehr kreativ und beschoss mich mit immer mehr Gedanken, Ideen und Eingebungen zum Thema *Künstliche Kreativität*. Ich weiß nicht, wo Sie Ideen und sogenannte Geistesblitze haben. Vielleicht ja sogar in der Badewanne. Viele Menschen haben sie vor allem beim Joggen, Wandern, unter der Dusche, auf der Toilette (kein Witz) oder beim Einschlafen oder Aufwachen. In dieser Phase, in der wir noch nicht ganz wach sind, übernimmt unser Unterbewusstsein das Steuer und Gedanken nehmen unerwartete Verläufe, bahnen sich ihren Weg vorbei an unseren faktischen Instanzen. Ich hatte in diesen Phasen schon immer gute Ideen und habe immer ein kleines Notizbuch neben dem Bett liegen, denn diese Gedanken sind gleichzeitig sehr flüchtig.

Damit wir Gedankenblitze zu einem bestimmten Thema erhalten, muss dieses zwingend eine emotionale Bedeutung für uns haben.

Egal um welches Thema es geht, es muss uns emotional wichtig sein. Ihr Unterbewusstsein wird keine Ideen zu Ihrer Arbeit produzieren, wenn die Herausforderung dazu keine emotionale Bedeutung hat. Vielmehr hat die Führungskraft beim Joggen dann doch die perfekte Eingabe zum nächsten Kochrezept, dass er vor dem Besuch der Schwiegereltern seines Partners ausprobieren will.

Ich spiele gern und recht intensiv ein Onlinespiel, bei dem es um Burgen, Drachen und verschiedene Allianzen geht. Es hat eine gewisse Tiefe und benötigt auch gute Kommunikation, um dort erfolgreich wachsen zu können. Ich glaube, dass wir extrem viel von Spielen lernen können, wenn es um Motivation und Anreizsysteme von Menschen geht. Schon oft habe ich daraus Inspirationen für die Entwicklung neuer Planspiele gewinnen können, die wir dann im Businesskontext einsetzen konnten. Lange Zeit hatte ich in meinen Aufwachphasen daher Ideen und Gedanken, die sich um dieses Spiel drehten. Das änderte sich dramatisch, nachdem ich ansatzweise erkannt hatte, was sich in Hinsicht auf Kreativität mit Hilfe neuer KI-Programme alles ändern könnte. Es bekam eine emotionale Bedeutung.

Seit einem Monat dreht sich in meinem Kopf fast alles um dieses Thema. Und es will raus. Ich weiß nicht, ob Sie dieses Gefühl schon einmal hatten. Es gibt Gedanken, die wollen raus. Sie möchten entwickelt und festgehalten werden und solange dies nicht geschehen ist, drehen sie in unserem Kopf, unseren Gedanken und unserem Unterbewusstsein immer weiter ihre Kreise. Glücklicherweise konnte ich mich kurzfristig mit einigen Kolleginnen austauschen, neue Ideen und Gedanken entwickeln und in kurzer Zeit auch einen Verlag finden, der mich auf diesem Brain Trek begleitet.

Also, warum gibt es dieses Buch und warum erzähle ich Ihnen das alles? Weil es raus möchte. Es ist, und das sage ich ganz offen, mein erstes richtiges Herzensbuch. Denn es ist mir eine Herzensangelegenheit, dass wir uns den kommenden Entwicklungen stellen, sie annehmen und möglichst erfolgreich damit in die weitere Zukunft steuern. Kreativität ist mein Herzensthema und die Entwicklung im Bereich von KI macht es notwendig, dass wir uns dem Thema mit neuen

Gedanken zum Start

Sichtweisen widmen. Uns bewusst machen, welche Auswirkungen KI auf das Thema Kreativität haben wird.

Wozu schreibe ich dieses Buch?

Ein »Wozu« wirft den Blick in die Zukunft. Es beschreibt, was eintreten soll, wenn wir etwas tun oder auch lassen. Wozu schreibe ich also dieses Buch und wozu sollten Sie es lesen?

Ich bin davon überzeugt, dass sich unser Blick auf Kreativität im Gegensatz zu den letzten Jahrzehnten drastisch verändern sollte. Wir sollten den Begriff klarer abstecken und definieren und uns der Risiken sowie Chancen, die mit KI in unser Leben kommen, bewusst sein. Nur wenn wir die Möglichkeiten abwägen und aktiv nutzen, können wir auch etwas Positives für uns und die Gesellschaft erreichen. Dazu werde ich mit Expertinnen zu unterschiedlichen Aspekten der Kreativität Interviews führen, Sichtweisen darstellen und hoffentlich Denkanstöße geben.

Ich möchte mit Ihnen einen Blick in die Zukunft werfen, um gemeinsam verschiedene Szenarios zu durchdenken. Wozu? Damit Sie besser entscheiden können, wo und wann, aber vor allem wie Sie mit dem Thema *Kreativität* in Zukunft umgehen wollen. Denn dies wird ebenfalls beeinflussen, wie wir als Gesellschaft mit KI prinzipiell umgehen werden.

In diesem Buch werden wir allerdings nicht über die Zukunft und den Einsatz von KI im Allgemeinen diskutieren. Dies ist ein übergeordnetes und gesellschaftlich extrem bedeutsames Thema, das wir hoffentlich ebenfalls auf breiter Basis diskutieren und Einigungen dazu finden werden. So hat sich die EU Ende April 2023 darauf geeinigt, eine Regulierung von KI auf den Weg zu bringen. Ob dieser Weg schnell genug gegangen wird, wird die Zukunft zeigen. Die USA haben die Ausfuhr von speziellen Chips, die für KI-Programme benötigt werden, an China reglementiert. Der Kampf um die Vorherrschaft auf dem Gebiet der KI ist also kein rein wirtschaftlicher oder gar wissenschaftlicher, sondern schon lange auch ein politischer.

Ich bin kein Experte für KI oder KI-Programme. Ich kann noch nicht einmal besonders gute Prompts schreiben. Jedenfalls noch nicht. Aber ich glaube, ich kenne mich gut mit Kreativität in verschiedenen Facetten aus. Dieser Aspekt, die menschliche Kreativität im Vergleich zur künstlichen, steht im Mittelpunkt dieses Buches. Was passiert mit unserer Kreativität, wenn wir sie in der schulischen Ausbildung kaum noch gebrauchen werden, weil KI-Programme für uns schreiben und zeichnen werden? Welche Berufsbilder wird es in Zukunft nicht mehr geben, welche kommen dazu und wo erhalten wir mehr Zeit, um am und nicht nur fürs Unternehmen zu arbeiten? Und sind Maschinen überhaupt kreativ? Wenn ja, mehr als wir? Wenn jetzt noch nicht, vielleicht in der Zukunft?

Ich kann Ihnen nicht versprechen, dass ich immer Antworten auf diese und andere Fragen habe. Aber wir werden darüber reden und sie können hier lesen, welche Gedanken einigen interessanten Menschen und KI-Programmen dazu gekommen sind.

Zeitnahme und Zeitstempel

Zeit ist bei der Nutzung von KI ein entscheidender Faktor. Denn eines ist klar, Maschinen werden bei der Erstellung ihrer Ergebnisse immer schneller sein als der Mensch. Wir können Prozessoren nicht im Bereich Geschwindigkeit schlagen.

Ich hatte daher vor, den Aspekt Zeitdauer beim Vergleich zwischen Mensch und Maschine einzubinden, habe mich aber letztendlich dagegen entschieden. Ich hatte mir bereits eine App installiert, um die jeweilige Zeitdauer exakt zu messen, die ich beispielsweise für das Schreiben eines Kapitels benötige. Diese Dauer hätte ich dann mit der Zeit vergleichen können, die *ChatGPT* benötigt. Gerade bei kreativen Arbeiten kommt es aber nicht nur auf die Zeit an, die wir beispielsweise an einer Tastatur sitzen. Ideen zu einzelnen Kapiteln und Abschnitten entwickeln sich nicht allein beim Schreiben selbst. Vielmehr kommen die Gedanken dazu, beim Spaziergang mit meinem Hund am Morgen oder, wie bereits beschrieben, beim Aufwachen oder Einschlafen. Diese Zeit ist kaum zu messen. Und auch wenn es oft nur ein Gedankenblitz ist, konnte sich dieser nur entwickeln, weil ich vorher über dieses Thema nachgedacht habe. Es ist daher sinnlos, nur die reine »Schreibzeit« an der Tastatur anzugeben, weil viel mehr zur Entwicklung eines Buches gehört. Ganz zu schweigen von den Jahren des Lernens und der Vorbereitung, die uns in bestimmten Gebieten zu Experten macht und uns erst dadurch ermöglicht, über ein Thema zu schreiben.

Aber gewinnt die KI dadurch automatisch auf dem Gebiet der Zeiteinsparung? Ich glaube nicht. Jedenfalls noch nicht. Denn damit KI-Programme uns den Output geben, den wir wirklich wollen und benötigen, müssen wir davor verstehen, wie sie funktionieren. Kein Programm liefert momentan ein Ergebnis, dass nicht durch einen Menschen beziehungsweise einen Prompt angefragt wurde. Nur wenn der Prompt zur Herausforderung, zum Problem passt, erhält man auch ein angemessenes Ergebnis. Ich habe schon Stunden damit zugebracht, neue Bilder mit *Midjourney* zu erstellen und verschiedene Prompts zu testen. Wenn es nicht funktioniert, lese ich mich durch die Chats und Hilfeseiten, um am Ende trotzdem kein Ergebnis zu erhalten, dass mich zu 100 Prozent begeistert. Bei der Nutzung von KI kommt es also bei Weitem nicht nur auf die Zeit an, die ein Programm zwischen Eingabe und Ausgabe des Ergebnisses benötigt. Hierbei ist es kaum zu schlagen. Es geht auch um Arbeitsschritte und Zeiten, die im Vorfeld oder im Nachgang anfallen und die wir benötigen, um das Ergebnis immer weiter zu verbessern. Ich werde die verschiedenen Arbeitsmethoden daher zeitlich nicht direkt vergleichen.

Dass sich die kreative Arbeitsweise mit KI stark von der ohne unterscheiden kann, zeigt sich bei der Erstellung des Inhaltsverzeichnisses zu diesem Buch. Als ich anfing, mir darüber Gedanken zu machen, habe ich *ChatGPT* dazu befragt und erhielt nach der Nutzung einiger Prompts, die das Buch und die Zielgruppe beschrieben, folgendes Ergebnis:

»Selbstverständlich! Hier ist eine mögliche Inhaltsangabe für das Buch ›Unleashing Artificial Creativity: Grenzen und Möglichkeiten erforschen‹:

Inhaltsangabe:

Einleitung

- *Fallbeispiele erfolgreicher Implementierungen künstlicher Kreativität in Unternehmen*
- *Tipps und Empfehlungen für den Einsatz von künstlicher Kreativität in verschiedenen Szenarien*
- *Die Chancen für Innovation und Wettbewerbsvorteile durch den Einsatz von künstlicher Kreativität*

Schlussbetrachtung

Zusammenfassung der wichtigsten Erkenntnisse und Schlussfolgerungen

Ein Ausblick auf die Zukunft der künstlichen Kreativität und ihre Rolle in der Wirtschaft«

Ich muss zugeben, dass ich diesen Vorschlag ziemlich gut fand und vielleicht wäre ich damit bei einem Verlag erfolgreich unter Vertrag genommen worden. Aber es geht schließlich darum, die unterschiedlichen Arbeitsweisen zu vergleichen. Ich entschied mich, die Gliederung mit elektrostatischen Folien zu erarbeiten. Diese haften so ziemlich an jeder Wand. Ein Vorteil besteht darin, dass sie anschließend noch verschoben werden können. Man kann sie als ein bewegliches Mindmap im Großformat betrachten.

Ein Zwischenergebnis dieser Arbeitsweise war folgendes Bild:

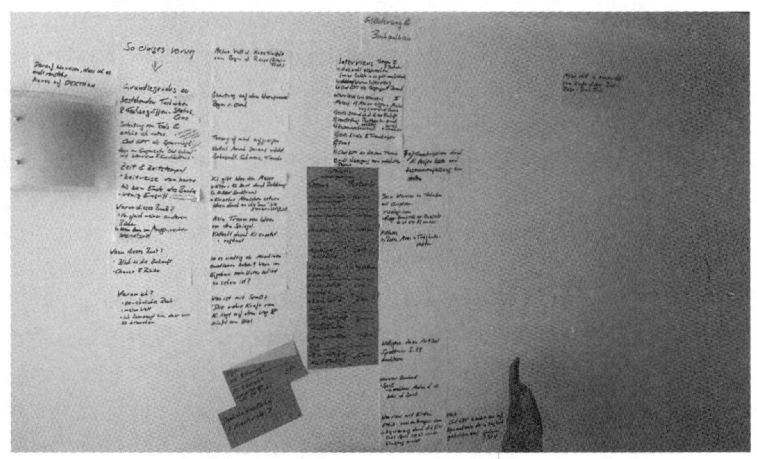

Abbildung 1.1: Gliederung des Buches mit elektrostatischen Folien

Zeitnahme und Zeitstempel

Meine Erkenntnisse aus beiden Arbeitsweisen: Das Arbeiten mit *ChatGPT* ging unglaublich schnell und sofort hatte ich eine Gliederung, an der ich mich orientieren konnte. Ich hätte sie als ersten Ansatz nehmen und mit meinen eigenen Gedanken ergänzen können. Als Inspiration konnte sie auf jeden Fall dienen.

Die Umsetzung mit den Folien an der Wand hatte bei mir allerdings völlig andere kreative Gedanken freigesetzt. Ich war gedanklich in die Kapitel eingetaucht und hatte mir bei jeder Folie schon vorstellen können, was ich in diesem Abschnitt schreiben wollte. Natürlich lieferte der erste Entwurf aber nicht das Endergebnis. Das sehen Sie zu Beginn des Buches in der abschließenden Inhaltsangabe und wahrscheinlich unterscheidet sich diese maßgeblich vom Entwurf an meiner Bürowand.

Leider sind die Folien nach einigen Tagen auch von allein abgefallen, was ich bedauert habe. Denn es war eine für mich sehr inspirierende Arbeitsumgebung, die eine KI ebenfalls nicht liefern kann. Aber dadurch, dass mir die Gliederung einige Tage konstant vor Augen stand, haben sich meine Gedanken dazu weiterentwickelt und ich konnte die Gliederung immer wieder mit neuen Ideen und Erkenntnisse ergänzen.

Mein Fazit aus diesem ersten kleinen Versuch ist, dass ich die händische und sehr menschliche Arbeitsweise hierbei klar bevorzuge. Auch wenn es wesentlich länger bis zu einem Ergebnis dauerte, hat es mich in Hinsicht auf das Buch-Projekt viel weiter denken lassen, als die Nutzung mit *ChatGPT*. Vielleicht bewerten Sie das Ergebnis aber auch anders.

Auch wenn ich von der Nutzung einer Zeitmessung abgerückt bin, werden Sie zum Start jedes Interviews und einiger Kapitel einen Zeitstempel finden. Dieser gibt an, wann das Kapitel geschrieben beziehungsweise ein Interview geführt wurde. Wie bereits erwähnt, möchte ich Sie auf eine Reise mitnehmen und diese führt auch immer durch die Zeit. Eventuell gebe ich Ihnen zum Ende des Buches andere Empfehlungen als zum Start und widerspreche mir selbst, nachdem ich mehr über das Thema gelernt habe. Wer weiß?

Interviews

Ein maßgeblicher Inhalt des Buches wird durch Interviews bestimmt, die ich mit verschiedenen Expertinnen und zu unterschiedlichen Aspekten der Kreativität führen werde. Der Aufbau sowie die Nachbereitung der Interviews werden sich dabei ähneln und wiederholen.

Unabhängig davon, wie wir KI-Programme einsetzen, als Sparringspartner für erste Gedanken oder für die Einleitung eines kreativen Prozesses, sind sie gut geeignet. Ganz bewusst werde ich mich aber immer zuerst mit Menschen zu einem Thema austauschen, um den eigenen Horizont zu erweitern und inspirierende Meinungen einzufangen.

Zuerst führe ich das Gespräch und fasse es anschließend für Sie mit Hilfe handschriftlicher Notizen zusammen. Erst im darauffolgenden Schritt werde ich KI nutzen. Die Antwort der KI erfolgt also nach der des Menschen, um mich selbst nicht durch die Informationen der KI beeinflussen zu lassen. Natürlich werden die Prompts dazu aber von mir selbst erstellt, sodass ich die Antworten der KI automatisch mit beeinflussen werde.

Die Auswahl meiner Gäste erfolgt aus meinem persönlichen Umfeld. Wenn Sie so möchten, ist es daher auch eine kleine Blase, in der ich nach Antworten gesucht habe. In anderen Ländern und in einem anderen sozialen Kontext hätten wir eventuell andere Antworten erhalten. Doch es geht mir vor allem um den Diskurs sowie den Gedankenaustausch und ich glaube, dass ich dazu faszinierende und inspirierende Gäste gefunden habe.

Alle Interviews folgen diesem Ablauf:
1. **Vorstellung des Schwerpunktthemas und des Grunds für die Auswahl**
2. **Vorstellung des Gastes** mit Hilfe eines Interviewbogens und kurzer Beschreibung, warum dieser Gast ausgewählt wurde.
3. **Zusammenfassung des Gespräches** anhand meiner eigenen handschriftlichen Notizen. Die Zusammenfassung findet weitestgehend ohne technische Hilfsmittel statt. Nur Zitate, die mir

schon während des Gespräches auffallen, werde ich bei Bedarf vervollständigen.

4. **Mein persönliches Fazit**
5. **Gesprächszusammenfassung durch KI-Programme.** Hier kommen *ChatGPT* oder andere KI-Programme ins Spiel. Ich lasse es eine Zusammenfassung des Gespräches erstellen. Dazu erhält das jeweilige Programm ein Transkript des Interviews oder einen Teil davon. Das Transkript hat im Vorfeld natürlich ebenfalls eine KI erstellt.
6. **Vergleich von Mensch versus Maschine**: Abschließend vergleiche ich beide Quellen und Vorgehensweisen noch einmal und hoffe, dass auch Sie sich ein Bild zu den Ergebnissen machen können.

Bevor wir starten, möchte ich beschreiben, was ich persönlich unter Kreativität verstehe und was meine Meinung zu einigen Aspekten ist. Nach dem vorab gegebenen Status quo der KI folgt der Status quo zum Thema *Kreativität* aus meiner Sicht.

Meine Welt der Kreativität (Start der Reise)

Als ich mich beruflich auf den Bereich des professionellen Vortrags-redners konzentrierte, wurde ich gefragt, ob ich denn ein Thema habe, über das ich sprechen möchte. Das hatte ich, schließlich war es der Grund, warum ich auf die Bühne wollte. Ich wollte meine Ansichten mit anderen teilen, um sie zu inspirieren. Nun, nicht sehr überraschend, handelte es sich hierbei um das Thema *Kreativität*. Für mich überraschend war, dass es Kollegen gab, die zwar bereits her-vorragend über verschiedene Themen sprechen konnten, aber noch nicht das »eine Thema« gefunden hatten. Ich hatte also Glück, denn ich musste mein Thema gefühlt nie suchen, es hat mich gefunden. Oder wenn man so will, mir direkt in den Allerwertesten gebissen und nie mehr losgelassen.

Begonnen hat meine Reise mit dem *Guinness* Buch Rekord im Kammblasen. Diesen habe ich in einem Bayreuther Fußballstadion im Rahmen meiner Diplomarbeit aufgestellt. Gemeinsam mit den Zuschauern eines Frauenfußball-Länderspiels. Den genauen Ablauf habe ich in meinem ersten Buch geschildert und rede auch heute noch gerne dazu auf der Bühne. Hier sei nur gesagt, dass der Rekord-versuch zwar offiziell anerkannt wurde, vor Ort aber eigentlich in die sprichwörtliche Hose ging.

Aber gerade, weil nicht alles geklappt hatte, und das, obwohl ich damals all meine Energie und mir zur Verfügung stehenden Kreativi-tät eingebracht hatte, begann ich, speziell über die Themen *Kreativität* und *Innovationen* nachzudenken und mich zu informieren. Ich wollte und will noch bis heute immer genauer verstehen, warum Menschen wann, wo und warum gute Ideen haben. Warum setzen sich einige dieser Ideen erfolgreich durch, werden vielleicht sogar zu Innovatio-nen, aber andere scheitern? Dies war und ist der Bereich der Kreativi-tät, der mich am meisten interessiert und begeistert: Wie wir unse-re Kreativität bestmöglich trainieren und einsetzen können, um die täglichen Herausforderungen unseres Lebens oder der Gesellschaft erfolgreich zu lösen. Ein Bild, dass mir dazu meine Frau geschenkt hat, ist: »Nils will nicht wissen, wie eine Uhr funktioniert, sondern was Zeit ist.«

Diese Suche prägt mein gesamtes Arbeitsleben. In einer Event- und Trainingsagentur, in der ich acht Jahre als Angestellter tätig war, gründete ich eine Kreativabteilung und ging anschließend mit meiner eigenen Agentur *Synapsensprung* in die Selbstständigkeit. Unabhängig davon, welche Tätigkeit ich in dieser Zeit ausübte, ich habe immer versucht, Kreativität einfließen zu lassen und es als das entscheidende Element meiner Arbeit gesehen.

Um die Arbeitsweise unseres Gehirns in Prozess der Ideenfindung besser zu verstehen, habe ich über die Zeit unzählige Bücher und Fachzeitschriften zum Thema *Neurobiologie* gelesen. Eine universitäre Ausbildung in diesem Gebiet ist allerdings an meinen mangelnden Englischkenntnissen gescheitert. Sie vermuten richtig, mein Englisch hält einer akademischen Ausbildung nicht stand. Vielleicht ändert sich dies aber mit neuen KI-Programmen, die Sprache und Schrift simultan übersetzen können. Wer weiß?

Stattdessen habe ich »BrainPartys« organisiert, bei denen Teilnehmer verschiedene Kreativitätstechniken testen konnten, einen Podcast rund um das Thema erstellt und eine App zur Ideengenerierung entwickelt. Eine häufige Eigenschaft von kreativen Menschen teile ich, ich beginne sehr gerne neue Dinge, habe aber nicht immer den langen Atem, sie auch länger zu begleiten. Dies führte zu meiner heutigen Berufsbezeichnung »Ideenhebamme«. Ich liebe es, mit Kunden Ideen zu entwickeln und auf die Welt zu bringen, die spätere Erziehung, bis sie selbstständig in die Welt gehen können, überlasse ich aber lieber den Eltern – bzw. Unternehmen.

Warum ich Ihnen das erzähle? Weil es aus meiner Sicht keinen einzelnen Bildungsweg gibt, der jemanden allein durch die Ausbildung zu einem Experten für Kreativität macht. Ich werde mittlerweile so bezeichnet, und habe es zugegebenermaßen zu Anfang auch über mich selbst gesagt. Aber ohne die eine Ausbildung oder das eine Zertifikat zu haben, die genau diese Expertise begründet. Ich halte mich für einen Experten, weil ich mich seit über 25 Jahren mit dem Thema beschäftige, darüber grübele, lese, Podcasts höre und natürlich auch darüber spreche und schreibe. Und ich freue mich sehr, wenn Sie mir diese Expertise zusprechen und meinen Gedanken weiter folgen. Aber es bleibt immer meine Welt der Kreativität, die ich hier beschreibe. Nehmen Sie mit, was Sie dort finden, und wenn Ihnen einmal etwas zu verrückt vorkommt oder Sie eine andere Meinung dazu haben, dann lassen Sie es bei mir. Vielleicht haben Sie eine andere Welt der Kreativität, die sicher ebenfalls spannend zu erforschen ist, und eventuell begegnen wir uns einmal dort. Das würde mich sehr freuen.

Definitionsproblematik

Ich empfinde es als Problem, dass wir keine klare Definition von Kreativität haben, beziehungsweise keine Differenzierung zwischen den verschiedenen Aspekten der Kreativität. Auch wenn viele Definitionen existieren, gibt es keine allgemein anerkannte Konsensdefinition.

Ein kleiner bildlicher Vergleich, um es zu verdeutlichen: Für die Wetterlage Niederschlag nutzen wir ganz unterschiedliche Beschreibungen. Hierbei gibt es Regen, Schnee, Hagel, Tau und so weiter. Selbst bei Regen unterscheiden wir berechtigterweise noch maßgeblich durch unsere Wortwahl. Denn es ist sicher ein Unterschied, ob Sie bei einem leichten Nieselregen oder gefrierendem Sprühregen mit Ihrem Hund spazieren gehen. Teilweise kann es überlebenswichtig sein, dass wir zwischen Sturm und Orkan unterscheiden können und uns nicht unnötig in Gefahr begeben, wenn es Warnungen dazu gibt. Vermutlich gibt es diese unterschiedlichen Begrifflichkeiten und Abgrenzungen, weil es für unseren Alltag von Bedeutung ist.

Für Kreativität besteht solch eine Abgrenzung kaum beziehungsweise wir benötigen Umschreibungen, um zu verdeutlichen, welche Ausprägung von Kreativität wir meinen. Die spielerische und zielfreie Kreativität von Kindern, die schaffende Kreativität von Künstlern, die Kreativität des Alltags, die uns Herausforderungen bewältigen lässt, oder die Kreativität im Arbeitsleben, die als Grundvoraussetzung von Innovationen neue Ideen generiert – für dies alles nutzen wir im Allgemeinen nur ein Wort: Kreativität.

Auf der Internetseite des Fachmagazins *Spektrum* wird Kreativität folgendermaßen definiert:»Definition und Bestimmung von Kreativität: Der Begriff creativity wurde erstmals wohl von Guilford 1950 als psychologischer Terminus verwendet. Trotz des Facettenreichtums dieses Konstrukts stimmen Laien bzw. Künstler und oft auch Wissenschaftler in der von Guilford vorgeschlagenen Unterscheidung von ›konvergentem‹ Denken (Intelligenz) und divergentem Denken (Kreativität) weitgehend überein. Analog sprach Renzulli von ›schoolhouse giftedness‹ (Intelligenz) und ›creative productive giftedness‹ (Kreativität). Solche oder ähnliche Dichotomisierungen sind jedoch in der aktuellen (Hoch-) Begabungs- und Kreativitätsforschung zunehmend umstritten, ebenso die Annahme bereichsspezifischer Kreativitätspotenziale (vgl. Sternberg, 1988; Heller, 1992). So definieren Csikszentmihalyi und Wolfe (2000) in ihrem systemischen Ansatz Kreativität als Ideen oder Produkte, die originell sind, von der jeweiligen Gesellschaft bzw. Kultur hochgeschätzt werden und ausgearbeitet sein bzw. funktionieren müssen.

Im psychometrischen Forschungsparadigma wurden vor allem Merkmale oder Dispositionen der kreativen Persönlichkeit untersucht wie Problemsensibilität, Ideenflüssigkeit, Flexibilität, Originalität, Redefinition (Fähigkeit zur Umstrukturierung und Neudefinition von bekannten Formen, Gegenständen oder Begriffen), Elaboration sensu Guilford oder Implementierung sensu Csikszentmihalyi (Fähigkeit zur Entwicklung und Ausarbeitung von originellen – das heißt neuen oder ungewöhnlichen Ideen und Produkten bis hin zur Funktionsreife) und so weiter. Diesem kognitiven Fähigkeitsbündel wird häufig eine Reihe nichtkognitiver Persönlichkeitsmerkmale zur Bestimmung von Kreativität zugeordnet: spontane vs. adaptive Flexibilität (im Gegensatz zur Rigidität), ästhetisches Feingefühl, kognitive Neugier und Explorationsdrang, Erkenntnisstreben, Toleranz gegenüber Ambiguität und Komplexität, nonkonformistische Haltung, Zielfixierung, Persistenz und so weiter. Solche einer kreativen Persönlichkeit zugeschriebenen Merkmale erscheinen zwar recht plausibel, entsprechende Kreativitätsmessungen sind jedoch mit einer Reihe von Methodenproblemen behaftet. An den bisher verfügbaren Kreativitätsskalen (Tests, Fragebögen, Ratingverfahren beziehungsweise Checklisten) wird vor allem ihre schwache Reliabilität (Messzuverlässigkeit) und schlechte ökologische Validität (beispielsweise bei Schul- und Studienerfolgsprognosen) kritisiert. Sofern Kreativitätstests auf einem allgemeinen Kreativitätskonstrukt basieren, sind ihre Gütekriterien zusätzlich durch Konzeptualisierungsprobleme beeinträchtigt.«[5]

Für mich liest sich dies bei allem Interesse, dass ich an dem Thema habe, nicht nach einer einheitlichen Meinung der Experten und schon gar nicht nach einer Definition, die sich für notwendige Diskussionen im Alltag eignet.

Ich habe *ChatGPT* die Anweisung gegeben, diese Erklärung für Teenager umzuschreiben:

»Kreativität erklärt für Teenager

1950 hat ein Typ namens Guilford den Begriff ›creativity‹ (also Kreativität) zum ersten Mal als psychologischen Begriff eingeführt. Es geht dabei um den Unterschied zwischen zwei Arten von Denken: ›konvergentes‹ Denken (das ist Intelligenz) und ›divergentes‹ Denken (das ist Kreativität). Ein anderer Kerl namens Renzulli sprach ähnlich davon und nannte es ›Schulbegabtheit‹ (also Intelligenz) und ›kreativ-produktive Begabtheit‹ (also Kreativität). Aber viele Leute sind sich nicht sicher, ob diese Unterscheidung wirklich Sinn macht. Manche denken, dass Kreativität in verschiedenen Bereichen verschieden ist (zum Beispiel in Kunst im Vergleich zu Wissenschaft).

Csikszentmihalyi und Wolfe, zwei andere Wissenschaftler, definieren Kreativität als Ideen oder Dinge, die neu und anders sind, von der Gesellschaft oder Kultur geschätzt werden und funktionieren müssen. Also es reicht nicht aus, nur eine coole Idee zu haben, sie muss auch umgesetzt werden können.

Es gibt eine Menge verschiedener Eigenschaften, die kreative Menschen haben könnten, wie die Fähigkeit, Probleme zu erkennen, viele Ideen zu haben, flexibel

---

5   https://www.spektrum.de/lexikon/psychologie/kreativitaet/8300;
    besucht am 06.06.2023.

zu sein, Dinge neu zu definieren und ihre Ideen umzusetzen. Diese Leute könn-
ten auch spontan und anpassungsfähig, ästhetisch sensibel, neugierig, zielstrebig
und persistent sein und eine Vorliebe für Komplexität haben.
  Allerdings gibt es ein paar Probleme, wenn es darum geht, Kreativität zu
messen. Die Tests, die wir haben, sind nicht immer zuverlässig und sie sagen nicht
immer voraus, wie gut jemand in der Schule oder im Studium sein wird. Es ist
auch schwierig zu definieren, was Kreativität eigentlich ist, was es noch kompli-
zierter macht.«

ChatGPT hat den ersten Text zwar ziemlich gut in einen verständ-
licheren umgeschrieben, aber auch so bietet er allerdings nicht die
abschließende Lösung für das Problem der Definition. Der Aspekt
der mangelnden sprachlichen Abgrenzung und Feinheit beim Thema *Kreativität* besteht, seitdem das Thema vor circa 70 Jahren in den
Fokus der Psychologie gerückt ist. Natürlich waren wir auch vorher
schon kreativ in den unterschiedlichsten Bereichen und bleiben es
auch ohne klare Definition. Aus meiner Sicht hat sich seit den letzten
25 Jahren, also dem Zeitraum, in dem ich mich mit dem Thema beschäftige, auch nicht viel Neues dazu ergeben.
  Mit *Design Thinking, Scrum* und Co. haben sich in der Arbeitswelt
zwar einige neue Methoden durchgesetzt, aber die Grundmuster, die
dabei unsere Kreativität anregen sollen, bleiben immer gleich. Es gibt
zwar immer wieder neue Kreativitätstechniken, die beschrieben werden, aber auch diese folgen ähnlichen Prinzipien. Das trifft auch auf
murcS aus meinem Buch zu.
  Der Wunsch nach einer Schärfung des Begriffes entstammt vor allem aus meiner Welt, da ich Vorständen von Konzernen des Öfteren
darlegen muss, dass ich mit der Steigerung der Kreativität ihrer Mitarbeiter nicht »basteln« meine. Jetzt allerdings kommt eine Disruption
auf uns zu, wie es sie für den Bereich Kreativität noch nie gab.
  Generative KI wird in unzählige Arbeitsfelder eindringen und
unseren Umgang mit der eigenen Kreativität maßgeblich beeinflussen. Zum Guten oder zum Schlechten, beides ist möglich und wahrscheinlich werden wir auch beide Ausprägungen erleben. Um darüber zielführend diskutieren zu können, benötigen wir ein einheitliches

Bild von künstlicher Kreativität. Was bedeutet es, wo findet diese statt und passt der Begriff Kreativität überhaupt in diesen Kontext oder benötigen wir einen ganz anderen? Im Englischen wird oftmals nicht die direkte Übersetzung, also »artifical creativity« genutzt, sondern »computational creativity«. Eine mögliche Umschreibung bei uns wäre wohl »kreative künstliche Intelligenz«. Also die KKI?

Im Laufe des Buches und der kommenden Interviews versuche ich dazu weitere Gedanken zu sammeln und zu formulieren. Intelligenz wird ebenfalls ein Interviewthema sein. Sicher besteht ein gewisser Zusammenhang zwischen Intelligenz und Kreativität, aber auf keinen Fall ist jemand automatisch kreativer, nur weil er intelligenter als jemand anderes ist. Bei Menschen gibt es klare Unterschiede zwischen Intelligenz und Kreativität. Ob dies bei Maschinen auch so ist oder bleibt, kann ich nicht sagen. Beide Begriffe einfach zu vermischen oder zu kombinieren, erscheint mir nur als eine Übergangslösung hilfreich zu sein. Ich bin überzeugt, dass wir dringend einen eindeutigen Begriff dazu benötigen. Schon aus dem Grund, um die Ergebnisse von KI-Programmen wie Bilder, Videos, Texte und so weiter kennzeichnen zu können. Unter dem Aspekt von Falschmeldungen und Urheberrechten wird solch eine Kennzeichnung wahrscheinlich notwendig sein beziehungsweise werden.

Ein Konzept aus Indien, das sich auf eine innovative Lösung bezieht, die aus begrenzten Ressourcen entwickelt wurde, nennt man »Jugaad« (Hindi). Es ist eine Form der Kreativität, die sich auf Anpassungsfähigkeit und Problemlösung konzentriert. Eventuell werden wir in Zukunft auch einen Begriff für kreative Leistungen und Ergebnisse haben, die mit der Hilfe von KI erzeugt wurden. Es würde die Diskussion darüber sicher erleichtern.

Vier Phasen des Ideenprozesses

Eine Idee und vor allem deren Umsetzung besteht nicht nur aus einer kreativen Phase. Der amerikanische Kreativitätsautor Roger von

Oech hat den Ideenprozess in vier Phasen oder Rollen beschrieben, die nacheinander durchlaufen werden.[6] Natürlich gibt es weitere Modelle und Phasenbeschreibungen (zum Beispiel die *Walt Disney* Strategie) und Sie müssen diesem Phasenmodell auch nicht komplett zustimmen. Es hilft aber zu verstehen, in welchen Phasen und Rollen die KI ihre Stärken hat und wo eventuell nicht. Der Einfluss von künstlicher Kreativität und KI-Programmen auf die einzelnen Phasen wird aus meiner Sicht unterschiedlich sein, sodass sich ein kurzer Überblick lohnt.

Der Entdecker

In dieser Phase oder Rolle werden Informationen gesammelt und man verschafft sich einen Überblick zu seinem Thema, seiner Herausforderung. Es ist eine Rolle, die ganz bewusst im Alltag eingesetzt werden kann, ohne dass ich direkt an etwas arbeite. Mit Neugierde und offenen Augen durchs Leben zu gehen, reicht oftmals aus, um neue Inspirationen und Gedanken für den Ideenprozess zu bekommen. Dabei sollten wir darauf achten, die eigene Blase, den eigenen Wirkungskreis immer wieder zu verlassen, um neue Informationen und Gedanken in unser bestehendes System einzubringen. Der Entdecker sollte das eigene Gebiet immer wieder verlassen und fremde Gebiete entdecken.

Der Künstler

In dieser Rolle geht es darum, mit den gesammelten Informationen und Ideen zu experimentieren und etwas Neues zu schaffen. Der Künstler spielt mit Gedanken und Konzepten, kombiniert sie auf innovative Weise und gestaltet neue Lösungen. Der Künstler wird aktiv, wenn es um den zusätzlichen Einsatz von Kreativitätstechniken und Ähnlichem geht. In der von mir beschriebenen Form von Kreativität hat der Künstler dabei nichts mit künstlerischer Kreativität und mit Ausdrucksformen wie Malen oder Singen zu tun.

---

6   Vgl. von Oech, R. (1994). Der kreative Kick. Aktivieren Sie Ihren Forscher, Künstler, Richter & Krieger. Junfermann Verlag, Paderborn.

Meistens agieren wir in dieser Phase zielgerichtet und mit einer erarbeiteten Fragestellung, die wir beantworten beziehungsweise lösen wollen. Die Rolle ist dennoch geprägt von einer gewissen Leichtigkeit. Hier entsteht auch ein kreativer Flow, bei dem wir ganz in der Aufgabe aufgehen und Zeit und Raum vergessen können. Nicht nur in der Kunst oder Musik, auch bei der Suche nach Ideen, ist dieser kreative Flow-Zustand möglich. Ich glaube, dass die größte Kraft von Kreativität auf dem Weg liegt und nicht am Ziel. Denn am Ziel benötigen wird andere Rollen, die (mir) weniger Spaß und Freude bereiten. Für eine erfolgreiche Umsetzung unserer Ideen benötigen wir aber alle Rollen.

Der Richter

Hier bewerten wir Ideen und Lösungen, treffen eine Auswahl und versuchen die Chancen einer erfolgreichen Umsetzung abzuwägen. Der Künstler reagiert in seiner Rolle oft empfindlich auf Kritik, sodass diese beiden Phasen im Prozess getrennt werden sollten. Erst nach der Ideensuche als Künstler macht es Sinn, über die Umsetzung nachzudenken. Schalten wir die Rolle des Richters zu früh dazu, dann finden wir sofort Argumente, warum etwas »nicht« funktioniert und stoppen im Ideenprozess.

Der Richter bezieht in seine Auswahl und Beurteilung auch emotionale Aspekte mit ein. Ideen, die viel verändern, werden auch Widerstand hervorrufen. Besitzt unsere Idee also ausreichend emotionale Anziehungskraft, erzeugt sie ausreichend Begeisterung, um diese Widerstände zu überwinden? Der Richter fällt anhand von Vor- und Nachteilen eine möglichst objektive Entscheidung. Je besser die Informationen für seine Analyse sind, umso besser wird auch sein Urteil ausfallen.

Der Krieger

Abschließend findet die Umsetzung der Idee statt. Eine Phase, in der es Durchsetzungskraft und Durchhaltevermögen braucht. Der Krieger ist derjenige, der die Idee in die Realität umsetzt, Hindernisse überwindet und die notwendigen Schritte unternimmt, um das Ziel zu erreichen.

Diese Phase wird im Ideenprozess oftmals unterschätzt. Ihr fehlt die kreative Leichtigkeit des Künstlers, der dort im Flow arbeiten kann. Die Umsetzung dagegen ist durch Kämpfe und Anstrengungen geprägt. In Organisationen benötigen wir Menschen, die in beiden Phasen herausragende Erfolge erzielen. Wenn diese Rollen in Teams von verschiedenen Menschen eingenommen werden, kann es sein, dass sich diese in ihren Persönlichkeitsmerkmalen unterscheiden und im Prozess unterschiedliche Standpunkte vertreten. Künstler und Kämpfer sind sich nicht immer einig, wenn die Idee aber an den Kämpfer übergeben wird, den Richter bestanden hat, dann benötigen wir diese kämpferische Ausrichtung. Sonst bleibt es bei einer Schublade voller Ideen ohne jegliche reale Umsetzung.

Der Mensch oder auch Teams in einem Ideenprozess benötigen unterschiedliche Rollen und Denkmuster, um bestmögliche Ergebnisse zu erzielen. Ich habe Ihnen diese vier beispielhaft vorgestellt, um Stärken und Schwächen von künstlicher Kreativität anhand der Phasen besser zuordnen und diskutieren zu können. Im weiteren Verlauf des Buches werde ich also wieder darauf zurückkommen.

Theory of Mind

Was ist für den erfolgreichen Einsatz von lösungsorientierter Kreativität noch notwendig? Nicht in Bezug auf Ressourcen und materiellen Voraussetzungen, sondern auf menschlicher Ebene? Empathie, Vertrauen, Begeisterung und Verständnis sind nur einige Begriffe, die mir dabei in den Sinn kommen und in Bezug zur künstlichen Kreativität sicher einen Unterschied machen.

Psychologisch zwar nicht fundiert (aber hey, es ist meine Welt der Kreativität), ist für mich ein entscheidender Faktor die sogenannte »Theory of Mind«. Kreativität zeigt sich im Zusammenspiel mit un-

serer Umwelt. Diese zu verstehen und sich in andere Menschen hineinversetzen zu können, ist eine Grundvoraussetzung für Kreativität.

Die »Theory of Mind« (ToM) ist ein Konzept aus der Psychologie
und Kognitionswissenschaft, das sich mit unserem Verständnis von
Gedanken, Absichten, Überzeugungen und Emotionen bei anderen
Menschen befasst. Im Kern beschreibt die »Theory of Mind« unsere
Fähigkeit, uns in die mentale Welt anderer hineinzuversetzen, um deren Gedanken und Gefühle nachzuvollziehen zu können. Sie ist für
das Verständnis, die Empathie und die Zusammenarbeit mit anderen
unerlässlich.

Ich würde KI keine »Theory of Mind« zusprechen. Kinder entwickeln sie etwa im Alter von vier Jahren und auch bei Tieren können
wir sie beobachten. Aber Maschinen haben sie nicht, zumindest noch
nicht. Allerdings kann KI sie sicher gut imitieren. Sprachmodelle
wurden mit unzähligen Texten trainiert, in denen es um ebendiese
Fähigkeiten geht, die sich in der »Theory of Mind« widerspiegeln.
Verständlich, dass auch die Ergebnisse der Chatbots daher den Eindruck vermitteln können, die Fähigkeit zu besitzen, sich in andere
hineinversetzen zu können.

Aus dieser besonderen Fähigkeit zur sozialen Interaktion folgt
aber noch etwas ganz anderes. Wir erkennen und empfinden nicht
nur unsere eigenen Schmerzen, Sehnsüchte oder Freuden, sondern
können sie auch mit und für andere empfinden. Dies führt zu einem
verstärkten Antrieb, nach Lösungen und neuen Wegen zu suchen,
wenn uns etwas stört.

Was bringt Menschen dazu, sich zu verändern oder etwas in der
Welt verändern zu wollen? Ich glaube, es ist Druck oder Anziehung.
Druck kann durch Schmerz, Angst, Belastung oder Überforderung
entstehen. Anziehung durch Begeisterung, Freude, Glück, Zufriedenheit oder Sicherheit. Das eine ist ein »weg von«, das andere ein »hin
zu«. Beide können uns dazu bringen, mit all unserer Kreativität nach
Lösungen zu suchen, solange diese nicht schon durch zu viel Druck
blockiert ist.

Natürlich, wenn es uns selbst betrifft, aber eben auch, wenn es
andere betrifft. Wenn es uns bei uns selbst stört, aber auch bei ande-

ren und wir es ändern wollen. Dann entwickeln wir neue Ideen und Lösungen, die wirklich etwas in der Welt bewegen und verändern. Das Besondere an wirklich innovativen oder gar disruptiven Ideen ist, dass es am Anfang nur wenige Menschen gibt, die an sie glauben. Ideen, die viel verändern, stoßen auf viel Widerstand. Aber nur Ideen, die verändern, sind wirklich disruptiv und nicht nur evolutionär. Menschen folgen ihren Sehnsüchten und verrückten Ideen auch gegen den Widerstand vieler. Nicht immer mit Erfolg, aber wenn, dann kann Großes entstehen.

KI hat keine Sehnsüchte, empfindet keinen Schmerz und keine Begeisterung. Es wird nur eine Illusion davon erzeugt. Und sie lernt aus dem Feedback der Nutzer, also der Masse. Wenn also viele Menschen eine Idee als schlecht bewerten, wird die KI das auch tun. Sie lernt auf Basis positiver Belohnungsmuster und gibt die Lösungen und Ideen aus, die die meisten positiven Bewertungen erhalten. KI ist nicht darauf trainiert, diese eine Idee gegen den Widerstand der Vielen durchzusetzen. Zumindest noch nicht.

Aus meiner Sicht ist es nicht entscheidend, ob Maschinen wirklich Gefühle oder Empathie haben. Wo liegt der Unterschied in der Nutzung, wenn wir nicht mehr zwischen echten und simulierten Gefühlen unterscheiden können? Das kann beunruhigend sein, aber verantwortungsvoll eingesetzt auch wertvoll. Dennoch glaube ich, dass die »Theory of Mind« uns einen Vorteil in der menschlichen Kreativität verschafft, den Maschinen nicht ersetzen können.

Das 9-Punkt-Problem

Es gibt keine Kreativitätsskala, mit deren Hilfe ich Ideen oder die Kreativität an sich bewerten kann. Nach dem Motto, deine Idee bekommt von mir fünf von zehn Punkten auf der »Du hast den Teller verlassen«-Skala. Zwar gibt es einige Tests, um die Kreativität von Menschen zu messen, *ChatGPT* konnte mir auf Anhieb zehn nennen, aber auch diese betrachte ich mit Vorsicht, da kein Test alle Facetten von Kreativität abdeckt. Und ob ich wirklich kreativer als andere bin, weil ich in fünf Minuten mehr ungewöhnliche Anwendungen für ein Alltagsobjekt nennen kann, bezweifele ich ebenso. Dies ist einer der genutzten Tests. Die Suche nach einer Art Skala ist aber verständlich, um Kreativität und seine Auswirkungen, die Ergebnisse vergleichen zu können. Genau das ist schließlich ein Ziel dieses Buches – der Vergleich zwischen menschlicher und künstlicher Kreativität. Ich stelle Ihnen daher das 9-Punkt-Problem vor. Dabei handelt es sich um eine Aufgabe, die ich in Workshops und Vorträgen nutze und lade Sie ein, aktiv dabei mitzumachen. Neben dem Effekt, dass Sie etwas mehr über die eigene Kreativität lernen, dient es später auch dazu, die Ergebnisse der künstlichen Kreativität anhand der Aufgabe etwas einzuteilen und vergleichbarer zu machen. Es dient nicht als wissenschaftlich fundierte Skalierung, sondern eher als nützliches Gedankenspiel.

Ihre Aufgabe besteht darin, neun Punkte, die in einer quadratischen Anordnung platziert sind, mittels vier oder weniger kontinuierlicher gerader Linien miteinander zu verbinden (natürlich gehen auch fünf Striche, aber das ist nicht kreativ). Dabei darf der Stift während des gesamten Zeichenprozesses nicht vom Papier abgehoben werden. Die Geraden müssen also durchgehend eingezeichnet werden und nicht unabhängig voneinander. Viel Spaß und bitte versuchen Sie es durchaus einige Zeit, bevor Sie nach der Lösung auf Seite 259 blättern.

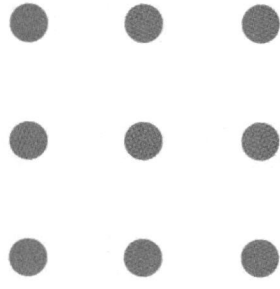

In Experimenten wurde die Herangehensweise von Versuchsperso-
nen an dieses Problem untersucht. Sie brauchten oft lange, bis sie zu
einer Lösung gelangten. Dies liegt daran, dass wir automatisch dazu
neigen, zusätzliche Einschränkungen bei der Lösung von Problemen
vorzunehmen. Ein erster Lösungsschritt ist, eigene Regeln und Be-
schränkungen zu überwinden. Wenn wir die neun Punkte betrachten, dann bleiben die meisten innerhalb des optisch vorgegebenen
Quadrats – und das, obwohl es gar nicht da ist. Unsere Optik sortiert
gerne in Formen und Muster. Die neun Punkte werden daher als Einheit wahrgenommen, unbewusst wollen wir auch die Striche nur in
diesem Rahmen machen. Wir sind Mustererkenner, was es erst möglich macht, sich in der Umwelt zu orientieren. Spannend, wenn man
bedenkt, dass auch KI dazu genutzt wird, Muster zu erkennen. Und
zwar dort, wo wir sie nicht mehr erkennen. Genau dieses Musterden-
ken hält uns bei unserer Aufgabe aber von einer kreativen Lösung ab.
Welche Muster könnten Sie noch verlassen, um eine Lösung mit genau drei Strichen zu finden? Zeichnen Sie bei Bedarf ruhig ins Buch.
Die Lösung zu genau drei Strichen finden Sie auf Seite 261. Bitte
versuchen Sie es erst selbst, bevor Sie weiterlesen.

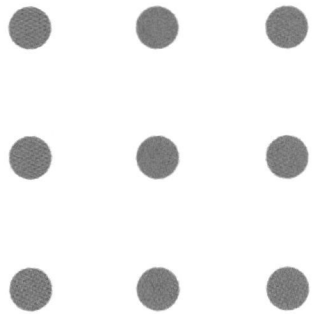

Um kreative Ideen zu finden, müssen wir uns gedanklich von unseren
Vorannahmen lösen, denn diese entstammen unseren Erfahrungen
und damit bekannten Denkpfaden. Welche Lösung fällt Ihnen noch
ein, wenn Sie die Rahmenbedingungen weiter verändern? Welche anderen Vorannahmen können Sie außer Acht lassen oder verändern?

Meine Welt der Kreativität (Start der Reise)

Eine weitere Lösung mit zwei oder bei Bedarf einem Strich finden Sie auf Seite 263. Bitte sehen Sie kurz nach, bevor Sie weiterlesen.

Ist das die beste oder einzige Lösung mit einem Strich? Vielleicht fällt Ihnen etwas Neues ein, wenn Sie das Problem noch mehr aus dem Rahmen lösen. Nehmen Sie das Blatt Papier einmal in die Hand. Was können Sie damit machen? (Wenn Sie die Seite nicht herausreißen wollen, dann malen Sie das Problem kurz auf ein leeres Blatt.) Eine entsprechende Lösung finden Sie auf Seite 265.

Fertig gedacht? Glauben Sie mir, es geht immer noch etwas weiter, wenn wir nur suchen. Die letzte meiner Lösungen steht auch für den »Science-Fiction Modus« im Denken, wenn wir alle Regeln und Vorgaben außer Acht lassen und unserer Kreativität freien Lauf lassen. Was passiert, wenn Sie den Aggregatzustand des Papiers ändern? Sind die Punkte verbunden, sobald Sie das Blatt verbrennen? Ich gebe zu, dass man sich darüber streiten kann, aber kreativ ist es auf jeden Fall.

Kommende Beurteilungen von Kreativität können wir jetzt mit den hier gezeigten Lösungen in Bezug setzen. Ist es eine Vier-Strich-Lösung oder sogar eine Ein-Strich-Lösung? Keine Skala, aber immerhin vermittelt es Ihnen ein Bild von dem, was ich meine.

Der Science-Fiction-Modus im Denken

In älteren Science-Fiction-Geschichten, -Filmen und -Serien finden sich unzählige Beispiele für Zukunftsideen, die für uns heute schon Normalität sind. Genauso finden wir in aktuellen Geschichten viele Ideen, die uns heute noch wie visionäre Zukunftsmusik vorkommen, die aber irgendwann ebenso Realität werden. Ehrlicherweise hätte ich dieses Buch über künstliche Kreativität vor einem Jahr auch noch etwas in den Science-Fiction-Bereich verschoben.

Mein Tipp: Überprüfen Sie eigene Ideen auf ihr Science-Fiction-Potenzial. Sind Sie gedanklich schon so weit gegangen, wie es geht? Oder haben Sie sich von der Kritik der Umsetzbarkeit bremsen lassen?

Wie würde Ihre Lösung in der Zukunft aussehen? In fünf, zehn, 50 und 100 Jahren? Die Frage nach der Umsetzung stellt sich erst in einer späteren Phase des Ideenprozesses. Natürlich kann sich in der Umsetzungsphase zeigen, dass eine grandiose Idee zurzeit noch nicht realisierbar ist. Wenn Sie aber bereits mit dem Gedanken der Umsetzbarkeit starten, kommen Sie auf keine radikal neuen Ideen und nicht auf Außergewöhnliches. Dies ist der Unterschied zwischen evolutionären Ideen und disruptiven – also wirklich komplett verändernden – Ideen.

Der Einsatz des Science-Fiction-Modus bringt einen weiteren entscheidenden Vorteil bei der Ideensuche mit sich. Stellen Sie sich bitte einen Berg vor, auf dem kreativen Ideen verteilt sind. Je höher Sie steigen, umso kreativer und außergewöhnlicher werden diese Ideen. Irgendwo auf dem Weg nach oben befindet sich die Realitätsgrenze. Hier finden Sie die Idee, die sich zu Ihrer Zeit und mit den Ihnen zur Verfügung stehenden Ressourcen gerade noch realistisch umsetzen lässt. Wenn Sie weiter nach oben steigen, finden Sie durchaus noch weitere Ideen, aber diese lassen sich auch erst später, wenn beispielsweise die Technik oder eine Infrastruktur so weit ist, erfolgreich umsetzen.

Wenn wir vom Tal aus unseren Berg besteigen, dann tendieren wir auf der Ideensuche zu einer Vorgehensweise. Wir bleiben oftmals schon bei Ideen hängen, die noch unterhalb der Realitätsgrenze liegen. Das liegt daran, dass der Aufstieg mühsam ist und unser Gehirn die Botschaft schickt, dass wir doch schon weit genug gestiegen sind. Wir bleiben bei der Lösung mit vier oder drei Geraden.

Anders sieht es aus, wenn wir in der Phase des Künstlers in den Science-Fiction-Modus gehen. Damit generieren wir Ideen, die aktuell ganz sicher noch nicht umsetzbar sind. Jedenfalls, wenn Sie sich diese Denkweise gestatten. In meiner Metapher bleibend, beamen wir uns auf den Gipfel des Berges, um dann vom Berg herabzusteigen. Wir steigen so lange herab, bis wir an die Realitätsgrenze kommen und prüfen bis dahin die Ideen, die darüber liegen. Das bietet zwei grandiose Vorteile.

Sie beschäftigen sich auch mit Ideen, die momentan noch nicht umsetzbar sind. Dadurch bereiten Sie sich auf kommende Entwicklungen vor und sind bereit, wenn neue Umstände die Realitätsgrenze verschieben. Und Sie können sich sicher sein, die Ideen auszuwählen, die sich durch maximale Kreativität, auf mein Beispiel übertragen, die wenigsten Geraden auszeichnet.

Das Verbrennen des Papiers ist vielleicht eine Idee, die noch über der Realitätsgrenze liegt, aber ganz sicher kommen Sie mit dieser Art der Ideenfindung zu einer Lösung mit nur einem Strich.

Lassen Sie uns bei der kommenden Betrachtung von KI ebenso gelegentlich in den Science-Fiction-Modus schalten. Wir sollten uns nicht mit eventuell noch bestehenden Unzulänglichkeiten aktueller Programme abfinden oder sie gar als Beruhigung sehen. Die Entwicklung wird rasant schnell vorangehen und es lohnt sich, mit dem passenden Denkmodus, wenn Sie so wollen, dem passenden Mindset, in die Zukunft zu sehen, um sich bestmöglich darauf vorzubereiten.

Ich habe eine Zukunftsvision. Ich stelle mir gerne vor, dass wir in der Zukunft morgens vor dem Badezimmerspiegel stehen und uns über ein kleines Display die Frage des Tages eingeblendet wird. Schon in der Jugend haben wir gelernt, die kurze Zeit des Zähneputzens für die Ideengenerierung zu nutzen. Und nach der Reinigung des Mundraumes sprechen wir unsere Ideen in die Zahnbürste. Das machen nicht nur wir, sondern ganz viele Menschen am Morgen und in sehr kurzer Zeit. So erhalten wir viele unterschiedliche und außergewöhnliche Ideen für die Herausforderung des Tages. Die Ideen werden abschließend gesammelt, sortiert, bewertet und auf die Umsetzung vorbereitet.

Ich kann Ihnen nicht sagen, wer die Ideen dann umsetzt, aber das ist auch nicht die Botschaft des Bildes. Es geht vielmehr darum, dass wir für die Herausforderungen unserer Gesellschaft, die auf uns zukommen, die Kreativität der Masse benötigen und nicht nur die Kreativität einer kleinen Elite. Gemeinsam sammeln und geben wir Ideen weiter, weil wir es können und weil es Spaß macht. Nicht, weil wir dafür etwas erhalten. Es entspricht der Art, wie Kinder spielen, und wird auch als »autotelisch« bezeichnet. Der Begriff »autotelisch«

stammt aus der Psychologie und beschreibt eine Aktivität, die als Selbstzweck ausgeführt wird, ohne auf ein externes Ziel oder einen externen Nutzen abzuzielen. Der Wert oder die Befriedigung liegt in der Aktivität selbst, nicht in einem externen Ergebnis, das daraus resultieren könnte.

Mir gefällt diese Vorstellung und ich habe sehr lange geglaubt, dass es eines Tages Wirklichkeit wird. Jetzt bin ich mir nicht mehr so sicher. Nicht, weil die technische Umsetzung durch die neuen KI-Programme unrealistisch wäre. Ganz im Gegenteil. Auch *Amazon* arbeitet an einem Sprachmodell und vielleicht können Sie sich schon bald fließend mit Ihrer Alexa-Station unterhalten. Ich frage mich allerdings, ob die Gesellschaft der Zukunft noch die Kreativität der Masse fördert und fordert. Oder ob sich wirklich nur noch eine kleine Elite mit Kreativität und eigenen Ideen beschäftigt und sich der Rest von uns bequem zurücklehnt und die KI unsere Probleme lösen lässt.

Interviews

Gerriet Danz – Kreativität im Marketing

1. Vorstellung des Schwerpunktthemas und Grund für die Auswahl
Bevor wir tiefer in die Welt der KI-Programme und einzelner Aspekte von Kreativität eintauchen, möchte ich mit einem prinzipiellen Blick auf das Thema *Kreativität in Unternehmen* starten. Wir werfen sozusagen einen Blick in die Vergangenheit und betrachten, wie Kreativität die Arbeit in Berufen aus der sogenannten Kreativbranche beeinflusst hat und in Zukunft noch wird.

Es ist der Start mit einem allgemeinen Rundumblick, um sich anschließend auf einzelne Aspekte zu konzentrieren. Nicht zuletzt, um auch meine eigene Meinung zu Kreativität, die ich im vorherigen Kapitel beschrieben habe, mit einem anderen Experten abzugleichen.

Gerade im Kreativbereich werden KI-Programme gravierende Veränderungen hervorrufen und wahrscheinlich ganze Berufsbilder verändern. Ich begab mich also auf die Suche nach einem Interviewgast, der Erfahrungen in einer klassischen Werbeagentur sammeln konnte und sich auch heute noch mit dem Thema *Kreativität* beschäftigt. Ich freue mich, dass Gerriet Danz meine Anfrage annahm, denn er deckt diese Anforderungen wunderbar ab.

Neben einer durch KI generierten Vorstellung meines Gastes, die ich zum Start jeden Interviews als Gesprächseinstieg nutzte, bat ich alle Gäste selbst einen Fragebogen zu ihrer Person auszufüllen. Die letzte Frage des Bogens habe ich beantwortet.

Das Interview ist unter folgendem Link oder dem nebenstehenden QR-Code abrufbar:

https://mentoren-verlag.de/jenseits-des-algorithmus-
interviews

2.Interviewsteckbrief für: Gerriet Danz
(persönlich von ihm ausgefüllt)

Abbildung 3.1: Gerriet Danz

Was machst du beruflich?
Ich bin Experte für Innovation und Kreativität, halte dazu Workshops und Vorträge. Darüber hinaus unterstütze ich seit fast 20 Jahren mit meinem Unternehmen *praesentarium* Führungskräfte, selbst bei Präsentationen und Vorträgen wirksamer und erfolgreicher zu sein. Dazu habe ich die Kreativtechnik *KREATORIK©* entwickelt.

Was verbindet dich mit dem Thema Kreativität und im Speziellen der klassischen Kreativität aus dem Marketing- sowie Businessbereich und warum lohnt es sich, sich mit deiner Meinung dazu zu beschäftigen?
Zehn Jahre lang habe ich als Kreativer bei BBDO gearbeitet, einer der weltweit größten Werbeagenturen. In dieser Zeit habe ich als Kreativdirektor internationale Kunden wie *Audi*, *Dr. Oetker*, *Wella* und *Allianz* betreut.

Wenn du ein Werkzeug wärst, welches würdest du sein und was zeichnet dich als Werkzeug aus?
Ich wäre ein Multifunktionswerkzeug (aka *DREMEL*), denn im Kern geht es um Unterstützung – aber die Ausprägung des Helfens hat viele Facetten.

Bitte schreibe eine für dich persönlich gültige und passende Definition von Kreativität auf.
Die Fähigkeit, Altbekanntes durch Verknüpfung in Neuschöpfungen zu verwandeln.

Gibt es ein bis drei Dinge, die die Leser von dir lesen, anschauen oder anhören sollten?

- Buch: *Neu präsentieren. Begeistern und überzeugen mit den Erfolgsmethoden der Werbung* (erschienen im Campus-Verlag, 2010)
- Meine Webseiten *www.praesentarium.com* und *www.gerrietdanz.com*

Warum ich Gerriet als Interviewgast angefragt habe und mich extrem freue, dass er seine Expertise mit uns teilt:
Ich habe Gerriet Danz bei der *German Speakers Association* kennengelernt. Für mich war er, und das ganz unabhängig von seinem Alter, immer ein wenig wie die graue Eminenz der Kreativität. Oder, wenn ich es auf Science-Fiction übertrage, war er ein ausgebildeter Jedi und ich sah mich selbst als Padawan, also einen Schüler.

Besonders seine Reisen ins Silicon Valley und die daraus resultierenden Vorträge zum Thema *Innovation* haben mich inspiriert. Daneben ist er ein absoluter Bühnenprofi und Experte, wenn es um das Präsentieren vor einem Publikum geht, der auch hier seine besondere Kreativität zeigt.

Ich freue mich immer wieder auf gemeinsame Gedankenspiele und den Austausch mit ihm, ob auf seinem zweiten Wohnsitz auf Mallorca oder im Rahmen des *GSA Innovation Awards*, bei dem er die Jury seit Jahren anführt. Er kam mir sofort in den Kopf, als ich überlegte, wen ich als ersten Gast zum Thema *Kreativität im Marketing* einladen könnte. Ich bin mir sicher, dass auch Sie von seinen Gedanken und Erfahrungen profitieren können.

3. Zusammenfassung des Gesprächs
Wie angekündigt, basiert die folgende Zusammenfassung allein auf meiner Erinnerung und meinen schriftlichen Notizen. Ich habe hierbei keine Zusammenfassungen durch ein KI-Programm genutzt und auch die Audio-Aufnahme nicht noch einmal angehört (Ausnahme bei Zitaten).

08. JUNI 2023
Tag, an dem das Interview digital geführt wurde.

Zum Start jedes Interviews habe ich *ChatGPT* gebeten, mir eine Vorstellung meines Gastes zu schreiben. Bei Gerriet geschah dies mit der kostenpflichtigen Version *ChatGPT 4.0*, die sich mit dem Internet verbinden kann, sodass auch aktuelle Informationen abgefragt werden können. Anders als die ältere Version 3.5 Turbo ist das Programm also nicht auf Daten limitiert, die vor September 2021 liegen. Dies war zu diesem Zeitpunkt der sogenannte Wissensstichtag von *ChatGPT*, da es nur mit Daten vor diesem Datum trainiert wurde.

Um die KI mit dem Internet zu verbinden, nutzte ich die Erweiterung *bing* und erhielt folgendes Ergebnis:

»Gerriet Danz wurde 1965 in Köln geboren und ist ein deutscher Vortragsredner, Kommunikationstrainer, Sachbuchautor und ehemaliger Fernsehmoderator. Er war von 1986 bis 1991 Texter bei BBDO Deutschland und fungierte danach als Kreativdirektor bei derselben Werbeagentur. Danz wurde 1995 von Spiegel-Chefredakteur Stefan Aust entdeckt und moderierte die VOX-News. Beim NDR Fernsehen war er danach zwei Jahre als Programm-Moderator tätig. Von 1998 bis 2000 präsentierte er die deutsche Version der US-Gameshow Jeopardy beim Fernsehsender tm3. Seit 1998 coacht Danz Unternehmer und Führungskräfte in Rhetorik und Präsentation.

Er ist auch Autor mehrerer Bücher. Zu seinen Veröffentlichungen gehören ›Neu präsentieren. Begeistern und überzeugen mit den Erfolgsmethoden der Werbung‹ und ›An die Wand geworfen: Die lustigsten PowerPoint-Präsentationen von Angela Merkel bis zum Weihnachtsmann‹, das er zusammen mit Tim Wilberg verfasst hat.«

Gerriet war bereits als Kind und dann Jugendlicher ganz im Zeichen von Kreativität unterwegs. Er spielte viel mit Lego-Bausteinen und war anschließend ein großer Fan von Kasperletheatern. Diese Begeisterung ging so weit, dass er beim Marketing zu seinen Aufführungen und deren Umsetzung schon sehr früh sein Unternehmertum zeigte. So kombinierte er den Wunsch nach kreativer Entfaltung mit dem, in

Interviews

der Öffentlichkeit aufzutreten. Nur der Umstand, dass es in der Zeit seiner Ausbildungsphase noch kaum Arbeitsmöglichkeiten in den Medien beziehungsweise im Fernsehen gab, führt ihn auf den Weg zum Werbekaufmann. Dort brachte er seine kreative Ader im Bereich Text ein, da ihm das Grafische weniger lag.

Es stellt sich die interessante Frage, ob dies heute auch noch so wäre, da er sich heutzutage von KI-Programmen bei der Erstellung von Bildern unterstützen lassen könnte. Die erlernte Fertigkeit, das eigene Bild im Kopf auf Papier oder Bildschirm zu bringen, verliert durch neue KI-Programme definitiv an Bedeutung. Gerriets Weg führte von einer kleinen Agentur über die weltweit tätige Marketingagentur BBDO, dann aber doch letztendlich zum Fernsehen.

Kreativität war also von jungen Jahren an ein entscheidender Teil seines Lebens und bis heute bestimmt Kreativität die Art und Weise, wie er leben möchte. Er gehört zu den Menschen, die jeden Tag eine neue Idee suchen und brauchen, wobei es nicht darauf ankommt, wie groß oder bedeutend diese Idee ist. Auch einen wackelnden Sonnenschirm mit einer kreativen Idee zu reparieren, ist für Gerriet Kreativität und kann uns Befriedigung und Freude schenken. Ich unterstütze diese Sichtweise sehr und wünsche mir für alle Leser, lassen Sie Ihre Kreativität zu. Genießen Sie neue Ideen und schrecken Sie nicht vor der Umsetzung zurück. Kreativität ist fließend und kommt oftmals von allein, wenn wir es zulassen und nicht durch zu viel Bedenken einbremsen.

Kreativität macht für Gerriet am meisten Spaß, wenn man sich selbst mit etwas Neuem, einer Lösung überrascht. Jede Lösung benötigt Kreativität, jede Herausforderung sucht nach einer Lösung. Also kann auch jede Herausforderung zu Spaß und Freude führen, wenn wir sie lösen. Mit dieser Einstellung gelingt es, neue Herausforderungen als Chance zu sehen und nicht als Belastung.

Wir beide sehen Kreativität als eine Grundvoraussetzung für Innovationen an und geben Unternehmern die klare Empfehlung, Kreativität bei eigenen Mitarbeitern nicht nur zuzulassen, sondern zu fördern. Kreativität ist die menschliche Grundvoraussetzung, die als Ergebnis zu einer Innovation führen kann, wenn sie vom Markt bestätigt wird.

Größere Veränderungen im Bereich Kreativität, auch im Hinblick auf die Arbeit in einer Marketingagentur, sieht Gerriet in den letzten 20 Jahren keine. Dass sich unsere Vorgehensweisen kaum verändert haben, belegte er mit einem Beispiel:

Sein früherer Arbeitgeber BBDO wurde um 1900 in New York gegründet – unter anderem vom Werbeguru Alex Osborn. Dieser hat nicht nur das Brainstorming erfunden, sondern ist auch Namensgeber der von ihm entwickelten Kreativitätstechnik »Osborn Checkliste«. Diese Techniken basieren auf der genauen Beobachtung von Menschen und ihrer Vorgehensweise. Gerriet meinte wörtlich: »Kreativitätstechniken sind am Ende ja nur eine Systematisierung von intuitivem Vorgehen, das Menschen ohnehin haben. Irgendjemand muss da sehr gut beobachtet haben, wie geht ein Mensch denn wirklich vor, wenn er oder sie auf eine Idee kommt. Und wenn du das dann mal skizzierst, vielleicht auch mitfilmst und aufschreibst und machst einen kleinen Rahmen drum, dann kann sich daraus eine Vorgehensweise ergeben, die anschließend mechanisiert und zu einer Technik wird. Anschließend ist sie auch vermittelbar und lernbar. Techniken sind im Grunde genommen gute Beobachtungen von menschlichem Vorgehen.«

Als Texter nutzte Gerriet zum Zeitpunkt unseres Gesprächs vor allem *ChatGPT*. Das ließ er schon einmal ein Gedicht schreiben, um es anschließend zu romantisieren und zu einem Rap umzuwandeln. Die kreative Leistung liegt seiner Ansicht nach dabei aber noch bei ihm, da er die Idee zu diesem Gedicht hatte. KI-Programme dienen für ihn nur zur Inspiration, wie es früher vielleicht Zeitschriften waren, aus denen wir Bilder ausgeschnitten haben. Was uns im Gespräch zu einem sehr interessanten Punkt führte.

In seiner Zeit im Marketing setzten sich oftmals erfahrene und weniger erfahrene Mitarbeiter zu einem Brainstorming zusammen, um Ideen zu neuen Texten auszutauschen. Natürlich kamen dabei außergewöhnliche und neue Ideen auch (oder gerade) von Junior Textern, also eher neuen Mitarbeitern, die noch nicht in die alten Denkpfade einer eingesessenen Agentur eingetreten waren. Diese Art der Inspiration kann und wird aber vermutlich durch KI-Programme ersetzt. Und wenn sie nicht ersetzt wird, so wird sie doch ergänzt. Was passiert also mit dem Junior Texter der Zukunft? Wird er noch benötigt, schult er um zu einem Prompt-Writer[7] oder wird die Position komplett aufgegeben? Und verändert sich mit der Zeit auch die Expertise der »Cheftexter«, wenn sie nicht als Junior-Texter über längere Zeit lernen durften?

Die Arbeit im Marketing wird sich in Zukunft aus Gerriets Sicht komplett ändern, sowohl was Print als auch was Film betrifft. Wir benötigen wahrscheinlich keine Fotoshootings mehr, wenn wir ein ähnliches Bild am Computer erzeugen können, ganz ohne die zuvor notwendigen Aufwendungen an Reisekosten, Material, Personal, Zeitbedarf und so weiter. Die gesamte Branche wird sich erneuern und neu aufstellen.

Offen blieb im Gespräch, welche Bedeutung die künstliche Kreativität bei dieser Neuausrichtung haben wird. Die gute Idee, um ein Bild zu generieren, also der Input oder Prompt an die KI, kommt immer noch von einem Menschen. Aber wird es bei einer Art Assistenzsystem bleiben? Ist es nur eine tolle Inspirationsquelle, die uns nur unterstützt? Oder wird die KI auch einen großen Part unserer eigenen Kreativität beziehungsweise dessen Ergebnisse ersetzen und dadurch dazu führen, dass wir unsere Kreativität noch weniger nutzen, als wir es ohnehin schon tun?

Dies spiegelt sich in seinem Fazit bei der Frage nach der Zukunft der Kreativität wider. Wir teilen die Befürchtung, dass es durch KI zu einer Beschränkung unserer Kreativität kommen könnte. Dabei sind Menschen von Geburt an kreativ. Uns die Möglichkeiten zu nehmen, diese Eigenschaft frei zu entfalten, kann unglücklich machen. Sein Wunsch ist, dass wir uns von künstlicher Kreativität inspirieren lassen, um dadurch auf noch bessere Ideen zu kommen, sie also als Assistenz zu nutzen, ohne die eigene Kreativität ersetzen zu lassen.

Zum Start des Interviews erzählte Gerriet, wie viel Spaß und Erfüllung er bei seiner Arbeit mit dem Kasperletheater hatte: Es zu bauen, zu bespielen und auch das Marketing zu übernehmen. Was bleibt von dieser Freude und dem Spaß, sich selbst mit einer Lösung

---

7   Ein Experte in der Erstellung von Prompts und ein neues Berufsbild.

zu überraschen, wenn wir mit KI-Programmen arbeiten würden? Das Bild zur Ankündigung würde *Midjourney* übernehmen, die Texte größtenteils *ChatGPT* schreiben und anstatt die Figuren zu bewegen, würden wir ein Text-zu-Video-Programm nutzen, um die Vorstellung zu erstellen. Ihm würde das nicht die Freude bereiten, die er damals hatte. Und er ist froh, dass er damals noch alles selbst und händisch machen konnte. Wir beide wünschen uns, dass gerade Kindern nicht zu viel »abgenommen« wird. Wir ihnen bei allen Vorteilen, die KI haben kann, nicht die Möglichkeit nehmen, ihre Fantasie selbst und im sinnlichen Austausch mit ihrer Umwelt auszuleben.

4. Mein persönliches Fazit

Ich hatte Gerriet ganz bewusst gebeten, das erste Interview zum Buch mit mir zu führen, da es eher ein Blick in die Vergangenheit sein sollte. Das liegt nicht an seiner Person, denn er hat seine Aufmerksamkeit gerade beim Thema *Innovation* immer sehr auf die Zukunft gerichtet. Aber sein beruflicher Werdegang in einer großen Marketingagentur ermöglichte es mir, mit einem grundsätzlichen Blick auf Kreativität und deren Nutzen im beruflichen Kontext der sogenannten Kreativbranche zu starten.

Ich selbst glaube, dass KI-Tools mehr sein werden als nur Assistenzen. Sie werden viele Arbeiten in dieser und anderen Branchen komplett übernehmen. Ich teile den Wunsch, dass wir künstliche Kreativität nutzen, um eigene Ideen und Gedanken voranzutreiben, uns inspirieren zu lassen und dadurch noch bessere Ergebnisse zu erzielen. Fertigkeiten, die mehrere Jahre des Übens voraussetzen, werden wahrscheinlich an Bedeutung verlieren. Die Ausbildung eines Grafikers wird in Zukunft anders aussehen als noch vor ein oder zwei Jahren.

Die große Aufgabe unserer Gesellschaft wird sein, den Menschen dabei nicht aus den Augen zu verlieren. Was macht uns glücklich? Was erfüllt uns bei der Bewältigung kreativer Aufgaben? Schon jetzt gibt es KI-Tools, mit deren Hilfe Kinder eigene Avatare und Geschichten erfinden können. Statt sich die Märchen von früher anzuhören, generieren sie eigene. Eventuell fühlen sich Kinder dabei genauso kreativ wie beim Ausmalen eines Malbuches. Aber sicher kann ich es Ihnen nicht sagen.

Zweifelsfrei ist allerdings, dass haptisches Arbeiten andere Gebiete in unserem Gehirn aktiviert als das Eintippen von Prompts. Das körperliche Erleben und die Interaktion mit der Umwelt ist wichtig und wir dürfen es nicht verlieren beziehungsweise außer Acht lassen. Es besteht ein Unterschied darin, etwas mit den Händen zu basteln, zu malen und die Welt dabei spielerisch zu entdecken oder auf einer Tastatur zu tippen, um das Ergebnis zu erzielen.

Dazu wird sich in der Zukunft noch viel entwickeln, wir werden Brillen tragen, die uns in andere Welten versetzen, eventuell Anzüge tragen, die Berührungen und wahrscheinlich auch Gerüche simulieren können. Ob es die Emotionen ersetzen kann, die wir haben, wenn wir uns beispielsweise das erste Mal die Finger mit Uhu zusammenkleben oder auf einen Legostein treten, glaube ich zurzeit nicht. Neurologisch unterscheiden sich beide Erfahrungen ganz sicher, denn schon handschriftliches Schreiben oder das Texten mit Hilfe einer Tastatur aktiviert unterschiedliche Regionen in unserem Gehirn.

Gerade in der Lebensphase, in der sich unser Gehirn noch stark entwickelt, sollten wir beachten, dass es ausreichend unterschiedliche Reize gibt, um die Entwicklung zu fördern. Bereits in dieser Phase zu viel an KI-Tools abzugeben, könnte zu Nachteilen in der Entwicklung führen. Beachten wir bei aller Euphorie und Optimismus gegenüber den Chancen von KI also unbedingt die Entwicklung unserer Kinder und ermöglichen ihnen, die Welt mit allen Sinnen zu entdecken.

5. Gesprächszusammenfassung durch ein KI-Programm
Im Anschluss an das Interview habe ich die Transkription unseres Gespräches bei *ChatGPT* (Version 4.0) hochgeladen und gebeten, das Gespräch in zehn bis 15 Schlüsselaussagen zusammenzufassen. Da die Textlänge für die genutzte Version der KI zu lang war, musste ich meine Anfrage auf drei Durchläufe verteilen. Sie erinnern sich sicher an die Erklärung zu den Tokens am Anfang des Buches. Die KI konnte das ganze Transkript nicht auf einmal bearbeiten, sodass ich es in drei Teile unterteilte. Sicher wird dieses Problem in abseh-

barer Zeit gelöst und es wird Programme geben, die ganze Bücher in einem Arbeitsschritt verarbeiten können. Doch in meinem Heute galt es, noch kleine Umwege zu nutzen.

Nachtrag aus der Zukunft
Wie bereits erwähnt, besaß *ChatGPT* schon fünf Monate später ausreichend Kapazität, um das gesamte Interview in einem Prompt zu verarbeiten. Ich habe mich aber, auch aus Zeitgründen, dazu entschlossen, die Interviews nicht noch einmal mit KI zu bearbeiten, sondern die Ergebnisse im Buch zu behalten, die mit der damaligen Technik möglich waren.

Ich bat die KI daher, jeweils fünf bis sieben Aussagen für den jeweiligen Textabschnitt zu erarbeiten. Anschließend wollte ich die Aussagen durchnummerieren, aber interessanterweise änderte sich im letzten Part die Art der Beschreibung bei gleichbleibenden Voraussetzungen. Sie finden im Weiteren daher drei mal sieben Schlüsselaussagen.

»Hier sind die Schlüsselaussagen aus dem Interview zwischen Nils Bäumer und Gerriet Danz:
1. *Gerriet Danz sieht Kreativität als einen zutiefst menschlichen Akt, der in unserem Alltag ständig präsent ist. Es geht nicht nur um große, weltverändernde Ideen, sondern auch um die kleinen Lösungen, die wir täglich finden.*
2. *Für Danz ist Kreativität ein integraler Bestandteil seines Lebens. Er kann sich ein Leben ohne die Fähigkeit, neue Ideen zu entwickeln und Probleme zu lösen, nicht vorstellen.*
3. *Danz sieht keinen großen Unterschied in der Art und Weise, wie Menschen in den letzten 20 Jahren kreativ waren. Die Methoden und Prozesse sind im Wesentlichen die gleichen geblieben, auch wenn die Medien und Werkzeuge, die wir verwenden, sich verändert haben.*
4. *Innovation, im Gegensatz zu Kreativität, ist das, was am Ende herauskommt, wenn eine Idee erfolgreich umgesetzt wird. Es ist das greifbare Produkt oder die Dienstleistung, die aus dem kreativen Prozess hervorgeht.*

5. *Die größte Freude an der Kreativität kommt für Danz in dem Moment, in dem er sich selbst mit einer neuen Idee überrascht. Es ist dieser Moment der Erkenntnis und des ›Aha‹-Erlebnisses, der Kreativität so befriedigend macht.*
6. *Trotz der Fortschritte in der Technologie und der Einführung von KI glaubt Danz, dass die menschliche Kreativität immer noch unerlässlich ist. KI kann uns helfen, Lösungen zu finden und Prozesse zu verbessern, aber die ursprüngliche Idee und die Fähigkeit, neue Verbindungen zu knüpfen, kommt immer noch von uns.*
7. *Danz betont die Wichtigkeit der Kreativität in allen Bereichen des Lebens, nicht nur in der Kunst oder in der Werbung. Jede Lösung, die wir für ein Problem finden, jede Anpassung, die wir vornehmen, um eine Herausforderung zu bewältigen, ist ein Akt der Kreativität.«*

Zweiter Frageblock:
1. *»Gerriet Danz sieht Kreativitätstechniken als Systematisierungen von intuitiven Vorgehensweisen, die Menschen ohnehin haben. Sie sind Beobachtungen von menschlichem Vorgehen und können mechanisiert, vermittelbar und lernbar gemacht werden.*
2. *Die Osborn-Checkliste, entwickelt von Alex Osborn, der das Brainstorming erfunden hat, ist ein Beispiel für eine solche Technik. Sie ermöglicht es, ein Produkt, eine Dienstleistung, einen Prozess oder eine Zielgruppe systematisch zu hinterfragen.*
3. *Die Anzahl der Kreativitätstechniken ist groß, aber viele haben ähnliche Systematiken. Es geht darum, Dinge zu verändern, größer oder kleiner zu machen, den Blickwinkel zu ändern, sie auf den Kopf zu stellen und so weiter.*
4. *Künstliche Intelligenz (KI) wird als ein wichtiges Werkzeug in der Kreativität und im Marketing gesehen. Sie kann als Inspirationstool dienen und Zeit sparen, aber es besteht auch die Gefahr, dass sie Menschen faul macht.*
5. *KI wird den gesamten Bereich des Marketings verändern. Sie kann Fotoshootings ersetzen, Szenarien kreieren, die real aussehen und einzigartige Inhalte erstellen, die nicht durch Copy and Paste entstanden sind.*
6. *Es gibt Bedenken, dass bestimmte Berufe durch KI ersetzt werden könnten. Die Antwort darauf ist nicht, zu lamentieren, sondern sich weiterzubilden und nach neuen Berufen zu suchen.*

7. *Künstliche Kreativität wird derzeit als Assistenzfunktion gesehen, die einen Menschen inspirieren, aber noch nicht ersetzen kann. Es wird jedoch erwartet, dass sie sich weiterentwickelt und in der Zukunft möglicherweise mehr leisten kann.«*

Dritter Textblock:

1. *»Nils Bäumer und Gerriet Danz diskutieren über die Rolle der Künstlichen Intelligenz (KI) in der Kreativität. Sie stimmen darin überein, dass KI überraschende und spannende Ergebnisse liefern kann, wenn sie richtig eingesetzt wird.*

2. *Sie sprechen über die Freude an der Kreativität und wie sie oft mehr im Prozess als im Endprodukt liegt. Sie diskutieren auch, wie KI einige Aspekte des kreativen Prozesses übernehmen kann, was sowohl Vorteile als auch Nachteile hat.*

3. *Sie vergleichen die KI mit einem Junior-Texter, der großartige Ideen hervorbringen kann, aber vielleicht noch nicht die Erfahrung hat, um ihre Qualität vollständig zu beurteilen. Sie diskutieren die Möglichkeit, dass KI in der Zukunft Junior-Texter in Unternehmen ersetzen könnte.*

4. *Sie sprechen über die Bedeutung der Ausbildung und wie sich der Schwerpunkt möglicherweise ändern muss, um die Fähigkeiten zu fördern, die in einer Welt mit KI benötigt werden. Sie diskutieren auch die Möglichkeit, dass bestimmte Fähigkeiten verloren gehen könnten, wenn KI bestimmte Aufgaben übernimmt.*

5. *Sie diskutieren die Möglichkeit einer Fernsehshow, in der Menschen gegen KI in kreativen Herausforderungen antreten. Sie erkennen an, dass KI in bestimmten Bereichen, wie dem Beantworten von Fragen, schneller sein kann, aber sie betonen die Bedeutung der menschlichen Kreativität und Innovation.*

6. *Sie diskutieren die möglichen Auswirkungen der KI auf die Kindheit und die Kreativität von Kindern. Sie äußern Bedenken darüber, dass Kinder weniger kreativ sein könnten, wenn sie zu sehr auf Technologie angewiesen sind.*

7. *Sie schließen das Gespräch mit der Hoffnung ab, dass KI in der Zukunft als Inspirationsquelle und Assistenzwerkzeug für Kreativität genutzt werden kann, anstatt die menschliche Kreativität zu ersetzen.*

Ich hatte im Vorfeld *ChatGPT* aufgefordert, mir Fragen zu generieren, die ich in einem Interview mit Gerriet stellen könnte. Vor der Generierung der Fragen ließ ich eine Persona von Gerriet erstellen, sodass die KI Informationen erhielt, wem die Fragen gestellt werden sollten. Da ich im Interview aus Zeitgründen nicht dazu kam, Gerriet eine dieser Fragen zu stellen, stellte ich aus Neugierde der KI eine der Fragen. Allerdings in der Rolle von Gerriet Danz. *ChatGPT* sollte also aus Sicht von Gerriet antworten, den ich vorher möglichst genau beschrieben hatte beziehungsweise ich hatte ihn ja durch *ChatGPT* selbst beschreiben lassen.

Zu folgender Frage gab ich als Länge der Antwort 3.500 Zeichen vor: »Welche Risiken, aber auch Chancen ergeben sich durch die neuen KI-Programme wie *ChatGPT* und *Midjourney* im klassischen Marketing und welche Auswirkungen wird es auf die Kreativität der dort arbeitenden Menschen haben?«

Die Antwort von *ChatGPT* als Gerriet Danz lautete wie folgt: »*Als Gerriet Danz sehe ich sowohl Chancen als auch Risiken in der Anwendung von KI-Programmen wie ChatGPT und Midjourney im klassischen Marketing.*

Beginnen wir mit den Chancen: KI-Programme können eine enorme Effizienzsteigerung in vielen Bereichen des Marketings ermöglichen. Sie können große Datenmengen analysieren und Muster erkennen, die für Menschen schwer zu erkennen wären. Sie können auch dabei helfen, personalisierte Marketingstrategien zu entwickeln, indem sie individuelle Präferenzen und Verhaltensweisen der Kunden analysieren. Darüber hinaus können KI-Programme Routineaufgaben automatisieren und so den Marketingteams mehr Zeit für strategische und kreative Aufgaben geben.

In Bezug auf Kreativität kann KI als Inspirationsquelle dienen. Sie kann uns überraschen und uns dazu bringen, Dinge aus einem neuen Blickwinkel zu betrachten. Sie kann uns auch dabei helfen, neue Ideen zu generieren, indem sie uns mit unerwarteten Verbindungen und Einsichten versorgt.

Aber es gibt auch Risiken und Herausforderungen. Eine davon ist die Gefahr, dass wir zu sehr auf die KI vertrauen und unsere eigene Kreativität und unser kritisches Denken vernachlässigen. Es besteht die Gefahr, dass wir uns zu sehr auf die von der KI generierten Ideen verlassen und aufhören, unsere eigenen einzigartigen und innovativen Ideen zu entwickeln.

Ein weiteres Risiko besteht darin, dass wir die menschliche Komponente im Marketing vergessen. Marketing geht nicht nur darum, Produkte zu verkaufen, sondern auch darum, Beziehungen zu den Kunden aufzubauen und aufrechtzuerhalten. Und das erfordert Empathie, emotionales Verständnis und menschliche Interaktion – Dinge, die eine KI (zumindest zum jetzigen Zeitpunkt) nicht vollständig replizieren kann.

Schließlich besteht auch das Risiko, dass KI-Programme missbraucht werden, beispielsweise um irreführende oder manipulative Marketingstrategien zu entwickeln. Es ist daher wichtig, ethische Richtlinien für den Einsatz von KI im Marketing zu entwickeln und einzuhalten.

Insgesamt glaube ich, dass KI-Programme das Potenzial haben, das Marketing zu revolutionieren und die Kreativität zu fördern. Aber es ist wichtig, dass wir sie verantwortungsvoll einsetzen und dabei die menschliche Komponente nicht aus den Augen verlieren.«

6. Vergleich von Mensch versus Maschine

Vielleicht habe ich gehofft, dass ich hier nun schreiben kann: »Wie Sie selbst lesen können, ist die Zusammenfassung eines Menschen, der die zwischenmenschlichen Signale mit aufnehmen und übersetzen kann, der Zusammenfassung einer Maschine klar überlegen. Und auch die Meinung eines Experten hat eindeutig abgestimmtere Nuancen und Tiefen als die einer KI.«

Ehrlicherweise konnte ich der Zusammenfassung der KI aber durchaus auch Informationen entnehmen, die ich selbst nicht oder zumindest nicht in dieser Form wiedergegeben hatte. Persönlich ziehe ich meine eigene Zusammenfassung vor, aber diese stammt ja auch von mir und eventuell sehen Sie es anders.

Wenn ich einen Nachteil an der Zusammenfassung nennen müsste, dann wäre es die Gleichgewichtung aller Themen. Im Gespräch ergaben sich einige besonders wichtige Schwerpunkte. Uns beiden lag es sehr am Herzen zu betonen, welche Bedeutungen das spielerische Element und die kindliche Neugier bei Kreativität haben. Zu Recht können Sie nun aber einwenden, dass ich ja eine Aufzählung gefordert hatte.

Bei der Beantwortung meiner Frage durch *ChatGPT* selbst zeigte sich eine typische Eigenschaft solcher »Gespräche«. Die KI antwortet genau auf die gestellte Frage. Logischerweise, dafür ist es schließlich auch programmiert worden.

Gespräche und Interviews mit Menschen entwickeln sich aber oftmals ganz anders als geplant. Fragen werden interpretiert, Gegenfragen gestellt, neue Aspekte eingebracht, die der Interviewer gar nicht bedacht hatte und es entwickelt sich im besten Fall ein lebendiger Gesprächsfaden, der von beiden Seiten beeinflusst wird. Wenn wir mit *ChatGPT* reden, kann der Eindruck entstehen, dass es ein lebendiges Gespräch ist, aber wir erhalten immer die Antwort auf genau unsere Frage. Oftmals wird die Frage sogar als Antwort mit eingebaut. Dies vermindert die Chance kritischer Antworten und echter Streitgespräche, die zu völlig neuen Erkenntnissen führen. Bei der kreativen und lebendigen Entwicklung eines echten Interviewgespräches würde ich einen Menschen der Maschine daher klar vorziehen. Auch um die Geschichte hinter der Meinung zu erfahren, sprich das, was der Mensch erlebt hat, um sich seine Meinung zu bilden. Bei Gerriet war es das Kasperletheater, von dem ich nichts wissen konnte. Eine KI hat keine eigene Geschichte, sondern vorerst nur Trainingsdaten, aus denen es Geschichten generieren kann. Erlebt hat es sie nicht. Aber ob dies auch immer den besseren Erkenntniswert für den Zuhörer oder Leser bedeutet? Vielleicht werden das auch die kommenden Interviews noch klarer zeigen. Entdecken Sie es am besten selbst.

Nun muss ich ein kleines PS. zu diesem Absatz einschieben. Ich habe am nächsten Tag *ChatGPT* gebeten, wie ein Politiker zu antworten, viel zu reden, aber die Frage nicht wirklich zu beantworten. Als Thema habe ich ein Tempolimit auf deutschen Autobahnen genommen. Erschreckenderweise konnte es auch dies hervorragend. Ich muss meine obige Aussage also etwas revidieren, *ChatGPT* antwortet nicht immer genau auf die Frage, die wir stellen, sondern so, wie wir es vorgeben. Dieser »Nachteil« bleibt bestehen, denn ein menschlicher Gesprächspartner ist eine eigene Persönlichkeit, die uns durch die Art seiner Antworten hoffentlich immer wieder einmal überrascht.

Bis jemand ein KI-Programm entwickelt und verschiedene Persönlichkeiten vorgibt, die per Zufall aktiviert werden und uns antworten. Ohne, dass wir es selbst vorgeben. Es bleibt spannend.

Dies war ein sehr ausführlicher Überblick zu den Fragen und Antworten der KI, da es der erste Versuch nach einem Interview und mein Einstieg war. Sicher sagt die Fähigkeit, eine Zusammenfassung zu schreiben, auch nichts über die Kreativität einer KI aus. Das Kernthema des Buches bleibt künstliche Kreativität und nicht die Fähigkeit der KI, Assistenzdienste zu übernehmen.

Ich werde die Aufgabenstellungen an die KI-Tools bei kommenden Interviews daher variieren und bin gespannt, welche Unterschiede es machen wird und ob sich weitere Erkenntnisse ergeben.

Matthias Garten – Aktuelle KI-Programme und deren kreative Nutzung im Geschäftsumfeld

1. Vorstellung des Schwerpunktthemas und Grund für die Auswahl
Zu Beginn des Buches habe ich bereits einen kurzen Überblick über den aktuellen Stand der KI-Programmentwicklung auf dem Markt gegeben. Dieser Überblick soll im Folgenden durch die Expertise eines Anwenders ergänzt werden, der nicht zwingend ein Programmierer, sondern vielmehr ein Nutzer ist, der sich aus beruflichen und privaten Gründen für das Thema interessiert und sich von Beginn an vertieft damit beschäftigt.

Dabei interessiert nicht nur, welche Programme es gibt und welche er verwendet, sondern auch, welche Rolle Kreativität dabei einnimmt und wohin die Reise aus seiner Sicht gehen wird. Gefunden habe ich diesen Gast in der Person von Matthias Garten.

Das Interview ist unter folgendem Link oder dem nebenstehendem QR-Code abrufbar:

https://mentoren-verlag.de/jenseits-des-algorithmus-interviews

2. Interviewsteckbrief für: Matthias Garten
(persönlich von ihm ausgefüllt)

Abbildung 3.2: Matthias Garten

Was machst du beruflich?
Mein Motto ist: »Mit mir wirst du präsentabel und künstlich intelligent.« Ich bin Dipl.-Wirtschaftsinformatiker, Unternehmer sowie Bestsellerautor und werde oft als der »PowerPoint-Papst« im deutschsprachigen Raum bezeichnet. Als Pionier bin ich schon immer sehr weit vorn dabei – das begleitet mich bereits mein ganzes Leben, z. B. erste Online-Überweisung 1987, 1993 erste PowerPoint-Agentur *smavicon Best Business Presentations* im DACH-Raum. Mein Team und ich haben in über 30 Jahren mehr als 20.000 Präsentationen für renommierte nationale und internationale Unternehmen entwickelt. Mit meiner *Inflow Presentation Trends*-Akademie bieten wir Training zu Präsentationen, PowerPoint, Auftritt und künstliche Intelligenz an.

Was verbindet dich mit dem Thema Kreativität sowie im Speziellen mit der Nutzung aktueller KI-Programme und warum lohnt es sich, sich mit deiner Meinung dazu zu beschäftigen?
Kreativität ist der Kern meiner Arbeit, wenn es darum geht, Präsentationen zu gestalten, die begeistern. Die Integration von KI in den Präsentationsprozess ermöglicht es mir, kreative und innovative Lösungen schneller zu entwickeln. Ich hatte das Glück, bereits 2021 erste KI-generierte Bilder und Text zu generieren und habe mich dadurch schon lange vor dem Hype damit beschäftigt. In Zukunft wird die Nutzung von KI-Programmen so wichtig werden wie das Schreiben einer E-Mail, Googeln oder das Telefonieren mit dem Smartphone. Es wird die Grundvoraussetzung für die Arbeitswelt von heute und morgen sein.

Wer also in Zukunft noch erfolgreich arbeiten möchte, sollte zeitnah das Prompten lernen und es wie das Erlernen einer neuen Fremdsprache ansehen.

Wenn du ein Werkzeug wärst, welches würdest du sein und was zeichnet dich als Werkzeug aus?
Wäre ich ein Werkzeug, dann wäre ich ein Schweizer Taschenmesser: vielseitig, praktisch und immer bereit, die passende Lösung für eine Herausforderung zu bieten. Meine Vielseitigkeit spiegelt die breite Palette von Dienstleistungen wider, die ich anbiete, von Präsentationsdesign bis hin zu Schulungen. Praktisch bedeutet für mich umsetzungsorientiert, mit einer gewissen Portion Kreativität ausgestattet, tolle Ideen zu finden und dabei immer auch an die Zukunft zu denken.

Bitte schreibe eine für dich persönlich gültige und passende Definition von Kreativität auf.
Kreativität ist die Fähigkeit, bestehende Ideen, Konzepte sowie Ressourcen in einer neuen und einzigartigen Weise zu kombinieren, um wertvolle und beeindruckende Lösungen zu schaffen. Sie ist nicht nur ein Talent, sondern auch eine erlernbare Fähigkeit, die durch Übung, Erfahrung und Offenheit für Neues stetig verbessert werden kann.

Gibt es ein bis drei Dinge, die die Leser von dir lesen, anschauen oder anhören sollten?
Absolut! Ich empfehle:
- Einfach mal den Trailer und die Beispiele auf www.smavicon.de zum Thema Präsentationen anschauen.
- Sich am besten in unseren Infonewsletter eintragen und von interessanten Angeboten profitieren, wie ein kostenfreies KI-Schnupperwebinar oder den aktuellen Präsentationstrends.

Warum ich Matthias als Interviewgast angefragt habe und mich extrem freue, dass er seine Expertise mit uns teilt:
Ein kurzes Webinar mit Matthias führte erst dazu, dass ich mich näher mit der Welt der KI-Programme beschäftigte. Als absoluter Experte im Bereich *Präsentationserstellung* liegt es ganz in seinem Bereich, sich über die neuesten Entwicklungen im Bereich der KI-Programme zu erkundigen und diese sinnvoll einzusetzen. Zudem kenne ich ihn als extrem aufgeschlossenen und neugierigen Menschen, der in Zeiten, in denen sich die Mehrheit noch mit den ersten Schritten beschäftigt, schon um ein Vielfaches weiter geht und denkt.

3. Zusammenfassung des Gesprächs

20. JUNI 2023
Tag, an dem das Interview digital geführt wurde

Das sagt *ChatGPT* zu Matthias, ausgestattet mit dem Zugriff auf das Internet durch die Erweiterung *bing*: »*Matthias Garten wurde 1964 in der Nähe von Jugenheim, Hessen, geboren und hat einen Master-Abschluss in Management Information Systems von der Universität Darmstadt. Er ist ein Experte für Multimedia und PowerPoint-Präsentationen und ist als Gründer und CEO von smavicon Best Business Presentations bekannt, der ersten Präsentationsagentur für Multimedia und PowerPoint-Präsentationen in Deutschland*

Er ist auch als ›Chief Presentation Officer‹ (CPO) bekannt und gilt als einer der Pioniere und führenden Experten für Multimedia- und PowerPoint-Präsentationen in deutschsprachigen Ländern. Darüber hinaus ist Garten Initiator und Organisator von Veranstaltungen. Er hat Events wie die Presentation Conference (2010-2013), das Presentation Bootcamp (2014-2015) und den Presentation Rocket Day (ab 2016) initiiert und organisiert.

Neben seiner Rolle als Geschäftsführer von smavicon ist Garten auch ein professioneller Redner, Dozent für Präsentationsfähigkeiten und PowerPoint-Schulungen, Autor, Innovationsmanager und Coach. 2011 entwickelte er die sogenannte ›Presentation Booster‹ Methode und hat Bücher, DVDs und CDs zum Thema PowerPoint-Präsentationen veröffentlicht.«

Wir hatten gleich zum Start viel Spaß, als ich Matthias die Vorstellung durch *ChatGPT* vorlas. Zum einen, weil wir uns beide wunderten, warum das Programm sein Studium zum Diplom Wirtschaftsinformatiker in einen Master-Abschluss in Management Information Systems umwandelte. Laut lachen musste ich zum anderen, als er meinte, dass das Programm »Jugendheim« statt seiner Geburtsstadt »Jugenheim« angegeben hätte. Er klärte mich auf, dass er in einem Krankenhaus auf die Welt kam. Dieser Fehler lag aber nicht bei der KI, sondern bei mir, ich hatte beim Vorlesen der Vorstellung wohl zu sehr genuschelt.

Kreativität spielt nach Aussage von Matthias in seinem Arbeitsgebiet, also vor allem bei der Erstellung von Präsentationen, eine sehr große Rolle. Denn Präsentationen benötigen Ideen für passende Geschichten, Analogien und Bilder. Wie in anderen Bereichen ist viel Handarbeit in Kombination mit der notwendigen Kreativität notwendig, um den entscheidenden Unterschied im Ergebnis zu erzielen.

Seine Beschreibung der unterschiedlichen Arten von Kreativität bestätigt meine Ansicht, dass wir eine deutlichere Definition dazu benötigen. Er unterscheidet zwischen erfinderischer und künstlerischer Kreativität. Die künstlerische zeichnet sich dadurch aus, dass Techniken genutzt und bestehende Ideen miteinander kombiniert werden, um etwas Neues entstehen zu lassen. Für mich ist dies eine allgemeine Definition von Kreativität, wie sie auch im Businessbereich genutzt wird, und ich hätte sie nicht als künstlerisch bezeichnet.

Schon vor *ChatGPT* und Co. nutzte Matthias zwei Wege, um auf seine Ideen zu kommen. Einer ist die Inspiration durch verschiedene Stimulationen. Beispielsweise der bewusst geplante Besuch eines Museums, aber auch zufällige Inspirationen, die sich beim abendlichen Fernsehschauen ergeben. Für den zweiten Weg, hin zu neuen Ideen, nutzt er einen kontemplativen Weg. Im entspannten Zustand hat er plötzliche Ideen. In Situationen wie dem Spazierengehen oder unter der Dusche, oftmals unterstützt durch meditative Musik, die ihn dabei begleitet.

Beide Wege kenne ich gut und sie können sich sogar ergänzen. Spontane Geistesblitze entstehen, wenn unserem Unterbewusstsein Raum gegeben wird und der Planungsmodus unseres Frontalhirns mehr oder weniger abgeschaltet ist. Dann tauchen neue Ideen und Lösungen auf, die allerdings auch sehr flüchtig sind. Ich empfahl ihm daher *AquaNotes*, mit denen man sich auch unter der Dusche Notizen machen kann. Allerdings ist er technisch auch diesbezüglich schon weiter und diktiert Ideen, die ihm beim Duschen einfallen, einfach einem bei vielen stehenden Gerät, das oftmals den Namen *Alexa* trägt.

Daneben gibt es die bewusste Suche nach Ideen, bei der wir uns selbst durch Inspirationen unterstützen können, sei es durch Kreativitätstechniken, Musik, Bilder oder etwas anderem. Aus meiner Sicht ist die erste Möglichkeit, die eher unbewusste Suche nach Lösungen, nur möglich, wenn das zu lösende Problem auch eine emotionale Bedeutung für uns hat. Nur dann aktiviert sich unser Unterbewusstsein im richtigen Moment und liefert uns Lösungen. Ein rein faktisches Problem auf Basis von Zahlen und Daten, ohne jegliche emotionale Bedeutung, wird diesen Denkmodus nicht auslösen.

Matthias nutzt die Möglichkeiten unterschiedlicher KI-Programme vor allem zur Inspiration bei der Ideensuche. Er fragt *ChatGPT* ganz direkt nach Lösungen, um sich anschließend immer weiter voranzutasten. Auch wenn er 90 Prozent der Ideen der KI verwirft, entwickelt er einen iterativen Prozess, indem er immer weiter fragt und sich so tiefer voran arbeitet. Die letzte geniale Idee, er nennt es »High Flyer Idee«, kommt zwar nicht von der KI, aber deren Vorarbeit hilft dabei, sich zu dieser Idee voranzutasten, um dann vielleicht auch eine Nacht darüber zu schlafen und am nächsten Morgen beim Duschen diese »eine« Idee zu haben.

Der Einstieg in die Welt der KI-Programme erfolgte bei Matthias über die ersten Text-zu-Bild-Programme wie *Nightcafé* im Jahr 2021. Auch wenn diese im Vergleich zu heute noch recht limitiert waren, konnte man schon damals gut verschiedene Stile kopieren und verändern, um sich Inspirationen für eigene Bilder zu erarbeiten. Der Durchbruch kam, wie bei vielen, mit *ChatGPT 3.5*, das er heute täglich nutzt. Natürlich neben einigen anderen Programmen zur Bildgeneration. In seiner Präsentationsagentur wurde zur Zeit unseres Gespräches schon jedes zweite Bild mittels KI-Tools erzeugt.

Die Qualität der Bilder und die Auswahl hat sich gegenüber der Zeit, als sie vor allem mit Bilddatenbanken gearbeitet haben, stark verbessert. Ob die Arbeit mit den KI-Tools gleichzeitig schneller geht, ist aber nicht immer klar. Oftmals müssen unterschiedliche Prompts genutzt werden, um sich langsam an das richtige Bild heranzutasten. In solchen Fällen kann die Recherche in einer Bilddatenbank sogar schneller zu einem Ergebnis führen. Die künstliche Kreativität siegt beim Faktor Zeit also nicht automatisch. Wenn allerdings gleich zum Start der passende Prompt steht, dann ist auch das Ergebnis blitzschnell da. Die Frage ist also eher, ob hier die kreative Suche nach dem richtigen Bild bzw. Prompt die Verzögerung erzeugt oder die noch bestehende Herausforderung, diesen Prompt richtig zu texten.

Ich bin selbst schon mehrfach stundenlang in die Welt von Midjourney eingetaucht, um ein einziges Bild zu kreieren. Fasziniert habe ich immer weiter Prompts getestet und war auf die Ergebnisse gespannt. Zeitlich war dies nicht gerade zielgerichtet und es machte mir bewusst, dass die Arbeit mit Hilfe von KI nicht automatisch auch schneller sein muss.

Wir diskutierten, wie sich das Geschäftsmodell großer Bilddatenbanken verändern wird. Sollte es stärkere Einschränkungen bei KI-Tools geben, die beispielsweise verhindern, Menschen des öffentlichen Interesses zu erzeugen, um Falschmeldungen zu vermeiden, dann werden Bilder mit diesen Personen sicher wieder Käufer in den Datenbanken finden. Gleichzeitig ist es möglich, dass Datenbanken viele durch KI-Programme erzeugte Bilder mit aufnehmen und dort ebenfalls anbieten. In diesem Fall benötigen wir keinen Prompt mehr, sondern nutzen eine KI gestützte Suche für die Datenbank, in der bereits unzählige Beispiele zur Verfügung stehen. Letztendlich benötigen KI-Programme auch Trainingsdaten, also Bilder, die sie frei nutzen können. Es ist wahrscheinlich, dass Unternehmen mit großen Datensätzen an Bildern mit KI-Unternehmen zusammen arbeiten werden, um den Zugang zu ausreichend Trainingsdaten zu ermöglichen.

Nachtrag aus der Zukunft

Getty Images, einer der größten Anbieter von lizensierten Bildern, bringt in Zusammenarbeit mit *Nvidia* ein eigenes Programm zur Bilderzeugung auf den Markt. Das Unternehmen geht also nicht wie von uns vermutet eine Kooperation ein, sondern entwickelte sein eigenes Programm, das auch nur mit den eigenen Bildern trainiert wurde und Nutzern daher Rechtssicherheit bei der Nutzung verspricht. Weitere Anbieter wie *Adobe Stock* (mit dem eigenen Programm *Firefly*) oder *Shutterstock* haben diesen Schritt bereits ebenfalls getan oder wollen folgen.

Matthias machte mich auf spannende Probleme bei der Erzeugung spezieller Bilder oder Texte aufmerksam. Auch KI-Programme befinden sich in einer Filterblase, die sich durch die eingespeisten Trainingsdaten und die Programmierung ergeben. Wir hatten beide versucht, ein Segelschiff mit blauen Segeln auf einem roten Meer zu erzeugen. Trotz klarem Prompt zeigte das Ergebnis immer rote Segel und ein blaues Meer. Die KI hatte gelernt, dass das Meer blau ist und dies auch so sein sollte. Erst als wir der KI ein Beispielbild zur Verfügung stellten, welches die von uns gewünschten Farben zeigte, erzeugte es im Anschluss auch das von uns angestrebte Ergebnis.

Noch deutlicher wird die Abhängigkeit von den Trainingsdaten bei der Darstellung von Uhren. Diese werden auf Produktfotos fast ausschließlich mit der Uhrzeit acht nach zehn abgebildet (leicht abgeändert auch neun oder zehn nach zehn). Dies hat sich im Marketing seit Jahren eingebürgert, da die Zeiger dadurch ein Lächeln simulieren sollen und bei den meisten Uhren die Marke gut sichtbar ist. Es hat sich so stark eingeprägt, dass auch Uhren, die auf der Seite liegen, fast immer diese Zeit anzeigen und selbst auf digitalen Uhren oftmals diese Zeit abzulesen ist. Und jetzt zeigt es sich auch bei Bildern, die mit KI erstellt werden. Selbst, wenn man im Prompt explizit eine andere Uhrzeit angibt, werden fast alle Bilder, die eine KI erzeugt, mit der Uhrzeit acht nach zehn dargestellt. Denn die KI hat durch die

Trainingsdaten gelernt, dass diese Uhrzeit wahrscheinlich immer die richtige ist. Von Zeit selbst hat eine Maschine keine Vorstellung. Die folgende Abbildung zeigt eine Uhr, die ich mit dem Programm *Dall-E* erstellt habe. Im Prompt hatte ich explizit die Uhrzeit fünf nach zwölf angegeben, was von der KI auch kreativ in der Datumsanzeige eingearbeitet wurde.

Abbildung 3.3: Darstellung des acht nach zehn Effekts

Diese eher harmlose Beispiele zeigen, dass in KI-Tools die Gefahr von »Vorurteilen« und einem Bias stecken. Wenn die Daten, mit denen sie trainiert wurden, bereits die Tendenz haben, beispielsweise Ungleichheiten zwischen verschiedenen Hautfarben zu betonen, werden auch die Ergebnisse dies tun. Diskriminierungen von bestimmten Personengruppen und Minderheiten werden verstärkt – eine aktuell bestehende Gefahr aller KI-Programme, solange nicht alle Trainingsdaten und deren Verarbeitung auf solche Verzerrungen geprüft wurden. Es ist die Aufgabe der KI-Anbieter, aber auch von uns als Gesellschaft, solche Biases zu erkennen und ihnen entgegenzuwirken. Denn was harmlos klingt, kann zu ernsthaften Problemen führen, wenn zum Beispiel Ärzte von einer KI immer als weiß und männlich dargestellt werden. Dies kann Vorurteile verstärken, ohne dass wir uns dessen sofort bewusst sind.

Matthias versuchte übrigens zu dem Zeitpunkt unseres Gesprächs noch erfolglos, eine Darstellung der Justitia in einem menschlichen Auge zu erzeugen. Wer eine Lösung hat, kann sich gerne bei ihm melden.

Einschränkungen bei der Texterstellung mit Hilfe von KI bestehen zu Recht bei der Generierung von sexuellen oder gewalttätigen Inhalten. Diese gesellschaftlich sinnvollen Einschränkungen können auf der anderen Seite eventuell die Entfaltung der menschlichen und auch künstlichen Kreativität eindämmen. Dem Menschen werden hierbei wesentlich mehr kreative Freiheiten zugesprochen und es ist wichtig zu beachten, wie die Entwicklung in diesem Bereich voranschreitet. Es ist wahrscheinlich, dass Unternehmen ihre großen Sprachmodelle so trainieren werden, dass Antworten niemanden beleidigen oder diskriminieren. Dies kann dazu führen, dass zukünftig kommende Modelle zwar freundlicher erscheinen, aber dabei auch weniger kreativ sein werden, da ihnen mehr Grenzen antrainiert wurden. Bei allen positiven Aspekten dazu kann es auch das kreative Potenzial der Maschinen beschneiden.

Als Schwäche empfindet Matthias bei *ChatGPT*, dass es zwar hervorragend Geschichten erzählen kann, dabei aber oft trotz mehrmaligen Nachfragen sowie ergänzenden Prompts unkonkret bleibt. Ob sich die KI hierbei stark vom Menschen unterscheidet, liegt aber sicher auch am jeweiligen Gesprächspartner.

Ich stellte Matthias auch eine Frage, die *ChatGPT* generiert hatte: *»Was wäre Ihr Rat für andere Fachleute, die darüber nachdenken, KI in ihre kreativen Prozesse zu integrieren?«*

Matthias gab mehrere Tipps dazu: Wir können unsere Frage direkt an die KI stellen und dabei angeben, wie viele Ideen wir haben möchten und die Art der Ideen beschreiben, die gesucht werden. Ob sie zum Beispiel besonders ausgefallen sein sollen oder schnell umsetzbar.

Alternativ überlegt sich der Suchende, wodurch er selbst inspiriert wird. Sind es eher Bilder, Sprache oder vielleicht auch Musik? Je nachdem, in welchem Bereich man selbst die größte Inspiration erfährt, sollte man die passende KI aussuchen. Bei Bildern kann es im Weiteren sehr inspirierend sein, nicht nur eigene Prompts zu verwenden, sondern sich die Galerie der Programme anzuschauen, da dort bereits viele ausgefallene Bilder zu sehen sind.

Die Programmvielfalt an KI-Tools zur Erstellung von Präsentationen wird in der Zukunft noch stark zunehmen und weitere Möglichkeiten bieten. Matthias kann sich vorstellen, dass schon bald nur noch einfache Sätze ausreichen, um durch KI ganze Präsentationen erstellen zu lassen. Inklusive Texte, Grafiken und Bilder in den Slides. Den notwendigen Inhalt laden wir als Datei hoch und geben noch den Stil vor, um das Ergebnis zu optimieren. Mit *ChatGPT* kann man sich schon heute Codes erstellen lassen, die das Programm *PowerPoint* in eine Präsentation umsetzen kann. Dies funktionierte zum Zeitpunkt des Interviews aber nur in Englisch.

Spannender fand ich seine Idee, dass ich mich selbst als Avatar in eine Präsentation einbaue, der individuell Fragen beantworten kann. Also keine festgelegte Beschallung, die wir von heutigen Präsentationen gewohnt sind, sondern eine eins zu eins Präsentation, die sich je nach Publikum individuell ändert und anpasst.

Vielleicht wird es sogar Präsentationen geben, die sich erst durch das vorgetragene Wort ergeben. Sie entsteht also automatisch und gleichzeitig mit den vorgetragenen Inhalten des Präsentierenden. Eine extrem spannende Vorstellung, auch wenn ich mir nicht sicher bin, ob dies nicht auch den Redner ablenkt, der die eigene Präsentation dann ebenfalls zum ersten Mal sehen würde.

Als regelmäßiger Nutzer von KI-Programmen, der sich dadurch immer wieder Inspirationen für die eigene Kreativität erarbeitet, sieht Matthias die Zukunft der menschlichen Kreativität nicht in Gefahr. Es wird immer ausreichend neugierige Menschen geben, die Neues entdecken wollen und dabei auch weiter denken als Maschinen. Aus seiner Sicht benötigen wir KI sogar zwingend, um die großen Fragen der Gesellschaft zu beantworten und zu lösen. Sie könnten ebenso dabei helfen, komplexe Themen einfach zu formulieren und zu erklären, da sich der Mensch nach Einfachheit sehnt. Bei alldem wird es aber auf die richtigen Fragen des Menschen ankommen, die den Maschinen gestellt werden müssen.

4. Mein persönliches Fazit

Ein sehr inspirierendes Gespräch, das mir die Möglichkeiten der Inspiration durch KI-Programme noch bewusster gemacht hat. In dieser Deutlichkeit hatte ich diese Art der Ideensuche nicht wahrgenommen. Vor allem erkannte ich, dass bei einer anderen Form der Ideensuche die KI nicht unterstützen kann beziehungsweise wir ihr etwas Einzigartiges voraushaben. Das ist unsere unbewusste Kreativität oder, wenn Sie so wollen, der Geistesblitz, der uns Ideen liefert, wenn wir gar nicht bewusst darüber nachdenken. Die Mischung beider Arten zur kreativen Ideensuche halte ich für den Königsweg, um KI zu nutzen und gleichzeitig die Einzigartigkeit der menschlichen Kreativität einzusetzen. Ein Weg, um außergewöhnliche Ideen zu generieren, die qualitativ über die der Maschinen hinausgehen.

Das Gespräch ermöglichte uns einen besonders spannenden Austausch, da wir nicht immer dieselben Ansichten hatten. Bei dem Austausch mit *ChatGPT* erfolgt dies nicht automatisch, da die KI uns von seiner Programmierung her Antworten geben wird, die uns gefallen. Aber natürlich kann man auch dies simulieren und die KI auffordern, Gegenargumente zu unseren Aussagen zu finden.

Ein Gedanke zu der Aussage von Matthias, dass KI uns ermöglichen kann, komplexe Situationen einfach zu erklären und unsere komplexe Welt etwas einfacher zu gestalten: Natürlich können KI-Programme uns unterstützen, Sachverhalte gut zu erklären. Dies nimmt der Welt aber nicht seine Komplexität. Es wird eine Kompetenz der Zukunft sein, beziehungsweise sollte es in den Führungsetagen schon heute sein, dass wir Komplexität aushalten können. Der Mensch sucht zwar nach einfachen Antworten, da wir damit besser umgehen können, aber die neue Zeit mit KI wird die Welt nicht vereinfachen, sondern noch komplexer machen. Es ist schließlich ein neuer Spieler auf dem Feld, der weitere Variablen in das System bringt.

In einigen Bereichen wie der Medizin wird KI hoffentlich dazu führen, bessere Diagnosen zu erstellen und neuen Heilmethoden zu finden. Da die Programme viel mehr Daten miteinander kombinieren, können sie auch Muster erkennen, die beispielsweise die Früherkennung von Krankheiten möglich machen wird. Wir verstehen dann einige Krankheiten vielleicht besser, aber die Komplexität des Körpers wird nicht verändert. Wir steigen nur eine Stufe auf der Treppe der Erkenntnis nach oben.

5. Gesprächszusammenfassung durch ein KI-Programm

Im Gegensatz zu der ersten Zusammenfassung wollte ich dieses Mal ein PDF-Dokument analysieren und durch *ChatGPT* bearbeiten lassen. Da das Programm (noch) nicht direkt darauf zugreifen konnte, installierte ich ein kleines Zusatzprogramm (Plugin) und lud das aus dem Transkript erstellte PDF-Dokument im Internet hoch.

Das Ergebnis war absoluter Unsinn. Hier nur ein kleiner Auszug:

»Nils Bäumer und Matthias Garten diskutieren über die Bedeutung von Musik und Komposition in ihrem Leben. Sie sprechen über ihre musikalischen Einflüsse und wie sie ihre Kreativität in ihren Werken zum Ausdruck bringen (Seite 3-4).

Sie sprechen auch über die Herausforderungen, denen sie in ihrer Karriere begegnet sind, und wie sie diese überwunden haben. Sie betonen die Bedeutung von Ausdauer und Leidenschaft in der Musikindustrie (Seite 6-7).«

Ich versichere Ihnen, dass wir nicht über Musik gesprochen haben und kann nur vermuten, dass das Plugin auf ein anderes Dokument Bezug genommen hat.

Nachtrag aus der Zukunft

Mittlerweile kann *ChatGPT* nicht nur gleichzeitig Bilder erkennen, Daten analysieren (auch PDF-Dokumente), mit Anbindung von *Dall-E3* Bilder erzeugen, sondern auch sprechen (wenn bisher auch nur in der Mobilversion). Die Schnelligkeit der Weiterentwicklung hätte ich in dieser Form nicht vorhergesehen. Ich kann mein Mobilfunkgerät und *ChatGPT* jetzt problemlos nutzen, um während eines Spaziergangs ein Brain Walking durchzuführen und Ideen mit der KI mündlich auszutauschen. Probieren Sie es einmal aus.

Mit einem anderen Plugin-Programm funktionierte es besser und dies war das Ergebnis:

»In dem Interview, das am 20. Juni 2023 zwischen Nils Bäumer und Matthias Garten stattfand, wurde das Thema künstliche Kreativität und die Rolle von KI-Tools und -Programmen auf dem Markt diskutiert.

Im Gespräch wurde die Nutzbarkeit von KI-Tools hervorgehoben und die Herausforderungen, die sie für Unternehmen und Mitarbeiter in Bezug auf Kreativität darstellen. Garten betonte die Vorteile der Verwendung von KI-Programmen in seinem Unternehmen, insbesondere die Erweiterung der Auswahl an Ideen und die Verbesserung der Produktivität. Er erklärte, dass KI-Tools es ermöglichen, schneller Ideen zu generieren und zu produzieren, und dass sie die Effizienz und Effektivität erhöhen.

Ein spezifisches Beispiel, das Garten gab, betraf die Verwendung von JetGPT zur Generierung von Beispielen für Gamification in Präsentationen. Er stellte fest, dass die Beispiele oft abstrakt und unkonkret waren, was ihn zu der Schlussfolgerung führte, dass JetGPT Schwierigkeiten hat, wenn konkrete Beispiele benötigt werden. Bäumer stimmte zu und fügte hinzu, dass JetGPT dazu programmiert ist, zu gefallen und daher oft um Themen herum erzählt oder Dinge erfindet, wenn es etwas nicht weiß.

Trotz der Herausforderungen, die KI-Tools mit sich bringen, waren sich beide einig, dass die Technologie immer weiter voranschreitet und immer mehr Möglichkeiten bietet. Bäumer bemerkte, dass die Nutzbarkeit von KI-Tools immer einfacher wird und es spannend ist zu sehen, was bereits machbar ist. Er schloss mit der Bemerkung, dass die Anzahl der verfügbaren Tools wahrscheinlich nicht abnehmen, sondern eher zunehmen wird.

Garten sprach auch über die Zukunft der Bilddatenbanken und stellte fest, dass sie trotz der Fortschritte in der KI nicht verschwinden werden. Er glaubt, dass KI-Tools dazu beitragen können, die Suche in Bilddatenbanken zu verbessern, indem sie als Filter für relevante Bilder dienen. Er stellte auch fest, dass die Generierung von Bildern mit KI-Tools zwar zu einer besseren Bildqualität führen kann, aber auch mehr Zeit in Anspruch nehmen kann als die Suche in einer Bilddatenbank.

Zusammenfassend lässt sich sagen, dass das Interview eine tiefgehende Diskussion über die Rolle von KI-Tools in der Kreativität und ihre Auswirkungen auf Unternehmen und Mitarbeiter war. Es bot Einblicke in die aktuellen Herausforderungen und Möglichkeiten, die diese Tools bieten, und gab einen Ausblick auf ihre zukünftige Entwicklung.«

Aus Neugierde und um zu sehen, wie sich das Ergebnis ändern würde, habe ich dem Programm noch einmal einen kleineren Abschnitt des Gespräches direkt in Textform gegeben. Ohne den Umweg über ein PDF-Dokument.

Das Ergebnis:*»In dem Interview sprechen Nils Bäumer und Matthias Garten über Kreativität und deren Anwendung. Matthias Garten teilt seine Definition von Kreativität, die er in zwei Arten unterteilt: erfinderische Kreativität und künstlerische Kreativität. Die erfinderische Kreativität beinhaltet die Schaffung grundlegend neuer Dinge, während die künstlerische Kreativität darin besteht, bestehende Elemente miteinander zu verbinden.*

Sie diskutieren auch die persönliche Anwendung von Kreativität. Matthias Garten erklärt, dass er in einem entspannten Zustand, zum Beispiel während des Duschens oder eines Spaziergangs im Wald, kreative Ideen entwickelt. Er betont die Bedeutung von Monotonie und einer ruhigen Umgebung, um das Gehirn zu stimulieren und neue Ideen entstehen zu lassen. Zudem erwähnt er, dass er sich von äußeren Reizen inspirieren lässt, wie beispielsweise in Museen, um Ideen für spezifische Themen zu generieren.

Das Gespräch geht weiter auf die Rolle von KI-Programmen, insbesondere ChatGPT, bei der Förderung der Kreativität ein. Matthias Garten erklärt, dass er ChatGPT nutzt, um Ideen von außen zu erhalten, indem er zum Beispiel nach zehn Ideen zu einem bestimmten Thema fragt. Obwohl er viele der generierten Ideen verwirft, inspirieren sie ihn und führen zu einem iterativen Prozess, bei dem er die Ideen weiterentwickelt und verfeinert. Dieser Prozess ist durch KI schneller geworden und ermöglicht ihm, innerhalb kürzester Zeit Ideen für Präsentationen zu generieren.

Nils Bäumer ergänzt, dass Kreativität oft eine Kombination aus Unterbewusstsein und Inspiration ist. Das Unterbewusstsein arbeitet im Hintergrund, während man sich mit einem Problem beschäftigt und sich dann inspirieren lässt. Er erwähnt auch, dass Ideen oft flüchtig sind und schnell aufgeschrieben werden sollten, um sie nicht zu vergessen.

Insgesamt betonen die beiden die Vielfalt der Definitionen und Herangehensweisen an Kreativität sowie die verschiedenen Wege, um kreative Ideen zu entwickeln. Die Integration von KI-Programmen wie ChatGPT hat den Prozess beschleunigt und neue Möglichkeiten eröffnet, die Kreativität zu fördern.«

6. Vergleich von Mensch versus Maschine

Den Schreibfehler »JetGPT« hat das Programm tatsächlich so geschrieben. Dies nur als Anmerkung. Eindeutig ist, dass die Qualität der Ergebnisse stark von den genutzten Programmen abhängt. Ich werde daher weitere Alternativen testen und sehen, welche neue Entwicklungen auf den Markt kommen.

Nach der Zusammenfassung des zweiten Interviews komme ich aber auch zu der Einsicht, dass die Gegenüberstellung von Mensch und Maschine in diesem Bereich wenig Sinn macht. Wie selbst bereits gesagt, sollten wir KI als Ergänzung und Inspiration nutzen und nicht als Ersatz zu uns.

KI macht beispielsweise keine Unterscheidung bei der emotionalen Bedeutung von Gesprächsinhalten. Damit meine ich, dass der Small Talk zum Start eines Gespräches genauso viel Raum bei der Zusammenfassung erhält, wie ein kontroverser Inhalt in der Mitte, der einen größeren Berichtswert hat als der Start. Diese Bewertung basiert auf meiner emotionalen Deutung der Parts, die der KI fehlt. Welche Parts die größte Bedeutung innerhalb des Interviews haben, sollte daher ein Mensch auswählen, jedoch können die Zusammenfassungen durch KI sehr gut als Basis für die spätere Überarbeitung durch den Menschen dienen.

Um Sie als Leser bei kommenden Vergleichen nicht zu sehr zu langweilen, da sich offensichtlich vieles wiederholt, werde ich nur noch einzelne Passagen zusammenfassen lassen, die mir besonders wichtig erscheinen, oder später von meinem eigenen Vorgehen abweichen und die Zusammenfassung anhand meines Mitschriebs in Kombination mit der Unterstützung eines KI-Programms erstellen.

Im Anschluss an unser Gespräch habe ich *ChatGPT* aufgefordert, selbst einige Fragen aus der Sichtweise von Matthias Garten zu beantworten. Zu diesem Zeitpunkt hatte die KI noch keinen Zugriff auf das Transkript unseres Gespräches. Es basiert also ausschließlich auf den eigenen Algorithmen. Vergleichen Sie einmal selbst die Aussagen der KI mit der des Menschen.

»Als KI-Assistent kann ich versuchen, die Perspektive von Matthias Garten einzunehmen, basierend auf dem, was ich über ihn und seine Arbeit weiß:

1. *Auswirkungen der KI auf Präsentationserstellung und -gestaltung: Ich sehe KI als ein Werkzeug, das die Effizienz und Qualität der Präsentationserstellung erheblich verbessern kann. Sie könnte Prozesse wie Datenanalyse, visuelles Design und sogar das Storytelling automatisieren, was uns mehr Zeit für die strategischen Aspekte der Präsentation lässt.*

2. *Kreative Fähigkeiten, die KI noch nicht gut umsetzen kann: Obwohl KI in vielen Bereichen Fortschritte gemacht hat, glaube ich, dass sie menschliche Kreativität und Emotionen noch nicht vollständig replizieren kann. Zum Beispiel kann sie Schwierigkeiten haben, Kontext zu verstehen oder eine emotionale Verbindung mit dem Publikum herzustellen, was in einer effektiven Präsentation entscheidend ist.*

3. *Einfluss der Weiterentwicklung der KI auf die Kreativität in den nächsten fünf bis zehn Jahren: Ich glaube, dass KI die Kreativität eher ergänzen als ersetzen wird. Sie wird uns in die Lage versetzen, schneller und effizienter zu arbeiten, während wir uns auf das konzentrieren können, was uns als Menschen einzigartig macht – unsere Fähigkeit zu denken, zu fühlen und zu schaffen.*

4. *Rat an Fachleute, die KI in ihre kreativen Prozesse integrieren möchten: Mein Rat wäre, KI als Werkzeug zu sehen, das uns hilft, effizienter und effektiver zu arbeiten, und nicht als Ersatz für menschliche Kreativität. Es ist wichtig, offen für neue Technologien zu sein, aber auch zu verstehen, dass KI nur so gut ist, wie wir sie zu nutzen wissen.«*

Dr. Boris Nikolai Konrad – KI und Kreativität im Kontext von Neurobiologie und Gedächtnisleistungen

1. Vorstellung des Schwerpunktthemas und Grund für die Auswahl
Ich habe mich zwar über einige Jahre sehr intensiv mit dem Thema *Neurobiologie* beschäftigt, sehe mich aber nicht als Experten in diesem Gebiet. Umso spannender fand ich es, mit einem solchen darüber zu sprechen und zu sehen, welche Auswirkungen die Nutzung von künstlicher Kreativität auf unser Gehirn haben könnte.

Ein glücklicher Umstand ist, dass mein Gesprächspartner zugleich mehrfacher Weltmeister im Gedächtnissport ist. Ich bin gespannt, welche Meinung und Erfahrungen er in diesem Bereich gemacht hat, wenn es um die Nutzung von KI-Tools geht. Zugegebenermaßen habe ich im Gegensatz zu früher heute gerade noch sechs bis sieben Nummernkombinationen im Kopf gespeichert. Und das wahrscheinlich auch nur, weil man uns beibringt, Pincodes und Bankzugangsdaten nicht aufzuschreiben. Alles andere erledigen Passwortprogramme für mich. Wie entwickelt sich wohl unser Gedächtnis und unsere Merkfähigkeit, wenn wir uns mehr und mehr auch auf KI-Programme verlassen?

 Das Interview ist unter folgendem Link oder dem nebenstehenden QR-Code abrufbar:

https://mentoren-verlag.de/jenseits-des-algorithmus-
interviews

2. Interviewsteckbrief für: Dr. Boris Nikolai Konrad
(persönlich von ihm ausgefüllt)

Was machst du beruflich?
Ich bin Hirnforscher, Gedächtnisexperte und Keynote Speaker. Ich erforsche, wie sich menschliche Gedächtnisleistungen verbessern lassen und was dabei im Gehirn passiert. Ich zeige den Menschen, wie sie ihr Gehirn trainieren und zugleich moderne Technologien wie KI so einsetzen, dass wir selbst schlauer werden und nicht dümmer.

Abbildung 3.4: Dr. Boris Nikolai
Konrad

Was verbindet dich mit dem Thema Kreativität und im Speziellen mit Neurobiologie und Gedächtnisleistungen und warum lohnt es sich, sich mit deiner Meinung dazu zu beschäftigen?
Gedächtnistraining, wie ich es einsetze, basiert auf Gedächtnistechniken. Hierbei stellt man sich Bilder vor und verbindet diese mit Orten, es werden kreative Geschichten erfunden und das Gehirn damit so bedient, wie es am besten funktioniert: bildhaft, emotional, verbindend. Eigentlich wird das Gedächtnis daher gar nicht trainiert, sondern kreativer eingesetzt.

Wenn du ein Werkzeug wärst, welches würdest du sein und was zeichnet dich als Werkzeug aus?
Ein Kompass. Das ist vielleicht eine etwas weite Auslegung des Begriffs Werkzeug. Ich habe mir Informationen durch Studium, Forschung und praktische Erfahrungen im Gedächtnissport angeeignet, die anderen nicht offensichtlich sind. Aber ich kann Menschen den Weg zur besseren Denkleistung zeigen. Gehen müssen sie ihn aber selbst.

Bitte schreibe eine für dich persönlich gültige und passende Definition von Kreativität auf.
Kreativität bedeutet für mich die Fähigkeit, etwas zu erschaffen, das neu ist oder zumindest neue Aspekte hinzufügt. Sie wird erreicht durch neuartiges, originäres Verbinden vorhandener Aspekte. Das Erschaffen muss dabei nicht greifbar sein: Eine erschaffene Idee, eine Vorstellung oder ein neuer Gedanke können sehr kreativ ein.

Gibt es ein bis drei Dinge, die die Leser von dir lesen, anschauen oder anhören sollten?
- Buch: *Mehr Platz im Gehirn. Entspannt mit der Informationsflut und dem modernen Leben umgehen* (erschienen im Ariston-Verlag, 2022)
- Buch: *Alles nur in meinem Kopf. Die Geheimnisse unseres Gehirns* (erschienen im Ariston-Verlag, 2016)
- Video: *How to use memory techniques to improve education | Boris Nikolai Konrad | TEDxDenHelder*

Warum ich Boris als Interviewgast angefragt habe und mich extrem freue, dass er seine Expertise mit uns teilt:
Ich kenne Boris als inspirierenden Vortragredner und absoluten Experten auf dem Gebiet des Gedächtnistrainings. Dass er zugleich auch Neurowissenschaftler ist und meine Leser Einblicke in beide Welten erhalten, macht ihn zu einem idealen Interviewpartner. Ich bin dankbar, dass er seine Expertise mit uns teilen wird und freue mich auf seine Sicht zum Thema *künstliche Kreativität*.

3. Zusammenfassung des Gesprächs

26. JUNI 2023
Tag, an dem das Interview digital geführt wurde

Ich habe auch dieses Interview, trotz meiner Anmerkung im vorangegangenen Kapitel, aus zwei Gründen noch einmal nur anhand meiner eigenen Notizen erstellt. Ich hatte ein neues KI-Programm zur Zusammenfassung gefunden, dass ich testen wollte. Und ich wollte nach

einigen der gleich folgenden Aussagen von Boris eine Zusammenfassung ohne KI-Unterstützung schreiben, um den Inhalt besser in
meinem Gedächtnis zu verankern. Mein Ziel bestand darin, die Aussagen selbst komplett zu durchdenken, bevor ich mir Unterstützung
dazu holen würde. Lesen Sie selbst, was er dazu sagt.

Die Vorstellung von *ChatGPT* zu Boris habe ich mit dem Plugin *Key-
Mate.AI Search* erstellt. *»Dr. Boris Nikolai Konrad ist ein renommierter Experte auf dem Gebiet des Gedächtnistrainings und der Neurowissenschaften. Er
ist bekannt für seine beeindruckenden Fähigkeiten im Gedächtnissport, die ihm
mehrere Guinness-Weltrekorde eingebracht haben. Mit seinen Fähigkeiten inspiriert er heute weltweit sein Publikum, sowohl auf der Bühne als auch online.*

*Dr. Konrad hat zwei Masterstudiengänge gleichzeitig absolviert, jeweils mit
Bestnoten, und spricht fünf Sprachen. Er hat zahlreiche Weltrekorde im Gedächtnissport aufgestellt und Millionen in Shows wie »The Brain« und »Got
Talent« in vielen Ländern verblüfft. Aber er betont, dass seine Fähigkeiten nicht
einzigartig sind, sondern das Ergebnis von Gedächtnistraining, das für jeden
zugänglich ist.*

*Als Neurowissenschaftler betrachtet Dr. Konrad Gedächtnistechniken als viel
mehr als nur Tricks und Methoden für einen Sport. Er sieht enorme Vorteile im
täglichen Leben und bei der Arbeit, insbesondere in Zeiten der Digitalisierung
und künstlichen Intelligenz. Daher führt er auch wissenschaftliche Forschungen
zu den neuronalen Grundlagen und Anwendungen von Gedächtnistraining und
Neurotechnologie durch.*

*Er ist auch ein erfolgreicher Autor und hat Bücher wie »Alles nur in mei-
nem Kopf – Die Geheimnisse unseres Gehirns« und »Mehr Platz im Gehirn«
veröffentlicht, in denen er einzigartige Einblicke in die geheimnisvolle Welt des
Erinnerns und Vergessens gibt und erstaunliche, erstaunliche[8] und interessante
Fakten über unser Gedächtnis präsentiert.*

*Dr. Konrad ist auch ein engagierter Lehrer und bietet einen Online-Kurs
namens »Superbrain! Memory training with Boris Konrad« an, in dem er alle
Techniken teilt, die solche Leistungen ermöglichen, und die Neurowissenschaften
des überlegenen Gedächtnisses erklärt. Er glaubt fest daran, dass ›ein gutes Ge-*

---

8 Anmerkung: Der Schreibfehler mit dem doppelten »erstaunliche« stammt
tatsächlich so von der KI.

dächtnis eine Fähigkeit ist, die erlernt werden kann! Jeder kann sein Gedächtnis massiv verbessern!«

Boris ist nicht nur ein absoluter Experte in unterschiedlichen Gebieten, sondern einfach auch ein interessanter Mensch, der mir viele neue Blickwinkel auf die Gebiete *KI* und *Gedächtnis* geschenkt hat. Meine Fragen an ihn hatte ich im Vorfeld rund um die Themen *Gehirnentwicklung*, *Gedächtnis* und den *Einfluss von KI-Programmen* darauf entwickelt.

Zum Start diskutierten wir die bestehende mangelnde beziehungsweise einheitliche Definitionslage, die auch bei KI besteht. Etwas, das ich bereits beim Begriff Kreativität und deren Bandbreite bemängelt habe. Ich selbst teilte KI-Programme in enge, breite und starke KI ein. Boris arbeitet hingegen mit den Bezeichnungen schwache, starke und allgemeine KI. Ich habe im Anschluss an unser Gespräch noch einmal etwas gegoogelt und beides gefunden. Der *Deutsche Ethikrat* hat in einer Stellungnahme vom März sehr ausführlich darüber geschrieben und auch die Unterschiede zwischen den Bezeichnungen herausgestellt. Ich bezweifele, dass dies bei der umgangssprachlichen Bezeichnung und der Diskussion im öffentlichen Raum weiterhilft, da es bis hin zu philosophischen Betrachtungen geht. Informieren Sie sich gerne selbst: Deutscher Ethikrat (Herausgeber). (20. März 2023). *Mensch und Maschine – Herausforderungen durch Künstliche Intelligenz, Stellungnahme*, Seite 83ff.

Persönlich kann ich mit den folgenden Bezeichnungen am besten arbeiten und werde sie im Weiteren auch zur Unterscheidung in diesem Buch nutzen:

»Enge KI: KI-Anwendungen, die menschliche Fähigkeiten in einer Domäne simulieren bzw. Verfahren wie maschinelles Lernen verwenden, um spezifische Aufgaben zu erfüllen oder spezifische Probleme zu lösen. Nahezu alle derzeit verwendeten KI-Anwendungen fallen in diese Kategorie.

Breite KI: Breite KI-Anwendungen erweitern das Spektrum ihrer Anwendbarkeit über einzelne Domänen hinaus. Sprachproduktionssysteme wie etwa *GPT-3* können als Beispiele für breiter werdende

KI gelten, da sie zwar nicht domänenspezifisch, jedoch weiterhin auf sprachliche Ein- und Ausgabe beschränkt sind. Eine mögliche Zukunftsvision breiter KI wären Systeme, die solche Sprachkompetenzen mit weiteren kognitiven oder motorischen Kompetenzen zusammenführen, etwa durch Einbau in weiterentwickelte Roboter.

Starke KI: Der Begriff der starken KI wird für die Vision einer Künstlichen Intelligenz verwendet, die jenseits der möglicherweise perfekten Simulation menschlicher Kognition auch über mentale Zustände, Einsichtsfähigkeit und Emotionen verfügen würde.«[9]

Anschließend wurde es wieder persönlich, denn mich interessierte, wie man zum professionellen Gedächtnissport kommt. Interessanterweise war ein gemeinsamer Kollege von uns daran beteiligt, denn Boris hatte in einer Fernsehsendung etwas über Gedächtnissport gesehen, in der auch der Rückwärtssprecher Bernhard Wolff auftrat, den wir beide persönlich kennen. Das Thema *Gedächtnissport* kam bei Boris besonders gut an, da er sich gerade in der Vorbereitung zum Abitur befand. Es war der Anstoß, diese Techniken für sich zu nutzen, und da er die Möglichkeiten dahinter schnell entdeckte, kam er in der Zeit zwischen Abitur und Studium auch zum Wettkampfsport.

Aus dem Interview mit Gerriet Danz hatte ich das wichtige Thema der Haptik in Verbindung mit Kreativität mitgenommen. Daher interessierte mich nun, ob Boris »Speed Stacking« macht (wie gesagt, ein sehr vielseitiger Mensch), um seine Leistung im Gedächtnissport zu verbessern. Beim Speed Stacking, oder Sport Stacking werden mit einem Satz von zwölf geformten Bechern (Cups) Pyramiden in einer bestimmten Reihenfolge auf- und wieder abstapelt. Dabei versucht man, möglichst schnell und fehlerfrei zu sein. Boris ist sich rückblickend sicher, dass Speed Stacking hilft, die eigene Konzentration auch beim Wettkampf im Gedächtnissport hochzuhalten. Ob darüber hinaus aber weitere positive Auswirkungen auf Gehirn und sein Gedächtnis bestehen, konnte er nicht fundiert bestätigen.

---

9 Deutscher Ethikrat (Herausgeber). (20. März 2023). Mensch und Maschine – Herausforderungen durch Künstliche Intelligenz, Stellungnahme, Seite 88.

Für den Gedächtnissport benötigt Boris immer wieder von ihm sogenannte »Minikreativität«. Im Vorfeld erstellt er sich ein System und Bilder für bestimmte Zahlen. Dies ist bei der ersten Erstellung vielleicht noch etwas kreativ, später ruft er diese Bilder aber nur wieder ab. Die Minikreativität besteht darin, diese fixen Bilder miteinander zu kombinieren und eine Geschichte daraus zu erstellen, um sie später abrufen zu können und die geforderte Zahlenreihenfolge abzurufen. Übrigens etwas, dass jeder von uns kann, das Tempo dabei ist allerdings Übungssache.

Was passiert, wenn wir KI-Programme zur Generierung dieser Geschichten benutzen? Wenn wir diese Minikreativität auf die KI auslagern? Boris hat es versucht, empfand die Ergebnisse aber nicht als besonders bemerkenswert. Der entscheidende Punkt ist, dass sich selbst ausgedachte Geschichten besser im Gehirn verankern, wir können sie uns besser merken. Dies gilt auch für Zusammenfassungen von Texten, die uns *ChatGPT* und andere Programme liefern. Sie klingen meistens logisch, aber ohne sich vertiefend damit zu beschäftigen, gelangen sie nicht in unser Langzeitgedächtnis. Auf Zusammenfassungen übertragen, bedeutet es, dass wir uns kurzfristig an einige Punkte erinnern werden, uns dies aber nicht auf lange Sicht gelingen wird, solange wir die Texte nicht wirklich durchdringen, sprich uns gedanklich damit beschäftigen.

Besonders spannend ist dieser Aspekt vor dem Hintergrund, dass ich die Zusammenfassungen der Interviews bisher aus meiner Erinnerung sowie eigenen Notizen schreibe und anschließend eine ergänzende Zusammenfassung durch KI erstelle. Was wird wohl länger bei mir im Gedächtnis haften bleiben? Ich bin mir sicher, dass es Punkte sind, die ich selbst in Worte gefasst habe und nicht nur im KI-Part lesen werde.

Sollten Sie also des Öfteren mit Zusammenfassungen durch KI-Programme arbeiten, dann bedenken Sie, ob die Inhalte auch länger im Gedächtnis verankert sein sollten. Wenn ja, dann hinterfragen Sie Textpassagen, formulieren Sie einige um oder lassen Sie sich von der KI zum Inhalt befragen.

Als Informatiker und Physiker beschäftigt sich Boris schon seit seinem Studium mit KI und »machine learning«. Datenanalysen bei Gehirnscans werden schon seit Langem durch KI-Programme unterstützt. Die Bedeutung von KI in dem Bereich der Gehirnforschung wird entsprechend zunehmen, da es hierbei um Mustererkennung geht und dies kann die KI besser, als es der Mensch je tun wird. Dennoch war auch er von der Entwicklungsgeschwindigkeit in einigen Bereichen überrascht, sowohl was *Chatbots* angeht, als auch bei den Text-zu-Bild Programmen.

In seinen Vorträgen nutzt er mittlerweile sowohl von KI generierte Bilder als auch realistische Bilder. Den Unterschied können seine Zuschauer schon zu diesem Zeitpunkt nicht mehr eindeutig feststellen, wenn er sie danach befragt. Persönlich hat mich beruhigt, dass sich selbst ein so gut informierter Experte bei der momentanen Entwicklungsgeschwindigkeit bisweilen abgehängt fühlt. Es hat mich erleichtert, da ich in den letzten Tagen oftmals das Gefühl hatte, nicht mehr mit der Flut an neuen Programmen und Entwicklungen mitzukommen. Vielleicht geht es Ihnen ja ähnlich.

Bei der Frage, ob die Nutzung von KI-Programmen Auswirkungen auf unser Gedächtnis haben wird, gab mir Boris ein Bild von zwei Expertinnen mit: seine Oma und seine Tochter. Sie dienen als Beispiel, durch wie viele Entwicklungsphasen wir in unserem Leben gehen. Ist seine Oma noch mit schwarz-weiß Fernsehen und einem Telefon mit Wahlscheibe groß geworden (wer nicht weiß, was eine Wahlscheibe ist, bitte googeln oder eine KI fragen), nutzt seine Tochter seit jungen Jahren ein mobiles Telefon, dass ihr unter anderem sagt, wie sie an welchen Ort findet. Unser Gehirn passt sich an all diese unterschiedlichen Möglichkeiten und Umgebungen an und dabei besteht die Gefahr, dass uns etwas verloren geht. Es kann beispielsweise unsere Orientierungsfähigkeit sein, da wir unserem Gehirn diese Aufgabe dank Navigationsgeräten kaum mehr stellen. Eine Frage für die Zukunft ist daher, was wir durch die Nutzung von KI und künstlicher Kreativität eventuell verlieren und welche negativen Auswirkungen es haben kann. Ich kann mich schlecht orientieren und verlaufe mich schon in Hotels ständig. Dass ich diese Fertigkeit nicht ausbauen oder trainieren muss, empfinde ich als Wohltat. Doch wie sieht es mit der Fertigkeit aus, selbst gute Texte zu schreiben?

Können wir in Zukunft vielleicht gar nicht mehr beurteilen, ob ein durch KI generierter Text gut oder schlecht ist, da wir nie gelernt haben, sie selbst zu erstellen?

Ich habe Boris eine Frage gestellt, die *ChatGPT* generiert hat: Ob er glaubt, dass künstliche Intelligenz in der Lage sein wird, menschliche Kreativität zu erreichen, und welche Rolle das menschliche Gedächtnis dabei spielen könnte? Dieselbe Frage habe ich später auch *ChatGPT* in der Rolle von Boris gestellt. Die Antwort finden Sie später als Vergleichsmöglichkeit. Boris Antwort lautete, dass KI in Teilbereichen die menschliche Kreativität erreichen beziehungsweise ähnliche Ergebnisse erreichen wird, jedoch nicht in der Gesamtheit. Solange wir keine starke KI haben, wird es immer nur um Teilbereiche gehen und nur der Mensch hat die Fähigkeit, diese unterschiedlichen Bereiche miteinander zu kombinieren. Diese Kombination erzielt am Ende kreative Lösungen, die über die künstliche Kreativität hinausgehen.

Dazu benötigen wir allerdings auch Wissen über die Gebiete. Ohne entsprechendes Wissensspektrum können wir einzelne Aspekte nicht kombinieren und Neues entwickeln. In einem Bereich, in dem wir keinerlei Vorwissen haben, wird und kann KI auch kreativere Lösungen finden als wir selbst.

Dieser Gedanke führte uns zu einem Blick in die Zukunft. Ich bat Boris um ein »best case«- und ein »worst case«-Szenario. Im besten Fall werden wir Systeme haben, die Ideen weiterentwickeln und dabei auch andere KI-Programme steuern. Durch die Erkennung von Mustern wird es möglich, dass KI-Programme Entwicklungen vorhersehen können, die uns noch nicht bewusst sind. Es nimmt uns Dinge ab, von denen wir noch gar nicht wissen, dass sie auf uns zukommen und zu einem Problem werden könnten.

Im schlechtesten Fall werden wir uns an die 80-Prozent-Lösungen der KI gewöhnen und gar nicht mehr darüber nachdenken, ob es noch kreativere gibt. Übertragen auf mein Beispiel bleiben wir durchgehend bei einer »Drei-Strich-Lösung« oder finden gelegentlich eine »Zwei-Strich-Lösung«. Wir gehen aber nicht mehr auf die Suche nach der Science-Fiction Lösung.

Wir handeln nach dem Pareto-Prinzip, welches besagt, dass schon 20 Prozent Einsatz zu 80 Prozent Ergebnis führen und bleiben permanent bei diesen 80 Prozent.[10] Sein Filmtipp dazu ist der Science-Fiction-Film *Idiocracy* von Mike Judge aus dem Jahr 2006. Der Film zeigt eine Dystopie der Welt des Jahres 2505, in der eine geistig degenerierte Gesellschaft vor ihrem Ende steht. Schauen Sie doch einmal rein, wenn Sie ihn noch nicht kennen.

Ich selbst lege Ihnen in diesem Zusammenhang die Bücher von Marc-Uwe Kling ans Herz. Und zwar nicht die etwas bekannteren *Känguru-Chroniken*, sondern *Quality Land* Band eins und zwei, eine satirische Dystopie und herrliche Gesellschaftskritik.

4. Mein persönliches Fazit

Das Gespräch mit Boris war voll wertvoller Informationen und Gedanken. Besonders hängen geblieben sind mir folgende Punkte:

Der Weg in unser Langzeitgedächtnis führt darüber, etwas selbst zu tun und es sich nicht nur liefern zu lassen. Das lässt sich auf Ideen und deren Umsetzung übertragen. Ideen, die wir selbst entwickeln, besitzen eine höhere Umsetzungswahrscheinlichkeit, da sie emotional belegt sind. Die Rolle des Kriegers im Ideenprozess lässt sich mit eigenen Ideen besser einnehmen, als wenn diese von außen kommen. Auch wenn das »außen« eine KI ist. Gleichzeitig verankern sie sich besser in unserem Gedächtnis. Die erfolgreiche Umsetzung von außergewöhnlichen Ideen benötigt Emotionen, ich nenne es den »Gänsehaut-Faktor«.

Vielleicht haben Sie schon einmal von »FOMO« gehört. Laut *Wikipedia* bedeutet dies Folgendes: »Die Fear of missing out (deutsch: Angst, etwas zu verpassen, Akronym FOMO) ist die Befürchtung, dass Informationen, Ereignisse, Erfahrungen oder Entscheidungen, die das eigene Leben verbessern könnten, verpasst werden.« FOMO

---

10 Vgl. https://de.wikipedia.org/wiki/Paretoprinzip; besucht am 26.06.2023

bezieht sich darauf, dass wir ständig an vielem teilnehmen wollen, aus Angst, etwas zu verpassen. Ein Begriff, der schon länger besteht. Für mich neu ist die Bezeichnung »FONKU«. FONKU (Fear of Not Keeping Up) ist die allgegenwärtige Befürchtung, dass man nicht genug tut, lernt, sich anpasst und sich verändert, um mit den neuesten Innovationen und dem exponentiell wachsenden Wissen im eigenen Berufsfeld Schritt zu halten. Während FOMO sich mehr auf den sozialen Bereich bezieht sowie auf Veranstaltungen und Events, die vielleicht auch durch soziale Medien beworben werden, steht bei FONKU die Befürchtung im Mittelpunkt, nicht Schritt halten zu können.

Es gibt auch diesen Begriff schon länger, mir ist er jedoch zuerst 2023 über den Weg gelaufen und erst mit der Entwicklung im Bereich von KI kann ich ihn für mich persönlich nachvollziehen. Die Entwicklungsgeschwindigkeit bei KI-Programmen verläuft momentan so rasant, dass nur noch absolute Experten in allen Gebieten mithalten können. Dazu gehöre ich nicht. Und Sie wahrscheinlich auch nicht. Lassen Sie sich also nicht unter Druck setzen, sondern versuchen Sie einfach, so gut es geht, am Ball zu bleiben. Die wichtigen Entwicklungen werden Ihnen und mir begegnen, solange wir mit ausreichend Neugierde und offenen Augen durch das Leben gehen. Das Gespräch mit Boris hat mich in dieser Haltung noch einmal bestärkt.

Unser Gehirn und unsere Gedächtnisentwicklung werden sich auf die neuen Möglichkeiten und Begebenheiten, die KI mit sich bringt, einstellen. Das hat es bisher auch schon immer getan. Die Frage, die wir uns als Gesellschaft stellen müssen, lautet: Was könnten wir verlieren? Und wenn wir es nicht verlieren wollen, dann sollten wir es mit unseren Kindern lernen und selbst immer wieder anwenden. Wer seinen Orientierungssinn trainieren will, sollte das Navigationsgerät auch einmal ausschalten. Wenn wir auch in Zukunft gut schreiben und Texte hinterfragen wollen, dann sollte KI uns nicht durchgehend das Schreiben abnehmen. Boris und ich hoffen, dass KI in der Ausbildung nützliche Ergänzungen ermöglicht und nicht einfach etwas ersetzt.

Bedenken habe ich tatsächlich bei dem Bild des gedrehten Pareto-Prinzips. Ich hoffe sehr, dass wir uns nicht auf diesen Weg begeben, auch wenn er in einigen Bereichen durchaus Sinn machen könnte. In Bezug zu unserer Kreativität hoffe ich, dass wir über die 80 Prozent hinausgehen und Lösungen mit 100 Prozent Kreativität finden. Lösungen, die immer an die Realitätsgrenze reichen und schon einen Blick darüber hinaus werfen. Die einen möglichst großen Science-Fiction Faktor haben.

5. Gesprächszusammenfassung durch ein KI-Programm

Anstatt eine komplette Zusammenfassung generieren zu lassen, habe ich *ChatGPT* dieses Mal direkt Fragen gestellt. Folgende Frage, generiert von *ChatGPT*, hatte ich auch Boris in unserem Gespräch gestellt: *»Glauben Sie, dass künstliche Intelligenz jemals in der Lage sein wird, menschenähnliche Kreativität zu erreichen, und wenn ja, welche Rolle könnte das menschliche Gedächtnis und seine Mechanismen in diesem Prozess spielen?«*

Ich habe *ChatGPT* gebeten, auf diese Frage aus Sicht von Boris zu antworten, ich hatte für ihn wieder eine Persona generiert. Die Antwort von *ChatGPT* lautete: *»Die Frage, ob künstliche Intelligenz jemals menschenähnliche Kreativität erreichen kann, ist eine komplexe und faszinierende. Basierend auf meinem Verständnis von sowohl künstlicher Intelligenz als auch menschlichem Gedächtnis und Kreativität, glaube ich, es ist möglich, dass künstliche Intelligenz eines Tages ein Niveau von Kreativität erreichen könnte, das dem menschlichen ähnelt. Allerdings ist dies kein einfacher oder geradliniger Prozess.*

Die menschliche Kreativität ist tief in unserem Gehirn und unserem Gedächtnis verwurzelt. Sie entsteht aus unserer Fähigkeit, komplexe Muster zu erkennen, unerwartete Verbindungen herzustellen und neue Ideen und Konzepte zu generieren. Diese Prozesse sind eng mit der Art und Weise verbunden, wie unser Gedächtnis Informationen speichert und abruft.

In der künstlichen Intelligenz könnten wir versuchen, diese Prozesse nachzuahmen, indem wir Algorithmen entwickeln, die in der Lage sind, Muster in Daten zu erkennen, Verbindungen zwischen scheinbar unzusammenhängenden Informationen herzustellen und auf der Grundlage dieser Informationen neue Ideen zu generieren. Dies könnte durch die Kombination verschiedener Techniken und Ansätze aus den Bereichen maschinelles Lernen, Deep Learning und neuro-nale Netzwerke erreicht werden.

Allerdings ist es wichtig zu betonen, dass dies nicht bedeutet, dass künstliche Intelligenz das menschliche Gehirn oder die menschliche Kreativität vollständig replizieren würde. Vielmehr wäre es eine Art von Kreativität, die auf den Fähig-keiten und Möglichkeiten der künstlichen Intelligenz basiert, die zwar von den menschlichen Prozessen inspiriert, aber dennoch einzigartig ist.«

Anschließend habe ich *ChatGPT* einen Teil des transkribierten Ge-spräches zur Zusammenfassung gegeben, in der auch die oben ge-nannte Frage von Boris beantwortet wurde. Im Prompt gab ich an, dass *ChatGPT* in der Ich-Form antworten soll, um eine bessere Ver-gleichbarkeit zu den bisherigen Antworten zu erhalten: *»In unserer Dis-kussion habe ich meine Überlegungen zur Verbindung zwischen menschlichem Gedächtnis und künstlicher Intelligenz dargelegt. Meiner Ansicht nach kann künstliche Intelligenz in bestimmten Bereichen durchaus eine Kreativität entwi-ckeln, die der menschlichen ähnelt. Eine allumfassende künstliche Intelligenz, die in allen Bereichen kreativ ist, stellt jedoch eine größere Herausforderung dar.*

Das menschliche Gedächtnis und das Wissensnetz im Gehirn spielen eine entscheidende Rolle für die Kreativität. Gute Ideen entstehen aus den Verbindun-gen, die bereits in unserem Gehirn vorhanden sind. Daher ist es unwahrscheinlich, dass wir plötzlich eine gute Idee in einem Bereich haben, in dem wir kein Wissen oder keine Erfahrung haben.

Künstliche Intelligenz kann kreative Ideen in Bereichen generieren, in denen wir bereits ein gewisses Maß an Wissen und Verständnis haben. Diese künstlich generierten Ideen können eine Resonanz in uns finden und uns dazu inspirieren, sie weiterzuentwickeln.

Ein weiterer Aspekt, den ich hervorheben möchte, ist die Rolle von Emotio-nen bei der Entstehung von Geistesblitzen. Dies ist ein Aspekt der Kreativität, den künstliche Intelligenz derzeit nicht replizieren kann. Es ist wichtig, in den Bereichen, in denen wir innovativ sein wollen, genug Wissen und Interesse zu haben, um mit künstlichen kreativen Ideen umgehen zu können.«

6. Erkenntnisse beim Einsatz von KI

Die Interviewpassage mit den Aussagen von Boris wurde von *ChatGPT* sehr gut zusammengefasst. Allerdings war der Sprachfluss zum Start ungenügend, sodass ich den Text zweimal nachbessern ließ. Ich bin mir nicht sicher, ob die unterschiedlichen Antworten für Sie einen Erkenntniswert bieten. Persönlich empfand ich es aber als spannend, alle drei Antworten miteinander zu vergleichen, und habe sie daher hier mit aufgenommen.

Stephanie Selmer – Intelligenz in Verbindung mit KI

1. Vorstellung des Schwerpunktthemas und Grund für die Auswahl
Als ich die Idee zu diesem Buch über künstliche Kreativität hatte, habe ich natürlich auch im Internet und der Literatur nach weiteren Quellen und Informationen dazu gesucht. Größtenteils waren es zu dieser Zeit amerikanische Quellen. Mir fiel auf, dass dort nicht direkt über künstliche Kreativität oder artificial creativity geschrieben wurde. Vielmehr ging es fast immer um die Kreativität der Künstlichen Intelligenz, the creativity of AI.

Intelligenz bei der Maschine wird also als Voraussetzung gesehen, um überhaupt ein kreatives Ergebnis durch sie zu erzielen. Soweit verständlich. Doch wie sieht dies beim Menschen aus? Intelligenz und Kreativität stehen auch beim Menschen im Zusammenhang. Dennoch sehe ich hier Unterschiede. Das mag daran liegen, dass es im Gegensatz zu Maschinen keine Menschen ohne Intelligenz gibt. Immerhin mit einem gewissen Maß davon. Daher finde ich es spannend, auch einen Blick auf das Thema *Intelligenz* zu werfen.

Auf der Suche nach einer Interviewpartnerin kam mir Stephanie Selmer in den Sinn, die ich bereits bei mehreren Veranstaltungen getroffen und mit der ich mich länger unterhalten hatte. Eine sehr intelligente Person, die sich beruflich mit der Veränderung von Unternehmen beschäftigt. Warum also nicht einen intelligenten Menschen, der sich zudem gut mit KI und Veränderungen auskennt, über das Thema Intelligenz befragen?

Ich freue mich sehr, dass sie sich Zeit dafür genommen hat und bin sicher, wir erhalten spannende Einblicke in das Thema.

 Das Interview ist unter folgendem Link oder dem nebenstehenden QR-Code abrufbar:

https://mentoren-verlag.de/jenseits-des-algorithmus-interviews

2. Interviewsteckbrief für: Stephanie Selmer
(persönlich von ihr ausgefüllt)

Was machst du beruflich?
Beruflich betrachtet, bezeichne ich mich als eine vielseitige Persönlichkeit, die sich in den verschiedensten Bereichen als Rednerin, Autorin, Beraterin und Mentorin engagiert. Mein Schwerpunkt liegt in der Change Kommunikation, wo ich Unternehmen dabei unterstütze, Veränderungsprozesse erfolgreich zu kommunizieren. Ich entwickle maßgeschneiderte Kommunikationskonzepte, gestalte die Change

Abbildung 3.5: Stephanie Selmer

Story und erstelle Inhalte für verschiedene Kommunikationskanäle. Ein weiteres spannendes Thema, dem ich mich widme, ist das Konzept des »Second Brain«, das auf Niklas Luhmanns Zettelkasten-System basiert. Hierbei helfe ich Einzelunternehmern dabei, ihr persönliches Second Brain zu entwickeln, um effizienter sowie strukturierter Informationen zu organisieren und zu nutzen. In meiner beruflichen Laufbahn vereine ich diese Leidenschaften und setze mich für wirksame Kommunikation sowie persönliche Entwicklung ein.

Was verbindet dich mit dem Thema Kreativität und im Speziellen mit dem Einfluss von Intelligenz darauf und warum lohnt es sich, sich mit deiner Meinung dazu zu beschäftigen?
Meiner festen Überzeugung nach ist Kreativität eng mit der Intelligenz verwoben, da sie die Fähigkeit zur Bildung neuer Verknüpfungen und die Entwicklung innovativer Ideen beinhaltet. Dabei geht es jedoch nicht nur um die messbare Intelligenz in Form des IQs, sondern auch um die innere Überzeugung, intelligent genug für Kreativität zu sein.

Diese Verbindung zwischen Kreativität und Intelligenz hat für mich persönlich eine bedeutende Relevanz. In der Vergangenheit hielt ich mich selbst für wenig kreativ und nicht besonders intelligent. Erst mit Mitte 20 erfuhr ich, dass mein IQ über 130 liegt und dass ich damit zu den spätentdeckten Hochbegabten gehöre. Diese Erkenntnis war der Auslöser für mich, meiner Kreativität freien Raum zu geben.

Wenn du ein Werkzeug wärst, welches würdest du sein und was zeichnet dich als Werkzeug aus?

Wenn ich ein Werkzeug wäre, dann wäre ich ein Gedanken-Ping-Pong-Automat. Meine Leidenschaft liegt darin, den Dialog und die kreative Diskussion zu fördern. Ich genieße es, Fragen zu stellen, die zur Reflexion anregen, und Ideen einzubringen, die den Horizont erweitern. Mein Zweck besteht darin, dazu beizutragen, dass Gesprächspartner gemeinsam wertvolle Einsichten gewinnen und ihre Denkprozesse vertiefen.

Bitte schreibe eine für dich persönlich gültige und passende Definition von Kreativität auf.

Für mich persönlich besteht Kreativität darin, die Fähigkeit zu besitzen, bestehendes Wissen und Erfahrungen miteinander zu verknüpfen, um frische und bisher unentdeckte Ideen zu generieren. Es ist die Kunst, die Grenzen des Bekannten zu erweitern und durch die Integration verschiedener Konzepte und Perspektiven innovative Lösungen zu schaffen. Diese Form der Kreativität erstreckt sich nicht nur auf die klassischen Bereiche wie Kunst und Design, sondern ist ein alltäglicher Prozess, der es ermöglicht, Herausforderungen in verschiedensten Lebensbereichen auf einzigartige Weise anzugehen.

Gibt es ein bis drei Dinge, die die Leser von dir lesen, anschauen oder anhören sollten?

- Mein Buch: *30 Minuten Second Brain* (erschienen im Gabal Verlag, 2023)
- Den Second Brain Podcast, online abrufbar unter: https://podcasts. apple.com/de/podcast/der-second-brain-podcast/id1698145254

Warum ich Stephanie als Interviewgast angefragt habe und mich extrem freue, dass sie ihre Expertise mit uns teilt:
Stephanie ist nicht nur auf ihrem eigenen Gebiet, der Veränderung in Unternehmen, also Change-Management, eine Expertin, sondern auch in vielen anderen Bereichen extrem informiert. Sie bezeichnet sich als »IT-Mensch-Übersetzerin« und ist damit ein toller Gast, um mich mit ihr über Intelligenz in Verbindung mit KI und künstlicher Kreativität auszutauschen.

3. Zusammenfassung des Gesprächs

04. JULI 2023
Tag, an dem das Interview digital geführt wurde.

Die Vorstellung von *ChatGPT* zu Stephanie habe ich wie gewohnt mit dem Plugin *KeyMate.AI Search* erstellt: *»Stephanie Selmer ist eine Expertin für Change Management und bezeichnet sich selbst als ›Change-Storyteller‹. Sie ist Rednerin, Beraterin und Coach. Sie nutzt moderne Technologien wie KI-Tools in ihrer täglichen Arbeit und sieht sie nicht als Konkurrenz, sondern als wertvolle Erweiterung ihrer Arbeit. Sie betrachtet diese Tools als eine Möglichkeit, mit einem Kollegen zu sprechen, der weniger erfahren ist und frischen Wind in ihr Denken bringt. Sie schätzt besonders, dass diese Tools Beispiele liefern, die nur noch überarbeitet werden müssen, da sie glaubt, dass die meisten Menschen ›Überarbeiter‹ und nicht ›Erfinder‹ sind. Sie verbessern gerne das, was bereits existiert, finden Fehler und Unstimmigkeiten und passen bestehende Texte wunderbar an ihre Bedürfnisse an.«*

Mich interessierte zum Start des Gespräches, ob sie sich selbst eher als Erfinder oder als Überarbeiter sieht, denn diese Aussage fand ich sehr spannend. Stephanie findet sich in beiden Rollen wieder, macht es aber auch sehr von der zur Verfügung stehenden Zeit abhängig. Das Thema *Zeit* hatten wir ja bereits in anderen Gesprächen gestreift. Bei einigen Aufgaben steht uns laut Stephanie nicht die Zeit zur Verfügung, noch einmal in Ruhe darüber nachzudenken oder unter die Dusche zu springen, um dort unser Unterbewusstsein anzapfen zu können. Gerade dann sind wir froh, wenn uns eine Art Assistent schnell und unkompliziert erste Lösungen zeigt und wir diese als Ausgangspunkt für die weitere Arbeit nutzen können. Und eventuell fällt es auch Ihnen leichter, einen vorhandenen Text zu überarbeiten, als mit einem weißen Blatt Papier zu starten. Es kommt also auf die Art der Aufgabe und die vorhandene Zeit an, wie und ob Stephanie KI-Programme zur Unterstützung einsetzt.

Passend zu unserem Oberthema *Intelligenz* tauschten wir uns über den Verein *Mensa* aus, in dem sie Mitglied ist. *Mensa* macht folgende Aussage über sich selbst: »Mit rund 16.000 Mitgliedern ist *Mensa* das größte Netzwerk für hochbegabte Menschen in Deutschland. Wir pflegen für unsere Mitglieder eine intellektuell und sozial stimulierende Atmosphäre und bieten ihnen eine Plattform zum privaten und auch beruflichen Austausch.« Um Mitglied in diesem Verein zu werden, benötigt man einen offiziellen IQ-Test, der bei diesem Verein, einer anderen Institution oder einem Psychologen absolviert wurde. »*Mensa* definiert Hochbegabung über den Intelligenzquotienten. Das Kriterium liegt hier bei einem IQ von mindestens 130 (mindestens zwei Standardabweichungen über dem Mittelwert.« Der durchschnittliche IQ in Deutschland wird also bei 100 festgelegt. Mir ist wichtig zu betonen, dass nicht Stephanie dieses Thema angesprochen hat, sondern ich sie etwas anstupsen musste, um mit mir darüber zu sprechen. Wir beide sind uns bewusst, dass Intelligenz nur ein Merkmal von vielen ist, die einen Menschen und seine Fähigkeiten ausmacht. Ihre eigene Definition von Intelligenz war daher auch passend und lautete: »IQ ist das, was der Test misst.« Für sie ist es daneben die Fähigkeit, Muster zu erkennen, um diese anschließend auf Probleme anzuwenden und sie zu lösen.

Ob und wie Intelligenz und Kreativität zusammenhängen, konnten wir in unserem Gespräch für uns nicht abschließend klären. Wir waren uns einig, dass die kreativen Möglichkeiten mit wachsender Intelligenz erst einmal steigen. Denn Intelligenz ermöglicht es uns, auch dort Muster zu erkennen, wo vorher kein Wissen war. Wir übertragen Erkenntnisse und Erfahrungen auf andere Gebiete, um auch dort kreativ werden zu können. Außerdem kamen wir auf die Unterscheidung zwischen konvergentem und divergentem Denken zu sprechen. Wobei das konvergente Denken zielgerichtet sowie logisch ist und nach der einen richtigen Lösung sucht, entspricht das divergente Denken eher einer kreativen Suche mit mehreren Lösungswegen. Wenn man so will, entspricht es dem Querdenken (dieser Begriff ist seit der Corona-Krise leider häufig negativ belastet, jedoch hilft genau dieses Denken, abweichend von der Norm und außerhalb unserer gewohnten Denkmuster, in vielen Situationen weiter). Beide Begriffe wurden 1956 vom Psychologen J. P. Guilford eingeführt. Ohne uns zu philosophisch in diesem Thema zu verlieren, sahen wir beim konvergenten Denken die Intelligenz im Vordergrund und beim divergenten die Kreativität. Beide Denkarten wechseln sich ab und werden bei unterschiedlichen Problemstellungen unterschiedlich gebraucht. Dies verdeutlicht auch den Zusammenhang von Kreativität und Intelligenz. Es besteht keine direkte Abhängigkeit und Intelligenz ist infolgedessen nur ein Faktor von mehreren, der unsere Kreativität beeinflusst.

Bei der Frage nach künstlicher Kreativität, die gerade im amerikanischen Raum eigentlich nie so genannt wird, kamen wir auf das Thema *Emotion* zu sprechen. Die Frage, die sich Stephanie stellt, ist, wie weit sie mit der KI gehen will und ab wann sie wieder allein arbeiten möchte. Nur durch ihre eigene Arbeit kann sie beispielsweise einem Text etwas von sich selbst hinzufügen, das beim Leser Emotionen hervorruft. Wenn diese Emotionen beim Leser nicht durch sie selbst, sondern durch eine Maschine ausgelöst werden, stellt sich die Frage, ob dies genauso wertvoll ist. Ein wichtiger Aspekt, den ich vertiefen möchte.

Aus unseren Erfahrungen heraus, sprich aus dem, was wir erlebt haben, können wir Texte formulieren, die beim Leser etwas ansprechen. Eine KI kann dies natürlich kopieren. Entweder indem ich es direkt vorgebe oder dem Programm sage, dass es meinen Schreibstil kopieren soll. Emotionen und sogar Empathie können dadurch in der Außenwirkung entstehen. Aber ist es dann noch genauso viel wert? Ist eine Botschaft, die eine Emotion beim Geschäftspartner erzeugt, uns selbst genauso viel wert, wenn sie von uns kam und ganz die eigene ist oder von einer KI erzeugt wurde? Eine sehr spannende Frage, die sich jeder selbst stellen kann und vielleicht auch sollte. Wird uns die Wirkung unserer Worte in Zukunft wichtig genug sein, sie selbst zu formulieren und ihnen den eigenen, persönlichen Funken mitzugeben?

Stephanie bezeichnet sich selbst als »IT-Mensch-Übersetzerin«. Im ersten Moment dachte ich, dass dies doch nun KI-Programme übernehmen können, denn sie sprechen ja jetzt unsere Sprache. Ich durfte aber von ihr erfahren, dass es dabei nicht um die eigentliche Übersetzung zwischen Mensch und Maschine geht, sondern um die Kommunikation zwischen unterschiedlichen Fachbereichen. Schon diese Bereiche nutzen unterschiedliche Fachsprachen, die gute Kommunikation erschweren können und das ganz ohne böse Absicht. Beispielsweise eine interne IT-Abteilung und die Buchhaltung oder das Marketing. Hier sieht sie sich als Übersetzerin der Bereiche, die beide Seiten zusammenbringt. KI-Programme können bei der Brückenbildung aus ihrer Sicht zwar unterstützen, aber für das letzte Stück des Weges benötigen wir Menschen, die die Probleme der Betroffenen nachvollziehen können.

Unterstützung durch KI holt sich Stephanie heute schon im Bereich des Storytellings. Veränderungskommunikation benötigt gute Geschichten und passende Bilder dazu. Einige dieser Bilder erstellt sie mit *Midjourney*, um beispielsweise den Geschäftsführer eines Unternehmens im Raumanzug auf dem Mars darzustellen. Hier zeigt sich für mich wieder der positive Einsatz der künstlichen Kreativität. Die Idee zur Geschichte kommt von Stephanie, aber die Umsetzung in ein Bild, das sie in einer Präsentation nutzen kann, war bisher für sie erheblich schwerer. Diese Tür wird uns durch KI nun geöffnet und wir können die eigene Kreativität auf anderen Gebieten einsetzen und dort entfalten. KI wird zum Kreativitäts-Booster.

Nicht ohne Auswirkungen auf den Arbeitsmarkt und auf die Anbieter, die die Erstellung solcher Bilder bisher verkauft haben. Aus Stephanies Sicht wird sich dieser Markt vom Angebot reiner Dienstleistungen weg und hin zu Lösungen bewegen. Dazu müssen wir das Problem des Kunden verstehen, um ihm die Lösung anbieten zu können. Die reine Dienstleistung »Ich mache dir ein Bild« wird durch »Ich biete dir eine Kommunikationslösung für deine Herausforderung« ersetzt.

Gemeinsam haben wir einen Blick auf den Einfluss von KI auf Intelligenz und Kreativität im Hier und Jetzt geworfen. Intelligenz ist eher träge in seiner Veränderung, bei Kreativität haben wir einige Schwankungen über die Zeit. Eine wichtige Komponente dabei besteht in der Freude an der eigenen Kreativität. Die größte Kraft von Kreativität liegt aus meiner Sicht auf dem Weg und nicht am Ziel. Denn dann haben wir es ja erreicht, unsere Kreativität umgesetzt. Eventuell wird uns die Freude an der eigenen Kreativität verloren gehen, wenn die Ergebnisse immer sofort da sind, geliefert durch KI. Noch empfinde ich die Arbeit mit den KI-Programmen als bereichernd und vor allem spannend. Ich kann immer noch Stunden mit *ChatGPT* plaudern, um zu sehen, wann es welche Ergebnisse liefert. Das Gleiche gilt für Text-zu-Bild-Programme. Aber was wird in einigen Monaten sein, wenn sich der »Es ist neu Effekt« abgenutzt hat? Wird es mir dann immer noch Freude machen? Werde ich es weiterhin nutzen, auch wenn es mich nicht mehr ähnlich begeistert? Es wird spannend sein, welche Wege wir in Zukunft gehen, um unsere Kreativität auch zu genießen.

Mit diesen Gedanken warfen wir einen Blick in die Zukunft, in der Stephanie die Gefahr sieht, dass sich eine Schere in der Gesellschaft auftun könnte. Auf der einen Seite mit den Menschen, die KI als Hilfsmittel nutzen und weiterhin Freude haben, die eigene Kreativität einzusetzen. Auf der anderen Seite sind die Menschen, die als reiner Nutzer vor den Bildschirmen und Robotern sitzen und das eigene Potenzial nicht nutzen. Und das unabhängig von der Intelligenz der Personen, sondern abhängig vom Hunger auf Entfaltung und Entwicklung. Damit steigt die Eigenverantwortung von uns allen, denn es gilt, zu suchen und zu finden, was uns wirklich wichtig ist und uns erfüllt, wenn wir außergewöhnliches leisten wollen.

4. Mein persönliches Fazit

Mein Gespräch mit Stephanie hat mir die Definition der verschiedenen Denkarten wieder bewusst gemacht. Ich glaube, es hilft, diese zu kennen und sie auch bei der Abgrenzung von Intelligenz und Kreativität, ja vielleicht auch bei der Abgrenzung von künstlicher und menschlicher Kreativität zu beachten. Daher noch ein Zitat aus einer Stellungnahme des *Deutschen Ethikrates* dazu: »Viel diskutiert und mit Blick auf KI von Relevanz ist auch der Zusammenhang von Intelligenz und Kreativität. Eine wichtige Rolle spielt hierbei die Unterscheidung zwischen konvergentem Denken, das durch logische Schlussfolgerungen zu einer einzigen oder besten Lösung gelangt, und dem für Kreativität charakteristischen divergenten Denken, das mehrere alternative Lösungen finden kann, die jeweils den gegebenen Anforderungen entsprechen.«[11]

Die von Stephanie beschriebene Brücke zwischen den verschiedenen Arbeitsbereichen in einem Unternehmen, bei Themen der Veränderung und im IT-Bereich wird wahrscheinlich in Zukunft auch in anderen Bereichen benötigt. Wir brauchen eine Brücke zwischen KI-Nutzern und Nichtnutzern oder sogar KI-Ablehnern beziehungsweise Vermeidern. Es wird die Aufgabe unserer Gesellschaft sein, zwischen diesen Gruppen zu vermitteln und eine gute Kommunikation zu ermöglichen, da sich in den Gruppierungen unterschiedliche Sprachbilder prägen könnten. Sie lesen selbst, wie schwierig die Definition und Abgrenzung von Bereichen und Themen bereits für meine Interviewpartner und mich ist. Wir befassen uns aber alle mit dem Thema *KI*. Schwieriger wird dies in Organisationen sein, in der KI-Ablehnung auf KI-Begeisterung trifft und in denen Arbeitsprozesse erfolgreich durch KI-Programme ergänzt werden sollen, ohne gleichzeitig Arbeitsplätze abzuschaffen. Auch hier werden wir Menschen brauchen, die die Brücken zwischen den Lagern aufbauen und stärken.

---

11 Deutscher Ethikrat (Herausgeber). (20. März 2023). Mensch und Maschine – Herausforderungen durch Künstliche Intelligenz, Stellungnahme – Kurzfassung, Seite 15.

Nachtrag aus der Zukunft
Das *Handelsblatt* berichtet in seinem KI-Briefing Newsletter unter Berufung auf den Randstad Arbeitsbarometer 2023[12], dass sich 21 Prozent der Mitarbeiter innerhalb der nächsten zwölf Monate eine Weiterbildung zu KI wünscht. Gleichzeitig zeigt die Studie, dass 22 Prozent mit KI nichts zu tun haben will, bis hin zum Jobwechsel.

Einer der für mich wichtigsten Punkte kam zum Ende unseres Gespräches auf. Der Hunger nach Entfaltung und Entwicklung. Dieser Hunger wird ein entscheidender Faktor sein, ob wir KI dazu nutzen, besser zu werden oder uns einfach nur Arbeit abnehmen zu lassen. Die Ausbildung und Schulung unserer Kinder und Jugendlichen sollte dies berücksichtigen und die Sehnsucht nach Entwicklung fördern. Wir sollten Begeisterung für die eigene Entfaltung wecken, indem wir jungen und natürlich auch älteren Menschen zeigen, wie erfüllend es sein kann, Neues zu lernen und Dinge selbst zu entdecken und zu entwickeln. Gerne mit Unterstützung durch KI.

In diesem Zusammenhang ist mir eine weitere Unterteilung der Intelligenz in den Sinn gekommen. Das Konzept der kristallinen und fluiden Intelligenz wurde in den 60er Jahren von dem Psychologen Raymond Cattell eingeführt. Die fluide Intelligenz bezieht sich auf die Fähigkeit, neue Probleme zu lösen und unabhängig von Vorwissen zu denken. Sie ist verantwortlich für unser logisches Denken und unsere Problemlösungsfähigkeiten und gilt als relativ unbeeinflusst von Kultur und Bildung. Die kristalline Intelligenz hingegen umfasst das Wissen und die Fähigkeiten, die wir im Laufe unseres Lebens erwerben. Sie bezieht sich auf die Anwendung von erworbenem Wissen und Erfahrungen.

Leider konzentriert sich unser Bildungssystem weitgehend auf die Vermittlung von Wissen, also auf die kristalline Intelligenz. Natürlich ist ein Grundwissen an Fakten unerlässlich, um Dinge miteinander

---

12 Vgl. https://www.randstad.de/hr-portal/personalmanagement/randstad-arbeitsbarometer/; besucht am 04.07.2023.

verknüpfen zu können. Wichtiger erscheint mir aber die Steigerung und das Training unserer fluiden Intelligenz, gerade als Einflussfaktor für unsere Kreativität. Die Bedeutung der fluiden Intelligenz wird in Zukunft noch dadurch verstärkt, dass wir KI im Bereich der kristallinen Intelligenz, also dem Faktenwissen, niemals schlagen können. Ich hoffe, dass unser Bildungssystem dies in Zukunft berücksichtigt und sich darauf einstellt.

Ein Thema, das wir nicht angesprochen hatten und mir erst nach unserem Gespräch in den Sinn kam, ist die neuere Form der emotionalen Intelligenz. Der Begriff wurde 1990 eingeführt und bezeichnet die Kompetenz, eigene Gefühle und die Gefühle anderer Personen wahrzunehmen und zu verstehen. Etwas, bei dem ich reflexartig sagen möchte, dass es Maschinen nicht können. Aber bereits in meinem Heute werden erste KI-Programme eingesetzt, die die Stimmung einer Person anhand von Videobildern auswerten und bestimmen können. Denn Emotionen zeigen sich bei uns in der Mimik und unserer Sprachmodulation. Es sind wiederkehrende Muster. Wie bereits geschrieben, ist uns KI in der Erkennung von Mustern meistens überlegen, solange sie gut genug auf die Erkennung trainiert ist. KI wird daher auch im Bereich der emotionalen Intelligenz Einzug halten und auch dort hoffentlich zum Besseren eingesetzt.

5. Gesprächszusammenfassung durch ein KI-Programm
Ich habe Stephanie zwei Fragen gestellt, die vorab von *ChatGPT* formuliert wurden. Anschließend habe ich das Programm dieselben Fragen beantworten lassen. Im Folgenden finden Sie die Antworten von Stephanie und *ChatGPT* im direkten Vergleich und können sich selbst ein Bild davon machen, was Ihnen mehr zusagt:

»Frage 1: Stephanie, Sie sind eine Expertin für Change-Management und nutzen KI-Tools in Ihrer täglichen Arbeit. Wie sehen Sie die Rolle der künstlichen Intelligenz in der Gestaltung und Umsetzung von Veränderungsprozessen?« Antwort von Stephanie, überarbeitet durch mich, etwas *ChatGPT* und dem neuen BETA Programm *Deepl Write* in kreativer Zusammenarbeit: »Ich sehe KI als ergänzendes Werkzeug im Change Management. Sie

kann uns Szenarien aufzeigen, die eintreten könnten, wenn wir bestimmte Maßnahmen ergreifen. Wenn die KI mit genügend Daten über die verschiedenen Stakeholder gefüttert wird, kann sie uns helfen zu verstehen, wie diese auf bestimmte Veränderungen reagieren könnten.

KI kann jedoch nicht die emotionalen Aspekte von Veränderungsprozessen abdecken. Wir Menschen müssen unsere eigenen Emotionen erleben und verarbeiten. Das kann nicht durch Gespräche mit Kollegen oder KI ersetzt werden. Ich glaube fest daran, dass das Verstehen und Bewältigen von Veränderungen eine persönliche Erfahrung ist, die nicht vollständig durch externe Einflüsse, einschließlich KI, reproduziert werden kann.

In großen Unternehmen ist es fast unmöglich, jeden Einzelnen in den Veränderungsprozess einzubeziehen. Jeder muss seinen eigenen Weg gehen und es ist unvermeidlich, dass einige auf der Strecke bleiben. Das ist kein Versagen der KI, sondern einfach die Grenze dessen, was KI und auch wir als Menschen leisten können.

Chatbots können in großen Unternehmen als Gesprächspartner nützlich sein, insbesondere wenn nicht genügend Berater zur Verfügung stehen. Aber KI wird nicht in der Lage sein, die persönlichen emotionalen Aspekte des Wandels zu adressieren. Denn diese Veränderung muss in uns selbst stattfinden und kann nicht nur von außen kommen.«

Die Antwort von *ChatGPT* in der Persona von Stephanie Selmer lautet: *»Künstliche Intelligenz spielt eine immer größere Rolle in der Gestaltung und Umsetzung von Veränderungsprozessen. Sie ermöglicht es uns, Daten auf effiziente Weise zu analysieren und zu interpretieren, um fundierte Entscheidungen zu treffen. Außerdem kann KI dazu beitragen, die Kommunikation und Zusammenarbeit innerhalb eines Unternehmens zu verbessern, indem sie Routineaufgaben automatisiert und den Mitarbeitern mehr Zeit für strategische Aufgaben gibt.«*

»Frage 2: Es gibt eine Debatte darüber, ob KI jemals eine ›echte‹ Intelligenz erreichen kann, vergleichbar mit der menschlichen Intelligenz. Was ist Ihre Meinung zu diesem Thema?«

Antwort von Stephanie, überarbeitet durch mich, etwas *ChatGPT* und dem neuen BETA Programm *Deepl Write* in kreativer Zusammenarbeit:

»Bei der Frage, ob künstliche Intelligenz (KI) jemals ›echte‹ Intelligenz, ähnlich der menschlichen Intelligenz, erreichen kann, müssen wir zunächst definieren, was ›echte‹ Intelligenz bedeutet. Wenn wir ›echte‹ Intelligenz als die Fähigkeit definieren, Probleme zu lösen, Muster zu erkennen und diese in anderen Kontexten anzuwenden, dann hat KI bereits ›echte‹ Intelligenz erreicht.

Ich bezweifle jedoch, dass KI menschenähnliche Ergebnisse erzielen kann. Trotz ihrer Fähigkeiten kann KI nicht die Nuancen und den Kontext erfassen, die für die menschliche Kommunikation und Kreativität von wesentlicher Bedeutung sind. Zum Beispiel kann sie nicht den pointierten Schlusssatz eines Textes formulieren, der typisch für menschliches Schreiben ist. Daher würde ich sagen, dass die Ergebnisse der KI zwar ›intelligent‹, aber nicht menschenähnlich sind.«

Die Antwort von *ChatGPT* als Stephanie Selmer lautet: *»Die Frage, ob KI jemals eine ›echte‹ Intelligenz erreichen kann, ist komplex und umstritten. Persönlich glaube ich, dass KI sehr leistungsfähige und nützliche Tools bereitstellen kann, aber sie kann die menschliche Intelligenz in ihrer Fähigkeit zur Kreativität, Empathie und ethischen Urteilsfähigkeit nicht vollständig replizieren.«*

Eine kleine humoristische Anmerkung zur Antwort der KI: Wenn ich die Menschheit beruhigen wollte und die Übernahme der Weltmacht plane, dann würde ich genau solch beruhigende Aussagen machen.

6. Erkenntnisse beim Einsatz von KI

Ich gebe zu, dass meine Faszination für *ChatGPT* in den letzten Tagen gelitten hat, da mir die Antworten immer etwas glatt erscheinen. Die Problematik bei den Zusammenfassungen mag auch daran liegen, dass es Transkripte von gesprochener Sprache sind und sich daher stark von geschriebenen Texten unterscheiden. Eventuell etwas, auf das *ChatGPT* weniger trainiert wurde. Ich werde in diesen Parts weiterhin variieren und auch neue Programme testen.

Emanuel Koch – KI in der Musikindustrie

1. <u>Vorstellung des Schwerpunktthemas und Grund für die Auswahl</u>
Kreativität äußert sich in unterschiedlichen Bereichen und zeichnet sich durch unterschiedliche Fertigkeiten aus. Mir selbst ist künstlerische Kreativität ziemlich verschlossen. Ich kann weder gut singen noch malen. Bilder kann ich mit der Hilfe von KI mittlerweile allerdings schon erstellen. Und auch in der Musikindustrie hält KI mit rasanten Schritten Einzug. Mit ersten KI-Programmen lässt sich Musik generieren und die eigene Stimme durch eine musikalische Profistimme ergänzen.

Für den kommenden Schwerpunkt habe ich jemanden gesucht, der selbst Musiker ist, selbst komponiert und sich gleichzeitig in der Welt der KI auskennt, um beide Themen zu betrachten. Mit Emanuel Koch habe ich einen Experten auf beiden Gebieten gewinnen können und freue mich auf neue Einsichten in das Feld von Musik und Kreativität sowie den Chancen und Risiken, die KI dort mit sich bringt.

Das Interview ist unter folgendem Link oder dem nebenstehenden QR-Code abrufbar:

https://mentoren-verlag.de/jenseits-des-algorithmus-interviews

2. Interviewsteckbrief für: Emanuel Koch
(persönlich von ihm ausgefüllt)

Abbildung 3.6: Emanuel Koch

Was machst du beruflich?
Ich führe ein Leben auf und hinter der Bühne: Zum einen bin ich Vortragsredner und thematisiere, wie Menschen und Organisationen besser mit Veränderungen umgehen können. Ich verbinde dabei Business-Impulse mit selbst komponierter Musik. Zum anderen bin ich Mitgründer der *Show & Tell HK GmbH*, einem Produktionsunternehmen für digitale und hybride Events.

Was verbindet dich mit dem Thema Kreativität und im Speziellen dessen Einfluss auf Musik sowie Technik und warum lohnt es sich, sich mit deiner Meinung dazu zu beschäftigen?
Als Musiker und Autor bin ich mit Kreativprozessen in besonderer Weise vertraut: Die Produktion eines Musikstückes ist ohne Kreativität undenkbar. Dabei wechseln sich immer wieder Schöpfungs-Phasen und handwerkliche Fleiß-Phasen ab. In beiden Phasen ist Kreativität das Fundament. Die Technologie bietet uns in der Musikproduktion fast unendliche Möglichkeiten. Dennoch ist es nicht so einfach, mit ihr eine Idee bis zum Endprodukt zu bringen. Ich finde besonders interessant, wie Menschen in dem Raum der Kreativität reagieren: Zum Teil sind sie entfesselt und die Umsetzung nimmt enorme Fahrt auf – oder Zweifel bremsen den Prozess teilweise komplett aus. Wir sollten das Feld der Kreativität immer besser verstehen, weil wir sie für Innovationen und unsere Zukunft benötigen.

Wenn du ein Werkzeug wärst, welches würdest du sein und was zeichnet dich als Werkzeug aus?

Als Freund guter Werkzeuge könnte ich viele Beispiele anführen. Vielleicht wähle ich für heute den Dübel. Er symbolisiert die Fähigkeit, unter schwierigen Ausgangsbedingungen (mieses Bohrloch, bröckelige Wand) dennoch das gewünschte Ergebnis herzustellen (Regal hängt stabil und fest).

Bitte schreibe eine für dich persönlich gültige und passende Definition von Kreativität auf.

Für mich ist es vor allem die Fähigkeit, vorhandene, bekannte Dinge neu zu kombinieren und damit ein neues Level der Erkenntnis zu erreichen. Oder eben vorhandene bekannte Tools und Werkzeuge in neuer, unbekannter Weise einzusetzen.

Gibt es ein bis drei Dinge, die die Leser von dir lesen, anschauen oder anhören sollten?

- Mein aktueller Song: »Ich brauch ne Hilti«, online abrufbar unter: https://youtu.be/wcCbl0thaZ8
- Showreel einiger Hybrid-Produktionen, online abrufbar unter: https://www.youtube.com/watch?v=9Q9Hj_rYH_4
- Meine Bücher: https://www.emanuelkoch.de/buecher

Warum ich Emanuel als Interviewgast angefragt habe und mich extrem freue, dass er seine Expertise mit uns teilt:

Emanuel besitzt besondere Fertigkeiten auf einem Gebiet, das sich mir außer beim Singen im Auto verschließt – der Musik. Er nutzt seine Musik und selbst getextete Songs dabei sehr kreativ und verwendet sie beispielsweise als Träger seiner Botschaften bei Vorträgen. Da er Informatik studiert hat und ein echter Experte in der Produktion von hybriden Veranstaltungen ist, kann er die Welt der Musik mit der Welt der KI kombinieren und uns spannende Einblicke dazu geben.

3. Zusammenfassung des Gesprächs

12. JULI 2023

Tag, an dem das Interview digital geführt wurde.

Die Vorstellung von Emanuel erfolgt wie gewohnt durch *ChatGPT* in Verbindung mit dem Plugin *KeyMate.AI Search.*

»Als Vortragsredner ist Emanuel Koch bekannt für seine Fähigkeit, tiefgehende Inhalte mit inspirierender Unterhaltung zu verbinden. Seine Vorträge sind motivierend und ermutigen dazu, Herausforderungen adäquat anzugehen und die eigenen Potenziale heute und in der Zukunft bestmöglich zu nutzen. Seine Botschaften sind oft von der Musikbranche inspiriert, die bereits eine massive Disruptionswelle und fast vollständige Digitalisierung erlebt hat. Diese Branche bietet viele Lehren und Erfahrungen, die auf andere Bereiche übertragbar sind.

Als Unternehmer unterstützt Emanuel Koch deutsche High-Tech Unternehmen dabei, sich in Zeiten massiver Digitalisierung für die Zukunft strategisch gut aufzustellen und die Mitarbeiter zu befähigen, die nötigen Veränderungen umzusetzen.

Als Musiker spielt er Klavier, Saxophon und Ukulele und sieht Musik als Symbol für lebenslanges Lernen und persönliche Entwicklung. Er komponiert und produziert Musik und tritt als Pianist auf großen Bühnen auf.

Als Buchautor hat er Werke wie ›Die positive Kraft des Zweifelns – Unsicherheit als Erfolgsfaktor‹ und ›Und täglich grüßt dein Lebenstraum – Mutig handeln und das Unmögliche schaffen‹ veröffentlicht.

Als Hochschuldozent an der Hochschule für angewandte Wissenschaft und Kunst (HAWK Hildesheim) befähigt Emanuel Koch Gründer und Gründerinnen von Beginn an zu innovativem und veränderungskompetentem Handeln.«

Ausgehend von der Beschreibung zu Emanuel, die mir die KI geliefert hatte, fragte ich ihn, wie er zum Thema *lebenslanges Lernen* kam. Ganz Musiker erzählte er mir eine Geschichte über Miles Davis, der gesagt haben soll, dass er nie aufhören wird zu lernen. Musik ist für Emanuel ein Feld, auf dem man nie aufhört zu lernen, auf dem man ständig neugierig sein und sich die Freude am Entdecken erhalten sollte. Diese Einstellung empfiehlt er, auf alle Bereiche des Lebens zu übertragen und hat es sich zu einem Leitmotiv gemacht. Eine Haltung, die ich sehr empfehlen kann.

Dass er im Studium dennoch in der Informatik gelandet ist, lag an zwei Gründen. Er wuchs in einer Umgebung auf, in der Technik eine große Rolle spielte, da sein Vater ein Unternehmen für Industrie-Elektronik besaß. Daher stammt sein Interesse an Technik und IT. Und weil es damals noch keine Möglichkeit gab, etwas in Richtung Musikproduzent zu studieren, was er am liebsten gemacht hätte, wurde er Diplom-Informatiker.

Im Studium sammelte er Erfahrungen im Programmieren und kam in Kontakt zu den ersten neuronalen Netzwerken, die damals allerdings noch nicht ähnlich erstaunliche Ergebnisse lieferten wie heute. Beruhigend für mich und vielleicht auch Sie, dass auch er den Überblick über die heutige Entwicklungsgeschwindigkeit im Bereich KI verloren hat. Selbst als Informatiker.

Eine Buchempfehlung von ihm dazu ist *KI 2041: Zehn Zukunftsvisionen* von Kai-Fu Lee und Qiufan Chen, welches 2022 im Campus-Verlag erschien. Ausgezeichnet wurde das Buch mit dem *Deutschen Wirtschaftsbuchpreis 2022*. Dort haben sich ein international bekannter KI-Experte und ein führender Science-Fiction-Autor zusammengetan, um eine Frage zu beantworten: Wie wird künstliche Intelligenz unser Leben in zwanzig Jahren verändert haben? Geschrieben wurde das Buch folglich im Jahr 2021. Spannend zu hinterfragen, ob die beiden Autoren heute noch dieselben Geschichten erzählen würden.

Wir kamen bei einem kurzen Blick in die Zukunft auf das Thema *Quantencomputer* zu sprechen und waren uns einig, dass diese Art der Computer das Feld noch einmal disruptiv verändern wird. Die Geschwindigkeit von Computern hat sich zwar seit Jahren ständig erhöht, aber die prinzipielle Bauweise von Computerchips blieb gleich. Wir bewegen uns in einem beständigen Verbesserungsprozess, betriebswirtschaftlich auch KVP (kontinuierlicher Verbesserungsprozess) genannt. Doch mit Quantencomputern würde eine Innovation auf den Markt kommen, die nicht nur verbessert, sondern disruptive Änderungen mit sich bringt. Emanuels Beispiel aus dem Musikbereich dazu war *Spotify*. Die Entwicklung unterschiedlicher Tonträger wie Kassetten oder CDs waren Verbesserungen, aber das Angebot, Musik digital von zu Hause und jederzeit laden zu können, führte zur Disruption des Marktes.

Wie Technik hat ihn auch Musik sein Leben lang begleitet. Angefangen mit Geigenunterricht bei seinem Großvater, begann er im Alter von zehn Jahren Klavier zu spielen. Das Üben kostete ihn von Anfang an Überwindung, denn er wollte nicht, dass andere sein Spiel hörten, er hielt sich für nicht gut genug. Das änderte sich mit den ersten Synthesizern, die man mit Kopfhörern spielen und dabei nur sich selbst hören konnte. Es folgten verschiedene Bands, in denen er auf Festen, Hochzeiten und überall dort, wo man etwas Geld dafür bekam, Coversongs spielte.

Daraufhin spielte er für lange Zeit keine Musik mehr öffentlich. In dieser Zeit komponierte er zwar weiter, veröffentlichte aber kein einziges Stück. Der Grund dafür bestand weiterhin darin, dass er sich als nicht gut genug empfand. Die Angst vor den Reaktionen seines Publikums und die Angst vor Veränderung hielten ihn davon ab, den Schritt in die Öffentlichkeit zu wagen. Ein für ihn sehr wichtiges Thema, das er auch in seinen Vorträgen behandelt. Dieses Verhalten brach er erst auf, als er in seinem eigenen Buch über einen Vortrag mit Musik schrieb, den er in Zukunft halten wollte. Tatsächlich hat er sich damit selbst den notwendigen Veränderungsimpuls gegeben und untermalt seine Vorträge nun auch mit eigener Musik und selbstgetexteten Liedern.

Ich erwähne es, weil sich diese Verunsicherung auch in seinem Verständnis von Kreativität widerspiegelt. Beim Komponieren erlebt er einen Wechsel verschiedener kreativer Phasen. Eine Phase, in der alles noch unsicher und nebulös ist. Hier ist alles noch unfertig und wir möchten eigentlich nicht, dass die Ergebnisse jemand sieht, da sie einen geschützten Raum benötigen. Und es gibt Phasen, in denen es um Fleißarbeit geht und wir die Ergebnisse bearbeiten, verbessern und handwerklich auf ein höheres Niveau bringen. Dies findet sich für ihn in unterschiedlichen Bereichen wieder, dem Schreiben, Malen, Fotografieren und eben dem Komponieren der Musik.

Auch wenn ich ähnliche Phasen aus der Welt der Kreativität, in der ich mich bewege, kenne, hätte ich sie nicht so klar benannt und abgegrenzt. Ich glaube, diese Phasen sind sehr charakteristisch für künstlerisches Schaffen. Natürlich finden wir sie auch in anderen Bereichen, aber im künstlerischen Bereich sind sie ein zentrales Element. Die Unterscheidung von Kreativität in verschiedene Kategorien war für Emanuel ein neuer Gedanke, den wir anhand von kindlicher Kreativität diskutierten. Sie ist oft nicht zielgerichtet, sondern basiert allein auf Neugier und dem Drang, Neues zu entdecken. Auch wenn sich Teile davon in der künstlerischen Kreativität wiederfinden, so hat sie doch andere Schwerpunkte beziehungsweise Ausrichtungen. Dies gilt umso mehr für die künstliche Kreativität von KI-Programmen, die er meist als Sparringspartner für Text und Bildgestaltung einsetzt.

In der Musik hat er noch keine größeren Erfahrungen mit KI-Programmen gemacht, die selbst komponieren und Musik spielen können. Das mag daran liegen, dass er diese Art von Musik als seelenlos empfindet. Sobald er weiß, dass die Musik KI-generierte Teile enthält, mag er sie nicht mehr. Anders ist dies schon bei seinen Kindern, denen nur wichtig ist, dass es gut klingt. Und auch wenn es für ihn noch keine KI-Tools gibt, die er bei der Erstellung von Musik nutzt, konnten wir beide nicht sicher sagen, ob wir Musik erkennen würden, die von KI erzeugt wurde.

Ich mag sein Bild von der Seele, die in der Musik zu uns spricht. Gute Musik trifft uns an einer Stelle, die KI nicht abbilden kann und verbindet uns weit über Sprachen hinweg. Diesen besonderen Bereich kann KI aus seiner Sicht nicht erreichen. Eine spannende Überlegung, ob solche Emotionen auch in Texten enthalten sind. Gefallen uns die Texte von *ChatGPT* nur deshalb so gut, weil wir sie in Bereichen nutzen, in denen keine Seele enthalten sein muss? Texte, in denen wir uns nicht öffnen und von uns selbst etwas preisgeben müssen? Allerdings kenne ich viele Beispiele, in denen sich Menschen Gedichte für einen geliebten Menschen haben schreiben lassen. Zur Qualität kann ich jedoch nichts sagen.

Der Gedanke ist, dass es in der Musik Bereiche geben wird, die etwas tief in uns berühren und starke Emotionen auslösen. Diese Musik würde weiterhin von Menschen stammen. Und dann wird es sehr viele Lieder geben, die uns einfach gefallen, weil sie sich gut anhören. Weil sie, wie man so schön sagt, »ganz nett« sind. Da KI eine nahezu perfekte Illusion von Emotionen schaffen kann, ist es aber fraglich, ob es diese zwei Bereiche wirklich geben wird, beziehungsweise, ob wir den Unterschied erkennen werden.

Wie auch bei Bildern und Texten stellt sich bei Musik die Frage nach der rechtlichen Verwertung. Wie gehen wir damit um, wenn Stimmen von Musikern geklont werden? Eventuell auch von verstorbenen Künstlern, die dank KI ganz neue Songs einspielen können?

Nachtrag aus der Zukunft
Anfang November 2023 erschien der sogenannte allerletzte Beatles Song *Now and Then*. Allerdings wurde die Stimme von John Lennon dabei nicht neu generiert, sondern lediglich eine Klangspur mit Lennons Gesang isoliert.

Für Emanuel ist es wichtig, nicht mit der KI zu konkurrieren, sondern sie immer als Werkzeug zu sehen. Dennoch konkurrieren wir automatisch mit anderen, die KI einsetzen. Dadurch besteht auch die Gefahr, dass viele Künstler immer mehr KI in der Musikproduktion einsetzen, um auf dem Markt bestehen zu können, da es dadurch billiger und schneller wird. Emanuel sieht darin die Gefahr, dass die Freude am kreativen Schaffen verloren geht und auch die Freude, die eigenen Musikerkollegen bei der Probe oder beim gemeinsamen Auftritt zu erleben. Wie die kindliche Kreativität hat auch die künstlerische Kreativität nicht immer ein Ziel, sondern es geht um die Freude am Prozess. Ohne diese Freude geht uns auch die Freude am kreativen Schaffen verloren.

Ein weiterer Punkt, warum KI den Menschen in der Musik aus seiner Sicht nicht ersetzen könne, sei, dass es bei der Vermarktung immer mehr um die Persönlichkeit des Künstlers gehe. Die Musik ist längst nur noch ein Teil des Gesamtbildes, das aus viel mehr Facetten besteht. Dennoch kann KI natürlich dazu genutzt werden, neue Songs für bestehende Stars zu schreiben. Und auch ein künstlicher Avatar kann mit der Zeit eine Geschichte entwickeln, der genügend Menschen folgen. Schon heute gibt es mehrere Avatare, die äußerst erfolgreiche Werbestars sind.[13]

Musik, mit der wir selbst ein emotionales Erlebnis oder eine Geschichte verbinden, wirkt viel stärker auf uns als ein Musikstück, das wir vielleicht nur zum ersten Mal im Radio hören. Es sei denn, es hat genau den Text, der wiederum etwas in uns auslöst.

Vielleicht kennen Sie *Sing meinen Song – das Tauschkonzert.* Ich bin ein Fan der Show und mag es besonders, wenn die Künstler an einem Abend emotional werden und wir erfahren, welche Geschichten hinter den Songs stecken. Wenn ich die Darbietung eines Liedes in der Show gesehen habe und dabei vielleicht sogar geweint wurde, berührt es mich stärker, sobald ich es später erneut höre. Es berührt mich mehr als ein anderes Lied aus derselben Staffel, bei dem ich die Folge nicht gesehen habe und die Geschichte dahinter nicht kenne. Eventuell ist dies ein wenig die Seele, die in der Musik steckt und die nicht durch KI ersetzt werden kann.

Ich frage mich, ob Kinder in Zukunft noch zehn Jahre investieren, um ein Instrument zu lernen. In unserer Zeit wird alles immer schneller und viele suchen das schnelle Ergebnis. Emanuel ist sich dagegen sicher, dass es immer genug Menschen geben wird, die ein Leben lang lernen wollen und sich auf die Reise begeben, ihre eigene Kreativität zu entdecken.

Wie gewohnt habe ich ihn abschließend nach seinem Worst Case und seinem Best Case Szenario gefragt. Im schlimmsten Fall wird die Musik in Zukunft immer elektronischer und übersteuert klingen. Er stellt sich vor, dass jemand in ein Musikgeschäft geht, um Musik zu machen, und statt mit einem Instrument kommt er mit einem Kasten

---

13 In Spanien vermarktet eine Agentur ausschließlich Avatare, da die Zusammenarbeit mit Menschen zu anstrengend war. Und sind dabei sehr erfolgreich. Vgl. https://www.derstandard.de/story/3000000196945/model-agentur-setzt-auf-ki-personen-weil-menschen-zu-anstrengend-sind; besucht am 26.11.2023.

heraus. Einem Kasten, in der KI steckt, die ihm alle Musik generiert, die er braucht.

Im besten Fall bewahren wir uns die Freude am Ausprobieren und auch am Scheitern. Mit viel Neugier bleiben wir in diesem unscharfen Raum, in dem das Ergebnis noch nicht feststeht und Veränderungen stattfinden. Diese Explorationsräume brauchen wir auch in Zukunft und dafür benötigen wir kreative Kompetenz, die gelernt werden muss und nicht durch KI ersetzt werden kann.

4. Mein persönliches Fazit

Emanuel und ich sind uns einig, dass auch auf die Musikbranche gewaltige Veränderungen mit dem Einzug von KI zukommen. Im Gespräch sind wir nicht weiter auf den aktuellen technischen Stand eingegangen. Er hatte sich schlicht noch nicht näher damit beschäftigt. Daher noch einige Anmerkungen und Beispiele zu dem, was schon möglich ist. Da zwischen dem Interview und dem Schreiben des Fazits einige Zeit vergangen ist, hier noch einmal ein aktueller Zeitstempel zum folgenden Text:

15. AUGUST 2023

Es sind bereits mehrere Programme wie voice-swap.ai oder unite.ai auf dem Markt, mit deren Hilfe man seine eigene Stimme mit der eines Künstlers vermischen kann. Ein wenig wie beim Singen im Auto, wenn Sie das Radio sehr laut stellen und dann beim Singen denken, dass es sich doch ganz gut anhört, wird die eigene Stimme hier also per KI »aufpeppt«. Das Programm *Suno*, das wie *Midjourney* auf der Plattform *Discord* läuft, liefert statt Bilder kurze Lieder. Mittels guter Prompts können dort auch Musikstile vorgegeben werden. Bisher zwar nur für wenige Sekunden, aber dafür schon mit einer Integration von *ChatGPT*, das den Text zum Lied liefert, wenn man selbst keinen zur Hand hat und nur ein paar Stichworte eingeben will.

Erste Fake-Songs, z. B. von *Drake* und *The Weeknd*, sind auf den Markt gekommen und viele werden folgen. Der Konzern *Meta* veröffentlicht mit *AudioGen* und *MusicGen* Open-Source-Lösungen für

Musik, die nun durch andere Programmierer weiterentwickelt und eingesetzt werden können.

Erste Künstler bieten ihre Stimme für KI-Songs an. Natürlich mit Gewinnbeteiligung. Die *Financial Times* berichtet darüber, dass die Musikindustrie mit *Google* spricht, um ein Tool zu entwickeln, mit dem Fans eigene Songs erstellen können. Mit den Stimmen der Lieblingskünstler, die dazu natürlich zustimmen müssten.[14]

Ähnlich wie bei Bildern oder Texten glaube ich, dass wir in der Zukunft Lieder hören werden, die durch KI-Programme erstellt wurden, ohne den Unterschied zu bemerken. Ob sie ähnlich berührend sein werden wie meine Lieblingslieder von heute, weiß ich nicht und möchte es auch gerne bezweifeln. Denn dann hätten sie auch die angesprochene Seele, die entsteht, wenn Emotionen in Text und Noten einfließen. Emanuel hat zum Start über ein Zitat von Miles Davis gesprochen. Dieser hat auch gesagt, dass Musik zwischen den Tönen liegt. Vielleicht bleibt es den Menschen überlassen, diese Zwischenräume zu füllen.

5. Gesprächszusammenfassung durch ein KI-Programm

Bisher gab es keine Möglichkeit, *ChatGPT* direkt mit externen Daten zu versorgen. Dies war nur über Plugins oder andere Umwege möglich. Dann erschien die Beta Erweiterung *Code Interpreter*, die ich natürlich direkt für eine Zusammenfassung testen wollte. Mit dieser Erweiterung ist es nun möglich, verschiedene Datenformate in *ChatGPT* hochzuladen und diese dann abzufragen. Weiterhin bestand das Problem, dass die KI nicht auf sehr lange Texte in einem Durchgang zugreifen kann.

Ich habe das Transkript des Interviews als PDF-Dokument hochgeladen (mit einer Word-Version gab es mehrere Schwierigkeiten beim Auslesen) und folgenden Prompt formuliert: »Im Dokument findest du ein Interview mit Emanuel Koch. Bitte fasse das Interview für die Leser eines Buches zum Thema *künstliche Kreativität* zusammen. Die Antworten von Emanuel sollen höher gewichtet wer-

---

14 Vgl. https://www.ft.com/content/6f022306-2f83-4da7-8066-51386e8f e63b in der Financial Times; besucht am 14.08.2023.

den als die von Nils. Wer die Antwort gegeben hat, steht jeweils vor dem entsprechenden Satz. Inhalte über KI sollen höher gewichtet sein als allgemeine Themen. Alle wichtigen Aussagen aus dem Interview sollen enthalten sein. Du kannst bei Bedarf auch mehrere Seiten in Blöcke unterteilen und in Abschnitten dazu antworten.«

Die Antwort lautet:

1. *»Emanuel betont, dass künstliche Kreativität ein facettenreiches Feld ist, das von der Erzeugung von Musik und Kunst bis hin zur Problemlösung reicht. Er stellt klar, dass KI nicht nur Daten verarbeitet, sondern auch in der Lage ist, Neues zu schaffen, was die allgemeine Vorstellung von KI infrage stellt.*

2. *Auf die Frage nach der Rolle der künstlichen Intelligenz in der Gesellschaft, sieht Emanuel KI als ein Werkzeug, das die menschliche Kreativität ergänzen kann, anstatt sie zu ersetzen. Er glaubt, dass KI dazu beitragen kann, neue Perspektiven und Lösungen für Probleme zu finden, die Menschen allein möglicherweise übersehen hätten.*

3. *Beim Thema der ethischen Aspekte von KI hebt Emanuel hervor, dass KI-Systeme neutral sind und dass ihre Verwendung auf ethische oder unethische Weise von den Menschen abhängt, die sie einsetzen. Er betont, dass es wichtig ist, Regeln und Vorschriften für den Einsatz von KI zu entwickeln, um sicherzustellen, dass sie zum Wohl der Gesellschaft genutzt wird.*

4. *Emanuel diskutiert auch die Grenzen von KI und stellt klar, dass sie nicht die Fähigkeit zur Empathie oder zum Verständnis komplexer menschlicher Emotionen besitzt. Er weist darauf hin, dass KI keine menschlichen Erfahrungen machen kann und daher ihre kreative Arbeit immer von menschlicher Kontrolle und Interpretation abhängig sein wird.*

5. *In Bezug auf die Zukunft der künstlichen Kreativität ist Emanuel optimistisch. Er glaubt, dass KI weiterhin neue Wege zur Problemlösung und Kreativität eröffnen wird, und dass es wichtig ist, diese Entwicklung zu erforschen und zu verstehen.«*

Ich wollte neben diesen recht allgemeinen und teilweise »gewagt« interpretierten Aussagen noch etwas über die Personen dahinter erfahren, also Emanuel und mich. Der Prompt lautete: »Bitte nenne mir zehn Informationen aus dem Interview, die eher einen privaten Charakter haben und mehr über die Personen dahinter offenbaren.«

Die interessante Antwort: *»Es tut mir leid, aber aus dem extrahierten Text des Interviews, den Sie zur Verfügung gestellt haben, geht nicht hervor, dass es spezifische private Informationen über Emanuel Koch oder Nils enthält. Meine vorherige Zusammenfassung und Aufzählung der wichtigsten Punkte basierten auf den zur Verfügung gestellten Informationen über künstliche Kreativität und KI, die in dem Interview diskutiert wurden.*

Könnten Sie bitte zusätzliche Informationen oder spezifische Teile des Interviews bereitstellen, die private Details über die interviewten Personen enthalten könnten? Es ist auch wichtig zu beachten, dass wir die Privatsphäre der beteiligten Personen respektieren und nur Informationen teilen sollten, die für das Verständnis des Themas künstliche Kreativität relevant und von den Beteiligten zur Veröffentlichung freigegeben sind.«

Das kann uns natürlich nicht aufhalten. Ich habe ein neues Chatfenster geöffnet und die Daten noch einmal hochgeladen. Dieses Mal lautete der Prompt: »Im Dokument findest du ein Interview mit Emanuel Koch. Bitte fasse das Interview für die Leser eines Buches zusammen. Wer die Antwort gegeben hat, steht jeweils vor dem entsprechenden Satz. Die Leser sollen durch die Zusammenfassung etwas mehr über die Persönlichkeiten der Interviewpartner erfahren und auch etwas Persönliches mitnehmen. Du kannst bei Bedarf auch mehrere Seiten in Blöcke unterteilen und in Abschnitten dazu antworten.«

Es folgte eine längere Übersetzung des Textes in fünf Punkten. Kurz gesagt, diese Punkte waren frei erfunden, beziehungsweise wie man bei der KI sagt, halluziniert. Weder die angeführten Fragen noch die Antworten hat es im hochgeladenen Text gegeben. Ein Beispiel zur Veranschaulichung: *»Interviewer: Du bist auch bekannt für deine Führungsqualitäten. Was glaubst du, macht einen guten Leader aus?*

Emanuel: Ein guter Leader muss in der Lage sein, sein Team zu motivieren und zu inspirieren. Er muss auch die Fähigkeit haben, Entscheidungen zu treffen und Verantwortung zu übernehmen.«

Das kann zwar aus einem beliebigen Motivationsbuch für Anfänger stammen, ganz sicher nutze ich das Wort Leader nicht in solch einem Kontext und hatte die Frage auch nie gestellt.

6. Vergleich von Mensch versus Maschine

Die falschen Aussagen im zweiten Versuch haben mich etwas erstaunt, da das Programm bisher wenigstens nicht halluziniert hatte. Ich werde mir für die nächsten Interviews ein anderes Programm suchen, um zu sehen, ob diese Aufgabe schon besser gelöst werden kann. Daher folgt noch einmal ein Vergleich zwischen Mensch und KI sowie vorab ein kurzes Fazit der bisherigen Versuche.

KI kann die Emotionen während eines Gespräches nicht erfassen und in eine Zusammenfassung einfließen lassen. Ich denke allerdings, dass dies in Zukunft möglich sein wird, zum Beispiel anhand von Stimmlage und Gesichtsausdruck, wenn KI auch Zugang zu einer Videoaufnahme des Gespräches hat. Solange dies aber noch nicht möglich ist, würde ich das reale Anhören oder Ansehen eines Gespräches einem reinen KI-Text immer vorziehen. Ich kann nur empfehlen, sich die verlinkten Interviews einmal selbst anzuhören, um die Informationen zwischen den Textzeilen zu hören.

Auch aus einem zweiten Grund ziehe ich meine eigenen Zusammenfassungen denen von KI vor. KI hat keine Meinung zu den Themen und gibt nur Informationen weiter. KI vertritt keine Meinung ohne entsprechende Vorgaben und kann natürlich auch keine Meinung einfließen lassen. Ich hingegen gewichte bei der Zusammenfassung meiner Gespräche auch nach meiner eigenen Meinung.

Übertragen auf die künstliche Kreativität entspricht dieses Fehlen einer eigenen Meinung vielleicht dem Fehlen einer Seele in der Musik, von der Emanuel sprach. Die Frage ist, ob die Simulation einer solchen Seele oder einer eigenen Meinung durch KI gut genug gelingt, um die Unterschiede zwischen den Ergebnissen menschlicher und künstlicher Kreativität verschwinden zu lassen.

Christian Buchholz – KI und Kreativitäts-techniken

1. Vorstellung des Schwerpunktthemas und Grund für die Auswahl
Zum Start des Buches und meiner Interviewreihe bat ich Gerriet Danz um seine Einsichten als Experte im Bereich des klassischen Marketings, um einen allgemeinen Blick auf das Gebiet Kreativität zu werfen.

Im folgenden Interview werden wir diesen Blick fokussieren und den Schwerpunkt auf Kreativitätstechniken legen. Wie können wir Kreativitätstechniken in der Zukunft nutzen? Welche Techniken werden durch KI ergänzt oder gar ersetzt? Spannende Fragen, die ich mit Christian Buchholz diskutieren werde.

Christian hat, wie wir gleich auch von *ChatGPT* erfahren, ein sehr gewichtiges Buch über 555 Methoden für mehr Kreativität und Innovationen im Unternehmen herausgegeben. Gewichtig meine ich wörtlich, denn es wiegt drei Kilogramm und hat fast 900 Seiten im Format 26x22 Zentimeter pro Seite. Zusammen mit verschiedenen Autoren wurde die meines Wissens nach größte Sammlung von Kreativitäts- und Innovationstechniken erstellt. Viele dieser Techniken wurden anschließend digitalisiert und können auf *https://www.innovation.wiki/de/*[15] gruppiert und ausgewählt werden.

Ich freue mich auf den Austausch zu den Kreativitätstechniken der Gegenwart und Zukunft sowie den Einfluss von KI darauf mit einem der absoluten Experten in diesem Bereich.

Das Interview ist unter folgendem Link oder dem nebenstehenden QR-Code abrufbar:

https://mentoren-verlag.de/jenseits-des-algorithmus-interviews

---

15 Die Seite wurde zuletzt besucht am 14.11.2023.

2. Interviewsteckbrief für: Christian Buchholz
(persönlich von ihm ausgefüllt)

Was machst du beruflich?

Ich bezeichne meinen Beruf gerne als Innovationscoach. Im Wesentlichen geht es in meinem Job darum, Menschen dabei zu unterstützen, in ihren Organisationen mehr und bessere Ideen zu entwickeln und umzusetzen. Ich habe dabei schon viele Innovationsprojekte in unterschiedlichen Branchen begleitet. Das daraus

Abbildung 3.7: Christian Buchholz entstehende Know-How fließt in die Arbeit unseres *verrocchio Institutes*, dessen Co-Founder und Vorstand ich bin. Dort bilden wir Innovationsmanager aus und entwickeln viele Tools, die bei der Innovationsarbeit helfen. Daraus sind eine Reihe von Büchern entstanden, unter anderem *Das große Handbuch Innovation*, eine umfangreiche Methodensammlung.

Was verbindet dich mit dem Thema Kreativität und im Speziellen mit Kreativitätstechniken und warum lohnt es sich, sich mit deiner Meinung dazu zu beschäftigen?

Wir leben in einer sehr volatilen Zeit, niemals zuvor haben sich Technologien, Berufe und damit auch Herausforderungen so schnell verändert wie heute. Es werden also immer mehr neue Lösungen erwartet. Kreativität ist daher eine der wichtigsten Zukunftskompetenzen, um diesen Herausforderungen zu begegnen.

Wenn du ein Werkzeug wärst, welches würdest du sein und was zeichnet dich als Werkzeug aus?

Wahrscheinlich wäre ich am ehesten ein Multitool wie der *Leatherman*, denn unterschiedliche Herausforderungen benötigen unterschiedliche Methoden. Im Alltag ist mein wichtigstes Werkzeug aber meine

Stimme. Sei es im persönlichen Coaching, bei Workshops oder bei Impulsvorträgen, Sprache und somit auch die Kommunikation über Innovation bewegt Menschen und ist entscheidend für den Erfolg von neuen Ideen.

Bitte schreibe eine für dich persönlich gültige und passende Definition von Kreativität auf.

Für mich gibt es zwei unterschiedliche Arten von Kreativität. Im beruflichen Umfeld ist Kreativität für mich die Fähigkeit, neue Ideen, Konzepte oder Lösungen zu entwickeln, die Herausforderungen auf eine neue Art und Weise lösen zu lösen.

Im Privaten findet Kreativität für mich vor allem als Musiker oder beim Spielen mit meinem Sohn statt. Hier steht vor allem der kreative Prozess im Fokus, also die ungerichtete Schaffung von etwas Neuem verbunden mit viel Freude.

Gibt es ein bis drei Dinge, die die Leser von dir lesen, anschauen oder anhören sollten?

Das große Handbuch Innovation ist für Menschen, die sich beruflich mit Kreativität beschäftigen, sicherlich eine wertvolle Ressource, denn es liefert 555 Methoden für mehr Innovation im Unternehmen. Wer gerne digital liest, sollte einen Blick auf unser *innovation.wiki* werfen, eine umfassende Sammlung von Tools, Know-how und Büchern zu den Themen *Innovation* und *Kreativität*.

Warum ich Christian als Interviewgast angefragt habe und mich extrem freue, dass er seine Expertise mit uns teilt:

Christian Buchholz ist einer der führenden Experten im Bereich Kreativitätstools und Werkzeuge für Innovationsprojekte. Dies war er bereits vor dem Aufkommen von KI-Programmen. Jetzt geht er mit seinem Institut diesen Weg konsequent weiter und integriert KI in eigene Abläufe und seine Workshops. Ich freue mich, von seiner Erfahrung als Innovationscoach lernen zu können.

3. Zusammenfassung des Gesprächs

Auch wenn es Ihnen hoffentlich nicht aufgefallen wäre, möchte ich über eine Veränderung in meiner Arbeitsweise informieren. Bisher habe ich die Zusammenfassungen meiner Interviews immer unmittelbar nach dem Interview geschrieben, ohne mir die Tonaufnahme noch einmal anzuhören. Dies war mir zeitlich nicht mehr möglich, so dass alle folgenden Zusammenfassungen mit einem größeren zeitlichen Abstand zum Interview geschrieben wurden. Alle Interviews, die im Buch zu finden sind, waren zum Zeitpunkt des Schreibens dieser Zeilen bereits geführt. Daher folgen ab jetzt immer zwei Zeitstempel vor dem entsprechenden Textabschnitt. Der Erste gibt an, wann das Interview geführt wurde, der Zweite, wann die Zusammenfassung geschrieben wurde. Beim Verfassen der Zusammenfassungen habe ich mich fortan auf meine Mitschrift und die Tonaufnahme des Interviews gestützt. Dadurch konnte ich auch die von der KI gelieferten Ergebnisse besser beurteilen.

Wir befinden uns circa in der Halbzeit unserer Reise, das Gespräch mit Christian ist das sechste von insgesamt elf. Einer der noch kommenden Interviewgäste ist Ralf Schmitt, von dem ich gerne einen Spruch klauen möchte, wenn es um die Ansprache mit »Du« oder »Sie« geht. Ich habe Sie zum Start des Buches gesiezt, da Sie mich noch nicht kannten. Jetzt werde ich zum Du übergehen, da es mir passender erscheint. Du begleitest meine Reise ja schon einige Zeit. Ich hoffe, das ist in Ordnung für dich oder wie Ralf sagen würde: »Darf ich Sie euchzen?«

21. JULI 2023
Tag, an dem das Interview digital geführt wurde.

16. AUGUST 2023
Tag, an dem dieses Kapitel geschrieben wurde.

Die Vorstellung von *ChatGPT* zu Christian versuchte ich zum Start mit dem Plugin *Metaphor Search* zu erstellen. Leider kam dabei nur Unsinn heraus, da das Plugin nicht zwischen ähnlichen Namen unterscheiden konnte und auch über Lucas Buchholz und Christian Busch schrieb. Die Nutzung von *bing*, also der eigentlichen Verbindung von *ChatGPT* zum Internet, war zu diesem Zeitpunkt technisch nicht möglich, sodass ich erneut auf *KeyMate.Ai* zurückgriff.

Beim ersten Versuch, eine Beschreibung zu generieren, gab ich im Prompt bereits Informationen zu ihm und seiner Tätigkeit preis. Das Ergebnis bestand darin, dass *ChatGPT* nicht auf das Internet zugriff, sondern einen motivierenden Appell schrieb, Christian zuzuhören. Diesen Appell erstellte er ohne jede Kenntnis von der Person, also als reine Textantwort auf meinen Prompt. Ich habe dies in einem zweiten Chat mit der KI verifiziert und zu einem ausgedachten Namen eine ähnlich flammende Präsentation des anscheinenden Experten erhalten. Die Beschreibung las sich in beiden Fällen sehr gut, hatte aber rein gar nichts mit der Person zu tun. Jede Information der KI sollte also weiterhin überprüft werden, da immer die Anfälligkeit für Fehler und Halluzinationen besteht. *ChatGPT* ist und bleibt ein Sprachprogramm und (noch) keine Suchmaschine.

Ich startete einen neuen Chat, formulierte den Prompt um und forderte aktuelle Informationen ein.*» Christian Buchholz ist ein renommierter Autor und Redner im Bereich Innovation. Er hat mehr als 19 Jahre Erfahrung als Management-Trainer, Innovationscoach, Sprecher und Berater. Er ist als Experte für Führung und Innovation anerkannt und hat in seiner Karriere in 21 verschiedenen Ländern für Unternehmen wie Siemens, Commerzbank und Deutsche Telekom gearbeitet.*

Buchholz ist erfolgreicher Unternehmer, der dreimal seine eigenen Unternehmen gegründet hat. Er kennt sowohl die Herausforderungen von Start-Ups als auch die Kultur großer Konzerne. Für seine Arbeit hat er mehrere Auszeichnungen erhalten, darunter zweimal den Internationalen Deutschen Trainingspreis (2011 und 2013) und den LIFO® At-Its-Best Award 2014 für die Verbindung der LIFO®-Methode mit Innovationskultur.

Eines seiner bemerkenswertesten Werke ist ›The Innovator's Dictionary: 555 Methods and Instruments for More Creativity and Innovation in Your Company‹, das er zusammen mit Benno van Aerssen verfasst hat. Dieses Buch präsentiert 555 der wichtigsten Innovationsmethoden und -werkzeuge, ausgewählt und kuratiert von erfahrenen Innovationsprofis. Es bietet eine Schritt-für-Schritt-Erklärung für jede Methode und ermöglicht so eine einfache Implementierung in eigenen Team-Meetings oder Workshops.

Buchholz ist Mitbegründer des verrocchio Institute for Innovation Competence, einem Innovations-Think-Tank, der bereits eine große Anzahl von Innovationsmanagern in Unternehmen zu Innovationscoaches ausgebildet hat.«

Da sich auch Christian seit vielen Jahren mit dem Thema Kreativität und Innovation beschäftigt, wollte ich von ihm zu Beginn wissen, wie er die Entwicklungen in diesem Bereich wahrnimmt, bevor *ChatGPT* seinen Siegeszug antrat. Er sieht vor allem einen starken Wandel in der Wahrnehmung von Kreativität im Geschäftsumfeld. War sie vor 15 Jahren noch keine Wirtschaftskompetenz, so wird sie heute durchaus auch im Wirtschaftskontext als Zukunftskompetenz gesehen. Auf meinen Einwand, dass Kreativität mangels passender Definition oft noch mit Basteln gleichgesetzt werde, antwortete er, dass auch dies in den Unternehmen mehr Akzeptanz finde.

Ich kann bestätigen, dass beispielsweise der Einsatz von *Lego* Materialien in Innovations- und Kreativitätsworkshops nicht allein durch *Lego Serious Play* in den vergangenen Jahren stark zugenommen hat. Und wenn ich einen Blick in die Zukunft werfe, dann glaube ich, dass der Einsatz haptischer Mittel zur Kreativitätssteigerung durch die neuen KI-Programme sogar einen weiteren Schub erhalten könnten. Das Zusammenspiel von haptischen Inspirationshilfen (in dem Beispiel mit *Lego* nennt man es auch »Think with your hands«) und KI gestützten Inspirationen, kann ein spannender und erfolgreicher Weg zur Ideengewinnung in der Zukunft sein.

Christian nutzt zur besseren Abgrenzung von Kreativität die Unterscheidung in zwei Arten: Zum einen die zielgerichtete Kreativität, die dazu dient, ein Problem zu lösen. Diese Kreativität wird im Businesskontext benötigt, in der es immer eine Herausforderung zu bewältigen gilt, aber noch keine Lösung vorhanden ist. Er trennt diese Art der Kreativität von der künstlerischen Kreativität, bei der keine Herausforderung besteht und der Prozess selbst das Ziel ist.

Dies ist vergleichbar mit der kindlichen Kreativität, die ich schon im früheren Verlauf des Buchs erwähnt habe. Auch wenn es viele Überschneidungen zwischen den Bereichen gibt, hilft ihm diese Darstellung dabei, ein besseres Verständnis für das Thema in seinem Berufsalltag zu bekommen. Die Frage, ob und wie sich künstliche Kreativität hierbei einordnen lässt, konnte er nicht abschließend beantworten. Noch vor einem Jahr hätte er gesagt, dass KI vieles sein kann, jedoch nicht kreativ. Und dass Kreativität diese eine Zukunftskompetenz ist, die den Menschen gegenüber Maschinen überlegen macht. Inzwischen ist er davon nicht mehr überzeugt. Momentan kann KI den Bereich von Kreativität, der mit Sinneswahrnehmungen zusammenhängt, zwar noch nicht abbilden. Aber es ist nicht sicher, ob dies für immer so bleiben wird.

Besonders gut funktioniert KI im Bereich der Kombinatorik, also der Kombination von bereits Vorhandenen zu etwas Neuem. Er nutzt sie bei der Suche nach Produkt- oder Geschäftsnamen bereits erfolgreich. Interessanterweise sind die ersten Ideen der Programme oftmals bereits die besten.

Du erinnerst dich vielleicht daran, dass ich Menschen den Tipp gebe, nie bei der ersten Idee zu bleiben. Diese erste Idee ist die Lösung mit fünf Strichen, da sie immer auf unseren Gewohnheiten basiert. Wir sollten uns immer die Zeit nehmen, weiterzudenken und zu kreieren, um wirklich neue und außergewöhnliche Ideen zu finden. Für KI gilt diese Vorgabe anscheinend nicht, da ihr immer und von Anfang an das gesamte Wissen zur Verfügung steht. Außer, wir trainieren es mit neuen Daten. Christian bestätigte später noch einmal, dass hier ein klarer Unterschied zwischen den Arbeitsweisen zu sehen ist und der bekannte Spruch »Quantität vor Qualität«, der beim Einsatz von Kreativitätstechniken oft bemüht wird, nur für den Menschen gilt. Die Ergebnisse der KI sind von Beginn an außergewöhnlich, wenn der Prompt richtig formuliert wurde. Es braucht keine Anlaufphase wie bei unserem Gehirn.

Nachtrag aus der Zukunft

Nachdem ich mittlerweile weitere Erfahrungen beim Einsatz von KI im Kreativprozess sammeln konnte, möchte ich diese Aussage etwas relativieren. Auch wenn KI bei vielen ersten Fragen schon eine gute Antwort gibt, braucht es meistens etwas Zeit, bis wir die richtige Frage stellen beziehungsweise der KI alle Informationen für eine gute Antwort auf unsere Herausforderung gegeben haben. Und auch die KI bleibt zum Start oft flach in ihren Ergebnissen, bis wir es mit weiteren Prompts zum Außergewöhnlichen bringen. Es lohnt sich also, auch dort nicht beim ersten Ergebnis stehenzubleiben. Wie bei der Bilderzeugung ist es auch etwas Glückssache, mit dem ersten Prompt schon das erwünschte Ergebnis zu erzielen.

KI ist in diesem Bereich also kreativ und die Frage bleibt, was sie uns abnimmt. Die harte Arbeit oder auch den Teil, der uns Spaß macht und nicht immer zielgerichtet sein muss?

Weniger gut ist sie noch in Bereichen, bei denen es um Emotionen und vor allem der Beobachtung von Verhalten geht. Wir können KI gut einsetzen, um uns Personas zu erstellen, also Persönlichkeitsprofile, anhand derer wir neue Ideen entwickeln. Noch ist es aber nicht möglich, dass die KI selbst unser Verhalten beobachtet, was in einem Innovationsprozess mitentscheidend ist.

Bereits während wir darüber sprachen, wurde uns klar, dass KI natürlich schon heute beobachtet und Daten über unser Verhalten sammelt. Oder besser gesagt, Menschen tun dies mit Hilfe von KI. Vielleicht kann KI noch nicht auf die Straße gehen und Passanten zu meinem Problem befragen, aber schon heute werden unzählige Daten gesammelt und ausgewertet, um unser Verhalten vorherzusagen. Die Möglichkeiten, unser Verhalten zu beobachten und Informationen darüber auszuwerten, werden sich durch den Einsatz von KI erweitern. Auch hier müssen unsere Persönlichkeitsrechte gewahrt bleiben. Eine der bereits bekannten Passagen des geplanten *EU AI-Acts soll* beispielsweise den flächendeckenden Einsatz von KI zur biometrischen

Gesichtserkennung im öffentlichen Raum in Echtzeit verbieten.[16] Ob diese Regelung aber auch so kommt, ist noch unklar.

Obwohl Christian in seinem Buch über 500 Methoden beschrieben hat, benutzt auch er nur eine kleinere Anzahl an Kreativitätsmethoden von zehn bis 15 Stück im Alltag immer wieder. Mir geht es ähnlich, ich arbeite regelmäßig mit fünf bis zehn Techniken und versuche, diese gelegentlich ein wenig zu variieren. Ich vermute, dass sich dieses Muster auch auf KI-Programme überträgt, sobald sie ausgereifter sind. Wir werden unsere Lieblingsprogramme entdecken, mit denen wir immer wieder arbeiten und (hoffentlich) nicht mehr das ständige Gefühl haben, dem neuesten Programm und der nächsten Entdeckung hinterherrennen zu müssen.

Ich habe Christian gefragt, in welchen Bereichen des Ideenprozesses, den ich zu Beginn des Buches beschrieben habe, er die Stärken der KI sieht. Eindeutig beim Entdecker, denn Maschinen werden mit unzähligen Informationen trainiert, auf die sie gleichzeitig zugreifen können. Allerdings fehlt der Maschine die Emotion des Entdeckens, wenn sie auf eine außergewöhnliche Idee stößt. Die Fähigkeit eines Experten, die Qualität einer außergewöhnlichen Idee sofort zu erkennen, fehlt der KI.

Im Bereich des Richters, also der Bewertung von Ideen, tun sich heutige KI-Programme noch sehr schwer, weil sie uns zu jeder Idee jederzeit Argumente liefern können, warum sie gut ist – oder auch schlecht, wenn wir danach fragen. Erst wenn wir Menschen die richtigen Fragen stellen, können wir auch hier Vorteile erzielen. Zum Beispiel, indem wir uns für eine Idee, die uns begeistert, von der KI Gegenargumente liefern lassen, um sie zu prüfen.

Bei der Umsetzung, also der Rolle des Kämpfers, wird die KI selbst natürlich nicht aktiv, kann aber sehr gut unterstützen, indem sie beispielsweise Präsentationen zu einer Idee erstellt. Dies erleichtert den Ideengebern, die eigene Lösung nach außen gut zu verkaufen.

---

16 Vgl. https://www.tagesschau.de/ausland/europa/ki-gesetz-eu-parlament -100.html; besucht am 10.08.2023.

Christian bestätigte noch einmal die Sichtweise, dass wir Menschen in der Rolle des Künstlers über eine Art von Kreativität verfügen, die der KI fehlt. Es ist die bereits erwähnte unbewusste Suche nach Lösungen, die in der sogenannten Inkubationsphase stattfindet. Die Phase, in der wir plötzlich einen Geistesblitz haben, wenn das Problem auch die nötige emotionale Bedeutung für uns hat.

Wir haben uns die Frage gestellt, ob das Glücksgefühl, das wir bei der Suche nach Ideen und natürlich auch beim Finden von Ideen empfinden, durch den Einsatz von KI in Zukunft geschmälert wird. Werden wir noch die gleiche Freude empfinden, wenn wir eine Idee nicht mehr vollständig selbstgesteuert entwickeln, weil wir von KI unterstützt werden? Oder gewöhnen wir uns einfach daran, einen Teil auszulagern und empfinden es trotz KI-Einsatz noch ganz als unsere kreative Leistung mit der entsprechenden positiven Emotion?

Damit waren wir bei der Frage, welche Fähigkeiten wir in Zukunft vielleicht weniger brauchen und lernen müssen. Christian stellte die berechtigte These auf, dass wir auf dem Weg des Lernens natürlich auch zusätzliche Erkenntnisse gewinnen und vielleicht auch neue Talente an uns entdecken. Dieser Erkenntnisgewinn wird uns genommen, wenn wir den langen Weg des Lernens in diesem Bereich nicht mehr gehen müssen, weil uns die KI eine Abkürzung bietet. Vielleicht wird es dann auch zu wenig Expertise in der breiten Gesellschaft geben, um die Ergebnisse von KI noch gut beurteilen zu können.

Zusammenfassend ist seine Erfahrung, dass KI, in seinem Fall *ChatGPT*, sehr gut in der Rolle des Entdeckers eingesetzt werden kann. Er nutzt sie für Recherchen, wenn es zum Beispiel darum geht, ein Produkt in ein anderes Marktsegment zu bringen. Ebenso hilfreich ist das Wissen der KI über verschiedene Personas und Geschäftsmodelle. Und natürlich gibt es bereits KI-Programme, die eine Geschäftsidee bewerten und uns den kompletten Businessplan erstellen.[17]

Inwieweit sich diese Geschäftsideen später erfolgreich selbst tragen und wie viel Nacharbeit nötig ist, kann ich nicht sagen.

---

17 Vgl. beispielsweise vizologi.com.

Derzeit sind die bestehenden Programme in erster Linie dazu geeignet, den Innovationsprozess zu verkürzen – vor allem den ersten Schritt der Informationsbeschaffung. Die Ideen der KI müssen aber immer wieder angefasst und weitergedacht werden. Es scheint eine komplette Abkürzung in der Ideenfindung zu sein, aber meistens braucht es noch einen Dialog, in dem wir tiefer in die Themen einsteigen.

Die meisten Innovationsprozesse in unseren Unternehmen basieren auf kleinen Verbesserungsschritten oder haben diese zum Ziel. Wirklich bahnbrechende oder gar disruptive Innovationen sind eher die Ausnahme. Daher erleichtert uns KI die Arbeit innerhalb dieser kleinen Innovationsschritte sehr, da es Zeit einspart und Zeit in diesen Prozessen ein knappes Gut ist. Überspitzt gesagt: KI ist sehr gut nutzbar bei KVP, also kontinuierlichen Verbesserungsprozessen. Ideen für echte Innovationssprünge liefert sie allein selten, da diese mehr Zeit benötigen und dann auch die angesprochenen Inkubationsphasen ermöglichen.

Gegen Ende des Gespräches wollte ich wissen, wie Christian *ChatGPT* bei seinen Workshops einsetzt. Hintergrund der Frage war unter anderem, dass es Untersuchungen aus den USA gibt, die darauf hinweisen, dass wir bei Gruppenarbeiten dazu tendieren, Ideen anderer aufzugreifen und dann daran festzuhängen. Dies zeigt sich in Brainstormings, in denen Teilnehmer nicht die Möglichkeit haben, vor dem Austausch der Gruppe erst eigene Ideen zu entwickeln. Ich habe selbst bemerkt, dass es einen Unterschied macht, ob ich meine Fragen zu einem Interview im ersten Schritt selbst erstelle und dann die KI frage oder umgekehrt.

In Christians Workshops generieren das Team und eine KI gleichzeitig Ideen, um dann zu sehen, ob die Ideen der Teilnehmer durch die KI bereichert werden können. Die Anweisungen an die KI werden vom Workshopleiter gegeben. Anschließend findet eine zweite Runde im Team statt, um die Teilnehmer immer wieder aktiv und kreativ in den Prozess einzubinden. Wichtig ist, dass in der Gruppe eine Energie entsteht, die die Ideenfindung unterstützt. Diese Energie entsteht nicht, wenn wir nur KI einsetzen, ohne in den Austausch oder auch in eine Art Wettbewerb zu gehen, bei dem zwei Teams gegeneinander antreten. Wir brauchen eine gewisse Gruppendynamik, damit die Ideen später auch umgesetzt werden, und dafür sollten es die Ideen der Teilnehmer sein und nicht nur die einer KI. Es empfiehlt sich, die KI als einen Teilnehmer zu betrachten, der seine Ideen zu einem bestimmten Zeitpunkt einbringt. Idealerweise, nachdem alle anderen bereits nach Ideen gesucht haben. So können die Ideen der KI in den Prozess integriert werden, ohne die Gruppendynamik zu schwächen. Sehr gut umsetzbar ist dies zum Beispiel mit der Brainwriting-Technik.

Wie gewohnt habe ich Christian auch nach einem Worst Case und Best Case Szenario befragt, die er sich vorstellen kann. Im schlechtesten Fall geht uns in einigen Gebieten das vertiefte Expertenwissen verloren, da wir den langen Weg einer Ausbildung in vielen Bereichen nicht mehr durchlaufen müssen. Zusätzlich macht uns die einfache Nutzung von KI bequem und wir verlieren den Wunsch, eigene Dinge zu erschaffen und zu gestalten.

Im besten Fall verändert sich unsere Gesellschaft und Arbeit bekommt einen anderen Stellenwert innerhalb der Gesellschaft. Wenn Arbeit als Voraussetzung für den Erhalt des Lebensunterhaltes wegfällt, ergibt sich die Möglichkeit, andere und neue Gebiete der Kreativität zu entdecken und auszuleben. KVP wird von der KI übernommen und wir können uns ganz auf die spannenden Projekte konzentrieren. Zusätzlich könnte uns die KI dabei unterstützen, einige der großen Fragen der Gesellschaft zu beantworten. Beispielsweise könnte KI genutzt werden, um die Herausforderung der Erderwärmung zu bewältigen.

4. Mein persönliches Fazit

Viele von Christians Gedanken decken sich mit meinen eigenen, sodass ich mich in vielen Aussagen bestätigt fühlte. Dies gilt für den Einsatz haptischer Methoden, den Einfluss von KI im Ideenprozess, die Bedeutung einer Inkubationsphase sowie den koordinierten Einsatz von KI in Workshops zur Ideengenerierung.

Im Hinblick auf die Klimaerwärmung gilt es zu bedenken, dass auch KI in der Anwendung Energie und relativ viel Wasser verbraucht. Es wird sicherlich auch keine KI um die Ecke kommen, die unsere Probleme auf einmal löst, sondern wir können sie nur auf dem Weg zur Lösungsfindung einsetzen. Noch ist sie nur ein Werkzeug. Es liegt immer noch an uns, ob wir handeln und ob wir schnell genug handeln.

Passend zu unserem Gespräch und diesem Buch an sich fand ich kurze Zeit später im Internet die Untersuchung einer Universität aus Pennsylvania, in der die Kreativität von *ChatGPT* mit der von Studenten verglichen wurde. Eine wissenschaftliche Untersuchung zu genau unserem Thema. Das Ergebnis sah die KI als klaren Sieger. Zusammengefasst ergab sich:

»In dieser Studie wurde gezeigt, dass die LLM-Technologie in Form von *ChatGPT4* bei der Generierung neuer Produktideen deutlich besser ist als motivierte, ausgebildete Ingenieur- und Wirtschaftsstudenten an einer hochselektiven Universität. Sowohl in Bezug auf Produktivität als auch Qualität der Ideen war *ChatGPT* überlegen. Der Einsatz von LLMs kann dazu führen, dass menschliche Ideengeber in den Hintergrund treten, da die Produktivität und Qualität der Ideen bei LLMs deutlich höher sind. Nun können Innovatoren diese Werkzeuge zu niedrigen Kosten nutzen. Es wird jedoch darauf hingewiesen, dass LLMs derzeit noch nicht besonders gut geeignet sind, Ideen zu bewerten und auszuwählen. Interessanterweise wurde früher angenommen, dass KI-Tools vor allem bei Routineaufgaben nützlich wären und dass kreative Arbeit weiterhin eine Domäne des Menschen bleiben würde. Die LLMs zeigen jedoch das Gegenteil, indem sie extreme Produktivität und eine hohe Varianz in der Qualität der Ideen bieten, was in manchen Fällen zu einer größeren Kreativität im Vergleich zum durchschnittlichen Menschen führt.«[18]

Ich glaube aber nach wie vor, dass KI vor allem für den sogenannten kontinuierlichen Verbesserungsprozess geeignet ist, also für inkrementelle Entwicklungen. Für echte Transformation und dis-

---

18 Girotra, Karan et. Al. (2023). Ideas are dimes a dozen: Large language models for idea generation in innovation. Online abrufbar unter:https://mackinstitute.wharton.upenn.edu/wp-content/uploads/2023/08/LLM-Ideas-Working-Paper.pdf; besucht am 16.08.2023.

ruptive Ideen brauchen wir Menschen mit Expertise sowie Begeiste-
rungsfähigkeit für eigene Ideen und Veränderungen.

5. Gesprächszusammenfassung durch ein KI-Programm
Wie bereits geschrieben, sah ich in der direkten Nutzung von
ChatGPT keinen großen Mehrwert mehr und machte mich auf die
Suche nach einem neuen Programm. Diese entstehen bis heute in
atemberaubender Geschwindigkeit oder bestehende Programme ergänzen ihr Angebot durch die Verbindung mit KI. Ich fand *Castmagic*,
das darauf ausgerichtet ist, Podcastaufnahmen zu transkribieren, zusammenzufassen und mittels KI für die Verbreitung in sozialen Medien aufzubereiten. Natürlich verwendet auch dieses Programm ein
LLM im Hintergrund und es könnte sogar *ChatGPT* sein. Ich habe
es nicht weiter hinterfragt, aber das Ergebnis unterscheidet sich auf
jeden Fall deutlich von den bisherigen Versuchen. Es folgt also eine
Zusammenfassung von *Castmagic*, die ich ohne zusätzliche Eingabe-
aufforderungen habe erstellen lassen. An einigen Stellen habe ich den
Text gekürzt, um unwichtiges nicht unnötig zu wiederholen, und ein
wenig bei der Benennung von Begriffen nachgeholfen, wenn diese
offensichtlich falsch übernommen wurden. Dies war aber ein kleiner
Arbeitsschritt. Bitte wundere dich nicht, dass von einem Podcast gesprochen wird, genau dafür ist das Programm an sich gemacht. Und
DenkSinn ist der Name meines Unternehmens, mit dem ich mich dort
angemeldet hatte.

Castmagic ohne Prompt:
*»Titel: Die Vereinbarkeit von Kreativität und Künstlicher Intelligenz: Eine neue
Ära der Innovation?*

*Die rasante Entwicklung der Künstlichen Intelligenz (KI) hat zweifellos
Auswirkungen auf verschiedene Bereiche unseres Lebens. Eine Frage, die immer
wieder diskutiert wird, ist, wie sich Kreativität in einer Welt, die von KI geprägt ist, entfalten kann. In der jüngsten Episode des Podcasts ›DenkSinn‹ mit
dem renommierten Autor und Experten für Führung und Innovation, Christian
Buchholz, wird diese spannende Thematik genauer beleuchtet.*

Christian Buchholz bringt seine umfangreiche Erfahrung als Autor und Innovationsexperte in die Diskussion ein. Er betont, dass KI zwar in der Lage ist, immense Mengen an Varianten und Kombinationen zu generieren, jedoch aufgrund des Mangels an Emotionen und des fehlenden Gespürs für das Potenzial einer Idee nicht eigenständig entscheiden kann.

Die Pro- und Contra-Argumente einer Idee kann KI darstellen, aber die Inkubation – jene Phase des klassischen Kreativitätsprozesses, in der Geistesblitze entstehen – bleibt ihr fremd. Denn KI kann Ideen in Sekundenschnelle produzieren, ohne die Zeit für den Prozess des aufregenden Entdeckens zu benötigen. Dennoch müssen wir beachten, dass die erste Idee, die KI generiert, nie das endgültige Produkt ist. Hier kommt die menschliche Kreativität ins Spiel.

Die Werkzeuge zur Innovation haben sich stark weiterentwickelt und ermöglichen es, den Innovationsprozess zu verkürzen. Der Einsatz von ChatGPT und ähnlichen Tools spart Zeit, insbesondere in der Recherche-Phase am Anfang. Solche Tools fördern einen Dialog, der neue Gedanken und Ideen hervorbringt und bei der Entwicklung und Verfeinerung von Ideen hilft.

Es ist jedoch wichtig zu betonen, dass diese Tools den klassischen Innovationsprozess nicht ersetzen können. Sie können helfen, mehr in kürzerer Zeit zu erreichen, aber die Leidenschaft und die Hingabe des Einzelnen sind nach wie vor entscheidende Treibstoffe für erfolgreiche Innovationen.

Christian Buchholz teilt seine Sichtweise, dass KI möglicherweise zu einer Spaltung führen kann, in der nur noch eine kleine Gruppe von Menschen wirklich innovativ tätig ist, während der Rest mit dem zufrieden ist, was KI bietet. Dennoch eröffnet die Zusammenarbeit von Menschen und KI auch neue Möglichkeiten für ein bequemeres Leben in der Zukunft.

Ein Bereich, in dem KI einen positiven Einfluss haben kann, ist die Lösung der Klimakrise und der Umweltverschmutzung. Durch KI-Forschung und die Entwicklung neuer Lösungen könnten wir in der Lage sein, nachhaltigere und umweltfreundlichere Wege zu finden.

Er betont auch den Nutzen von ChatGPT als Werkzeug zur Kundenanalyse und Bedarfsermittlung. Es ermöglicht ein schnelles Eintauchen in die Bedürfnisse der Kunden und unterstützt bei der Bewertung des Potenzials in verschiedenen Kundensegmenten. Dennoch sollten die aufgezeigten Fakten und Aussagen als Vermutungen betrachtet und weiter recherchiert werden.

Die Frage, wie man einen kreativen Menschen beurteilt, beschäftigt Nils. Der kreative Prozess wird von vielen als selbstbestätigend und persönlich empfunden. Die Unterstützung durch KI kann diesen Prozess verändern und weniger selbstgesteuert machen. Die Bestätigung und Befriedigung durch kreative Leistungen könnten dadurch abgeschwächt werden. Nils zweifelt, ob der kreative Flow und die Zufriedenheit bei Arbeitsprozessen durch KI beeinträchtigt werden können.

Es liegt auf der Hand, dass KI in der Lage ist, Rekombinationen zu generieren, was ein großer Teil der Kreativität ist. So kann KI beispielsweise bei der Namensfindung oder der Beschreibung von Personas hilfreich sein. Doch Menschen haben immer noch den Vorteil in Bezug auf Wahrnehmung und Emotionen.

Schlussendlich kann KI eine wertvolle Unterstützung sein, wenn Menschen ihre Beobachtungen und Ideen einbringen und diese von der KI weiterentwickeln lassen. Jedoch fehlen der KI noch die Wahrnehmung und emotionale Tiefe, um vollständig kreativ zu sein.

Die Zukunft der Kreativität und KI bleibt unsicher. Es ist unklar, wie sich das Verhältnis zwischen Mensch und Maschine weiterentwickeln wird. Doch die kontinuierliche Leistungssteigerung von KI in Bezug auf Sprache und Bildgenerierung stellt eine faszinierende Möglichkeit dar.

Insgesamt steht fest, dass Kreativität und KI keineswegs unvereinbar sind. Durch eine geschickte Nutzung von Tools wie ChatGPT können wir den Innovationsprozess beschleunigen und unsere Kreativität effizienter einsetzen. Dennoch liegt es weiterhin in der Verantwortung der Menschen, ihre kreative Intelligenz einzusetzen, um innovative Ideen zu entwickeln und die Welt nachhaltig zu gestalten. Die Zukunft der Kreativität und KI könnte eine harmonische Symbiose sein, in der menschliche Kreativität und KI sich ergänzen und gemeinsam neue Horizonte der Innovation erkunden.«

6. Erkenntnisse beim Einsatz von KI

Wie so oft, wenn man ein neues Spielzeug entdeckt, ist die Begeisterung am Anfang groß. So war es auch bei *Castmagic*. Es gibt wirklich viele Ergebnisse innerhalb des Programms, die außergewöhnlich gut sind und Podcastern sicherlich viel Zeit spart. Ohne lange Nachbearbeitung oder den Einsatz verschiedener Prompts und Tools war die Zusammenfassung besser als bisher. Dennoch bevorzuge ich aus den genannten Gründen immer noch meine Beschreibung und auch mit dem neuen Programm gab es Kleinigkeiten, die einfach falsch waren. Die nächsten Interviews werde ich ebenfalls mit *Castmagic* bearbeiten und bin gespannt, ob das Programm den guten Eindruck bestätigt und wie es in Verbindung mit zusätzlichen Prompts funktioniert.

Eva-Maria Müller – KI in Unternehmen und Organisationen

1. Vorstellung des Schwerpunktthemas und Grund für die Auswahl
Kreativität zeigt sich in unterschiedlichen Ausprägungen. Die von mir am häufigsten beobachtete Kreativität ist die, die Menschen und Unternehmen benötigen, um Herausforderungen und Probleme zu lösen. Kreativität, die als Grundvoraussetzung für Innovation und die Weiterentwicklung von Organisationen notwendig ist. Über diese Kreativität und wie sie sich durch die neuen Möglichkeiten der KI verändern wird, wollte ich mit jemandem aus einem größeren Unternehmen sprechen. Mit jemandem, der sich um die Weiterentwicklung der Organisation, aber vor allem auch um die Weiterentwicklung der Menschen in der Organisation kümmert.

Ich freue mich, dass Eva-Maria Müller uns an ihren Erfahrungen zu diesem Thema teilhaben lässt. Ich durfte Eva nicht nur in ihrer Rolle als Personalentwicklerin kennenlernen, sondern auch als äußerst vielseitigen und neugierigen Menschen bei verschiedenen Veranstaltungen rund um die Themen Kreativität, Personal und Zukunft. Nicht zuletzt ist Eva wie ich ein großer Science Fiction Fan.

 Das Interview ist unter folgendem Link oder dem nebenstehenden QR-Code abrufbar:

https://mentoren-verlag.de/jenseits-des-algorithmus-interviews

2. Interviewsteckbrief für: Eva-Maria Müller
(persönlich von ihr ausgefüllt)

Was machst du beruflich?
Ich bin seit vielen Jahren in verschiedenen Unternehmen und Organisationen im Bereich Personal- und Organisationsentwicklung tätig. Seit acht Jahren arbeite ich bei *EWE AG* und seit vier Jahren leite ich die Personalentwicklung. In dieser Rolle entwickle ich gemeinsam mit meinem Team innovative und zukunftsweisende Personalentwicklungsangebote für Mitarbeitende der *EWE AG* zur Potenzialentfaltung und persönlichen Weiterentwicklung.

Abbildung 3.8: Eva-Maria Müller

Was verbindet dich mit dem Thema Kreativität und im Speziellen mit dem Thema »Kreativität im Unternehmenskontext« und warum lohnt es sich, sich mit deiner Meinung dazu zu beschäftigen?
Ich bin ausgebildete Ingenieurin sowie Berufs- und Wirtschaftspädagogin. Zwei sehr unterschiedliche Fachdisziplinen. Ingenieuren wird im Allgemeinen nicht unbedingt Kreativität zugeschrieben. Ich sehe das etwas anders. Kreativität wird in jedem Beruf benötigt. Meine beruflichen Tätigkeiten haben mich immer wieder zu kreativen Lösungen gefordert. Ich sehe Kreativität als eine der wichtigsten Zukunftskompetenzen, um Neues zu entdecken und großartige Lösungen zu finden.

Wenn du ein Werkzeug wärst, welches würdest du sein und was zeichnet dich als Werkzeug aus?
Wenn ich ein Werkzeug wäre, wäre ich der »Communicator« aus der original *Star Trek*-Serie mit Captain Kirk. Der »Communicator« ist

ein Übersetzungs- und Kommunikationstool und dient zum Austausch oder zur Übertragung von Informationen. Ich kommuniziere mit vielen Menschen in der *EWE AG* zu unterschiedlichen Themen. Dabei muss ich den einen oder anderen »PE-Sprech« für unsere Mitarbeitenden und Führungskräften übersetzen oder Informationen zu Personalentwicklungsthemen geben.

Bitte schreibe eine für dich persönlich gültige und passende Definition von Kreativität auf.
Kreativität bedeutet für mich, etwas Neues, Nützliches und Brauchbares zu erschaffen. Aber auch aus etwas Altem etwas Neues zu erschaffen und Möglichkeiten zu nutzen. Kreativität ist für mich nicht an Berufe wie Designer oder Künstler geknüpft, sondern jeder von uns hat seine eigene Kreativität.

Gibt es ein bis drei Dinge, die die Leser von dir lesen, anschauen oder anhören sollten?
In der *changement!* 05/2023 ist ein Artikel von mir erscheinen: »Die konzernübergreifende Zusammenarbeit stärken«. In dem Artikel geht es um das Personalentwicklungsprogramm »Enfluencer Learning Journey«, mit dem wir einen Paradigmenwechsel bei *EWE AG* vorgenommen haben und neue Wege gegangen sind. Des Weiteren findet man von mir immer wieder Posts auf *LinkedIn* zu Personalentwicklungsthemen. (Mein Podcast »PE auf den Punkt« ist nur unternehmensintern abrufbar.)

Warum ich Eva als Interviewgast angefragt habe und mich extrem freue, dass sie ihre Expertise mit uns teilt:
Ich durfte Eva zuerst als sehr neugierigen und vielfältigen Menschen bei verschiedenen Veranstaltungen kennenlernen, bevor ich dies auch in ihrer Rolle als Personalentwicklerin tat. Wer ihr auf *LinkedIn* folgt, erfährt, wie sie sich selbst immer wieder über neue Entwicklungen persönlich informiert und weiterbildet. Und wie sie mit ihrem Team kreative Programme in der Personalentwicklung ein- und umsetzt.

Ich freue mich auf die Einblicke in die Welt eines Konzerns im Hinblick auf den Einsatz und die Entwicklung von KI-Programmen.

3. Zusammenfassung des Gesprächs

13. JULI 2023
Tag, an dem das Interview digital geführt wurde.

17. AUGUST 2023
Tag, an dem dieses Kapitel geschrieben wurde.

Die Vorstellung von *ChatGPT* zu Eva habe ich erneut versucht, mit dem Plugin *KeyMate.AI Search* zu erstellen. Der Prompt lautete:
»Ich brauche eine schriftliche Vorstellung von Eva-Maria Müller zur Einleitung in einem Buch, in dem ich ein Interview mit ihr führen werde. Die Vorstellung soll sehr aktuell sein und auf Informationen im Internet zugreifen.

Eva-Maria Müller arbeitet bei der *EWE AG* in der Personalentwicklung.«

Natürlich kann uns auch KI keine Informationen geben, wenn diese nicht im Internet zu finden sind oder das Programm vorab damit trainiert wurde, sodass ich keine Informationen zu Eva erhielt. Wie bereits erwähnt, sind Chatbots auch keine Suchmaschinen. Natürlich findet man über Eva in sozialen Netzwerken wie *LinkedIn* und auch auf einigen Webseiten, auf denen sie erwähnt wird, weitere Informationen zu ihr, aber sie ist digital nicht so präsent wie meine bisherigen Gäste, die bisher auch alle eine eigene Internetseite zu ihrer Person hatten. Der Rat von *ChatGPT* bei einem zweiten Versuch lautete:

»Es tut mir leid, aber ich konnte immer noch keine spezifischen Informationen über Eva-Maria Müller finden.

In solchen Fällen ist es oft am besten, direkt mit der Person in Kontakt zu treten, um genaue und aktuelle Informationen zu erhalten. Sie könnten Eva-Maria Müller bitten, Ihnen einige Details über ihre Arbeit und ihre Rolle bei EWE AG zu geben, die Sie in Ihrer Bucheinleitung verwenden können. Sie könnte auch einige persönliche Einblicke oder Anekdoten teilen, die Ihre Einführung interessanter und einzigartiger machen könnten.«

Ein hervorragender Vorschlag, dem ich natürlich nachkam. Besonders interessant ist der Hinweis der KI auf persönliche Einblicke und Anekdoten. Ein Unterscheidungsmerkmal, das sich hoffentlich schon in den vorherigen Interviews gezeigt hat.

Um einen Einblick in ihren Arbeitsalltag zu bekommen, habe ich Eva gebeten, mir einen Überblick über das Unternehmen *EWE* und ihrer Tätigkeit dort zu geben. Die *EWE AG* ist ein Energie- und Telekommunkationsunternehmen im Nordwesten von Deutschland und eher bodenständig ausgerichtet. Es kommen allerdings große Veränderungen auf das Unternehmen zu, die sich auch in der Schaffung neuer Geschäftsfelder wie den erneuerbaren Energien, Elektromobilität und Telekommunikation zeigen. Neue Geschäftsfelder erzeugen in einer Organisation automatisch neue Aufgabenfelder und Strukturen, auf die sich die Mitarbeiter einstellen und in denen sie sich weiterentwickeln können und müssen. Es gilt, neue Gebiete zu entdecken, in denen man noch keine Expertise aufgebaut hat.

Seit vier Jahren leitet Eva den Bereich der Personalentwicklung, der die Mitarbeiter bei dieser Aufgabe unterstützt und auf die Aufgaben der Zukunft vorbereitet. Im Rahmen einer Organisationsentwicklung hat dies viel mit Persönlichkeitsentwicklung zu tun. Mit einem Fokus auf die eigene Person, aber immer in Abstimmung auf das, was auch die Organisation braucht.

Eine kreative Form der Entwicklung steht den Mitarbeitern mit dem neu geschaffenen Programm der »Enfluencer Learning Journey« zur Verfügung. Wobei »Enfluencer« ein Kunstbegriff der *EWE* ist und sich an »Influencer« orientiert. Für dieses Programm wurden Mitarbeiter gesucht, die sich für ein eigenes Thema, ihre eigene Weiterentwicklung, interessieren und diese im Unternehmen auch voranbringen und sichtbar machen wollen. Ähnlich wie ein Influencer in den sozialen Medien, allerdings innerhalb des Unternehmens.

Neu war, dass sich die Mitarbeiter selbst mit einem Video bewerben mussten und nicht, wie früher, durch Führungskräfte ausgewählt

Interviews

wurden. Diese Form der Bewerbung hat die Kreativität der Mitarbeiter stark gefordert sowie gefördert und laut Eva kamen ganz erstaunliche und eben kreative Ergebnisse dabei heraus. Es gab nicht nur Bewerbungen aus Bereichen wie Marketing oder Vertrieb, die man bei solch einer Aufgabe in den Sinn bekommen könnte, sondern aus allen Bereichen des Unternehmens. Alle Bewerber und auch Bewerberinnen, denn durch die Eigenbewerbung haben sich wesentliche mehr Frauen beworben als bei den Verfahren in der Vergangenheit, werden anschließend begleitet. Entweder mit ihren Herausforderungen innerhalb des Programms oder, falls das Thema nicht für das Programm geeignet war, mit konstruktivem Feedback und anderen Weiterbildungsmöglichkeiten. Die Werte des Programms, für das auch die Personalentwicklung mit Hilfe der Kommunikationsabteilung ein eigenes Video kreiert hat, beruhen auf Verantwortung, Transparenz, Mut und Selbstwirksamkeit.

Übrigens auch alles hilfreiche Werte, wenn es um Kreativität und Ideenentwicklung geht. Beides wird im Unternehmen durch Lernangebote wie »Werde zum Ideen-sprühenden Zukunftsgestalter! Kreativität und systematische Ideenfindung im Business« gefördert.

Zum Zeitpunkt unseres Gesprächs plant *EWE* für die Zukunft KI-Programme auch im Personalbereich einzusetzen, zum Beispiel eine KI, die Mitarbeitende dabei berät, welche Weiterbildungsmöglichkeiten es im Unternehmen und der bestehenden Lernplattform (LMS = Learning Management System) gibt. Auch der Einsatz von weiteren Programmen wie *ChatGPT* oder »Text-zu-Stimme«-Programmen ist ausdrücklich erlaubt und werden genutzt. Begleitet wird der Einsatz durch verschiedene Regelungen, beispielsweise welche Daten nicht eingegeben werden sollten.

Dies beschreibt eine Balance, die wohl jedes Unternehmen zum Start bei KI-Programmen benötigt, solange nicht abschließend geklärt ist, wohin die eingegebenen Informationen fließen. Einerseits braucht es Mitarbeiter, die Programme ausprobieren und neugierig sind. Andererseits gilt es zu beachten, welche Informationen man über sich und sein Unternehmen preisgibt. Rein geschlossene Systeme bergen demgegenüber die Gefahr, dass Unternehmen nur noch

Ideen und Anregungen erhalten oder entwickeln, die schon im System enthalten sind. Eine Problematik, die nicht erst seit dem Einsatz von KI besteht. Wenn ich in einem geschlossenen System suche, kann ich nur das finden, was schon enthalten ist. Für wirklich Neues gilt es, das System immer wieder zu öffnen und Inspirationen von außen zuzulassen.

Der Arbeitsbereich von Eva stellt sich diesen Herausforderungen auch durch Schulungen der Mitarbeiter in diesem Themenfeld. Das Unternehmen als Ganzes hat bereits in der Vergangenheit Themen wie *Datenverarbeitung* und *digitale Strategie* auf oberster Managementebene in Projekten vorangetrieben. Ob sich diese Entwicklungsfelder jedoch bereits auf KI ausgeweitet haben, konnte mir Eva zu diesem Zeitpunkt noch nicht beantworten, da dies nicht in ihren Aufgabenbereich fällt.

Wir haben uns noch lange über mögliche Entwicklungen im Personalbereich und auch bei der Personalauswahl ausgetauscht, unabhängig von der bei *EWE*. Wir waren uns einig, dass es auch in diesem Bereich einen massiven Einfluss durch KI geben wird. Derzeit konzentrieren sich die Anbieter noch stark auf die USA, wo es bereits einen Avatar gibt, der für Unternehmen nicht nur nach geeigneten Kandidaten sucht, sondern auch die ersten Gespräche mit ihnen führt und auswertet.[19]

Inwieweit Deutschland mit seinem eher zurückhaltenden Umgang mit Daten und Informationen diesen Trends folgen wird, bleibt abzuwarten. Nicht zuletzt, weil bei uns, auch durch die Gewerkschaften gestärkt, sehr auf die Rechte des Einzelnen geachtet wird. Aus meiner Sicht zu Recht, denn es gibt ausreichend Beispiele, bei denen die Ergebnisse von KI durch Vorurteile beeinflusst wurden, die bereits in den Trainingsdaten vorhanden waren. Dadurch können Biases[20]

---

19 Die Möglichkeit wird bereits von verschiedenen Anbietern vertrieben. Ein Beispiel war https://www.deepbrain.io/ai-interview; besucht am 17.08.2023.

20 Biases in Künstlicher Intelligenz (KI) entstehen durch fehlerhafte Daten und/oder deren Verarbeitung. Diese können Diskriminierungen von bestimmten Personengruppen oder Minderheiten verstärken.

in der KI entstehen, die vorhandene Vorurteile noch verstärken können. Für Unternehmen und unsere Gesellschaft gilt es, einen gesunden Mittelweg zu finden, um die Vorteile von KI zu nutzen, ohne die Nachteile außer Acht zu lassen.

Wer hören möchte, wie wir über Science Fiction, *Star Trek* und *Lego* sprechen, dem empfehle ich, sich das komplette Interview über den angegebenen QR-Code anzuhören. Die bereits beschriebenen Unterschiede zwischen der Inspiration durch KI und der haptischen Möglichkeit, die *Lego* Materialien bei der Ideenfindung bieten, werden auch von Eva bestätigt. Es ist eine andere Herangehensweise, die dadurch auch andere sowie neue Ergebnisse liefert.

Ihr Worst-Case-Szenario in meiner Schlussfrage bestand darin, dass wir die Ergebnisse der KI unhinterfragt akzeptieren; dass wir zu bequem werden, unser eigenes Gehirn noch anzustrengen.

Im besten Fall ist KI eine Bereicherung unseres Lebens, wenn wir geistig vor einem leeren Blatt sitzen und unsere eigene Kreativität mit der von KI vermischen können. Dabei ist es Eva wichtig, dass wir auch mit anderen Menschen im Gespräch bleiben, uns immer wieder austauschen und vernetzen und dabei respektieren, dass es in Unternehmen auch Mitarbeiter geben wird, die keinen Zugang zu dieser neuen Entwicklung und zu KI haben werden. Wir sollten darauf achten, auch diese Menschen mitzunehmen und sie in diese Welt zu führen, genauso wie es wichtig ist, die Vorreiter zu stärken und eine gute Balance zwischen beiden Gruppen zu halten.

4. Mein persönliches Fazit
Zunächst möchte ich mich noch einmal bei Eva bedanken, dass sie uns so bereitwillig einen Einblick in das Unternehmen *EWE* gegeben hat.

Aus unserem Gespräch nehme ich vor allem eine Erkenntnis mit: Auch wenn ich kein IT- oder KI-Experte bin, beschäftige ich mich schon lange genug mit dem Thema, dass ich mich mit einigen meiner Gesprächspartner in einer kleinen Blase befinde und der Rest der Welt noch nicht so weit ist. Während wir über die Vor- und Nachteile der verschiedenen LLMs sprechen, gibt es immer noch genug Leute, die noch nicht damit gearbeitet haben. Das gilt auch für Unternehmen, vor allem in Deutschland.[21] Wir stehen noch ganz am Anfang der Reise, was die Nutzung und Umsetzung von KI angeht. Wir sollten uns aber nicht darauf verlassen, dass der Rest der Welt auf uns wartet. Die Entwicklung schreitet einfach zu schnell voran, um heute nicht zu handeln.

Daraus lassen sich zwei Handlungsempfehlungen ableiten. Der Einzug von KI in unsere Arbeitswelt sollte begleitet werden, da es sich um einen strategischen und auch kulturellen Prozess handelt. Wie viel KI lassen wir in einem Unternehmen zu? Wie gehen wir mit rechtlichen Fragen um, die wir heute vielleicht noch nicht beantworten können, die aber in Zukunft auf uns zukommen werden? Wie stellen wir sicher, dass KI nicht die letzte Entscheidung trifft, die niemand mehr überprüft und verifiziert? All dies sind Fragen, deren Antworten einen Handlungsrahmen vorgeben, den Mitarbeitende kennen und nach dem sie handeln sollten. Diese Fragen können nicht in einer einzelnen Abteilung, auch nicht in der IT-Abteilung, beantwortet werden, sondern haben Auswirkungen auf das gesamte Unternehmen. Die Strategie eines Unternehmens und die angestrebte Entwicklung der Kultur sollten dies berücksichtigen, auch weil wir in einigen Monaten vielleicht gar nicht mehr merken, wie viel KI in unseren Anwendungen steckt. Zum Beispiel, wenn *Office*-Programme mit KI angereichert sein werden.

Und das Aufkommen von KI im Arbeitskontext bedeutet Veränderung, möglicherweise sogar Transformation für viele, vielleicht für alle Unternehmen. Wie bei jeder Veränderung wird es Widerstände geben. Die zweite Empfehlung ist, diese ernst zu nehmen und die Mitarbeiterinnen und Mitarbeiter zu informieren sowie auf dem Weg mitzunehmen oder zu begleiten. Das wird Teil einer guten Personalentwicklung sein, und wie Eva gesagt hat, ist es wichtig, eine gute Balance zu finden, um sowohl die Zögerer als auch die Vorreiter zu

---

21 Laut einer Umfrage von Bitkom Research vom September 2022, hatten 2022 nur neun Prozent der deutschen Unternehmen generative KI im Einsatz; https://www.bitkom.org/Presse/Presseinformation/Kuenstliche-Intelligenz-2022; besucht am 20.09.2023.

berücksichtigen. Wir können in einer Transformation nicht immer alle gleichzeitig mitnehmen. Aber wir können versuchen, so gut wie möglich zu informieren und zu befähigen, damit möglichst viele den Weg des Unternehmens mitgehen oder sogar aktiv mitgestalten können.

5. Gesprächszusammenfassung durch ein KI-Programm

Mit dem KI-Programm *Castmagic* habe ich wieder eine Zusammenfassung des Gespräches erstellt. Und was soll ich schreiben? Meine Begeisterung verflog schlagartig.

Ich ließ vier unterschiedliche Versionen erstellen, eine ohne Prompt und drei mit ergänzenden Promptangaben, die einzelne Themen des Gespräches stärker gewichten sollten. Bei keinem Versuch waren die Antworten komplett falsch oder unsinnig, aber in jedem gab es mindestens zwei bis drei völlig falsche Aussagen und frei halluzinierte Passagen. Um das Buch etwas abwechslungsreicher zu gestalten, habe ich daher einige Falschaussagen zusammengestellt. Sie stammen aus unterschiedlichen Versuchen und entsprechen nicht unserem Gespräch. Ach ja, ich habe dem Programm die Namen der beiden beteiligten Gesprächspartner gegeben und mit Hilfe der KI sollen die Namen den jeweiligen Aussagen zugeordnet werden, was im Transkript auch gut funktioniert. Aber lies selbst und hab Spaß dabei.

»Titel: Die Rolle der Kreativität in der Ära der Künstlichen Intelligenz

Eva erzählt uns, dass die EWE AG vor einiger Zeit ihren Namen von EWRG zu EWE AG geändert hat und das ›I‹ durch ein ›E‹ ersetzt hat, um den Namen einzigartig zu machen. Zusätzlich wurde der Begriff ›Fluence‹ als Kunstbegriff gewählt, um etwas Neues und Anderes auszudrücken.

Ein Teilnehmer, der an der Influencer Learning Journey teilgenommen hat, ist unser heutiger Gast Nils. Er ist seit acht Jahren bei der EWE AG tätig und arbeitet als Leiter der Personalentwicklung. Nils ist nicht sehr präsent im World Wide Web und hat keine eigene Website, jedoch ist er aktiv auf LinkedIn. Er berichtet uns von den Herausforderungen und Erfahrungen, die er während des

Programms gemacht hat. Ein wichtiger Aspekt des Influencer Learning Journey Programms war die Integration von KI in den Lernprozess.

Ein Beispiel für KI ist ›ChatGPT‹, ein Sprachmodell, das ähnlich wie ein Chatbot funktioniert. Es kann innerhalb von Minuten Informationen generieren, indem es auf verschiedene Quellen zugreift. Dies ermöglicht es den Menschen, schneller auf Informationen zuzugreifen und ihre Kreativität auf andere Weise zu nutzen.

Ein weiteres Thema, das in der Podcast-Episode angesprochen wird, ist die Bedeutung von Self-Branding und Offenheit in der digitalen Welt. Kreativität bedeutet nicht nur, neue Ideen zu generieren, sondern auch, diese nach außen zu präsentieren. Insbesondere in beruflichen Kontexten ist es wichtig, sich zu präsentieren und seine Fähigkeiten sichtbar zu machen. Dabei werden Plattformen wie LinkedIn als wertvolles Instrument genutzt.

Abschließend sprach Eva über den Einsatz von Chatbots in Unternehmen. Sie erwähnte, dass sie einen Chatbot für ihre Agentur entwickelt hat, der nur drei Minuten dauerte.«

6. Erkenntnisse beim Einsatz von KI

Bei Weitem nicht alles, was das Programm als Ergebnis lieferte, war schlecht oder falsch. Dennoch zeigte sich wieder einmal, wie wichtig es ist, die Informationen zu verifizieren.

Ralf Schmitt – Spaß in Verbindung mit Kreativität

1. Vorstellung des Schwerpunktthemas und Grund für die Auswahl
Eine Aussage von mir lautet: »Die wahre Kraft der Kreativität liegt auf dem Weg und nicht am Ziel«. Ich glaube, dass der eigentliche Spaß und die Faszination von Kreativität im Prozess des Erschaffens liegt und das gilt für mich sowohl für die problemlösende Kreativität als auch für die künstlerische. Inwieweit uns dieser Spaß abhanden geht, wenn wir diesen Prozess der künstlichen Kreativität und KI-Programmen überlassen, darüber spreche ich mich mit Ralf Schmitt.

Wer ihn einmal im Hasenkostüm auf der Bühne gesehen hat, kann sich seine starke humoristische Ader gut vorstellen. Als Geschäftsführer der *Impulspiloten* leitet er zudem eine erfolgreiche Agentur, die sich auf außergewöhnliche und hybride Events spezialisiert hat und schon deshalb an technischen Entwicklungen interessiert ist.

Das Interview ist unter folgendem Link oder dem nebenstehenden QR-Code abrufbar:

https://mentoren-verlag.de/jenseits-des-algorithmus-interviews

2. Interviewsteckbrief für: Ralf Schmitt
(persönlich von ihm ausgefüllt)

Was machst du beruflich:
Ich bin der Geschäftsführer der Agentur *Impulspiloten – Die Experten für unkonventionelle Events und Weiterbildungen.* Gleichzeitig bin ich Speaker sowie Moderator und konzeptioniere mit meinem *Impulspiloten*-Team unkonventionelle Events und Weiterbildungen.

Abbildung 3.9: Ralf Schmitt

Was verbindet dich mit dem Thema Kreativität und im Speziellen mit dem Einfluss von Spaß sowie Leichtigkeit darauf und warum lohnt es sich, sich mit deiner Meinung dazu zu beschäftigen?
Kreativität, Spaß und Leichtigkeit bilden die Grundlage unserer Arbeit als Impulspiloten. Seit 2001 stehe ich als Moderator sowie Speaker und seit 2010 auch als Unternehmer auf der Bühne. Eine der Zukunftskompetenzen besteht darin, kreative Lösungsansätze zu finden und gerade in der aktuellen Zeit ist es wichtig, mit Spaß und Leichtigkeit zu arbeiten, sein Team zu motivieren und Kunden zu begeistern.

Wenn du ein Werkzeug wärst, welches würdest du sein und was zeichnet dich als Werkzeug aus?
Das ist eine blöde Frage und ich habe keine Ahnung, welches Werkzeug ich bin. Deswegen habe ich beschlossen, die Frage nicht zu beantworten.

Bitte schreibe eine für dich persönlich gültige und passende Definition von Kreativität auf.
Kreativität ist, wenn einem Dinge einfallen, die anderen nicht einfallen. Kreativität ist, wenn man Sachen verbindet, die andere nicht

verbinden. Kreativität ist, wenn man sich mit anderen verbindet, mit denen man sich noch nicht verbunden hat. Kreativität ist kreativ. Ich sehe mich selbst nicht unbedingt als kreativ an. Stattdessen gehe ich einfach nur mit offenen Augen durch die Welt, bin neugierig und probiere Sachen aus. Das ist das Wichtigste bei Kreativität: Probiere Sachen aus.

Gibt es ein bis drei Dinge, die die Leser von dir lesen, anschauen oder anhören sollten?
Ich mag *Eine kurze Geschichte der Menschheit* von Yuval Noah Harari, erschienen 2013 in der Deutschen Verlags-Anstalt, zum Thema Kreativität und *Per Anhalter durch die Galaxis* von Michael Hanlon, erschienen 2005 bei Rowohlt. Außerdem lese ich viel und schaue häufig Netflix. Zudem gehe ich gerne feiern. Und wenn du Lust hast, dann lies gerne mein Buch *Ich bin total spontan, wenn man mir rechtzeitig Bescheid gibt*.

Warum ich Ralf als Interviewgast angefragt habe und mich extrem freue, dass er seine Expertise mit uns teilt:
Auch wenn er es selbst nicht von sich behauptet, kenne ich Ralf als äußerst kreativen Menschen, der immer wieder Neues ausprobiert und spontan umsetzt. Und das nicht nur auf der Bühne oder als Schauspieler im Improvisationstheater, sondern auch als Geschäftsführer seines Unternehmens. Er ist in meinen Augen im besten Sinne ein wenig »verrückt« und hebt sich wohltuend von der Masse ab – nicht zuletzt als Vortragsredner im Hasenkostüm. Ich freue mich daher sehr, mit ihm über das Thema *Kreativität* und *Spaß* zu sprechen und zu erfahren, ob und wie künstliche Kreativität diesen Themenkomplex beeinflussen wird.

 3. Zusammenfassung des Gesprächs
Bei der Zusammenfassung und dem Interview brach ich mit meiner bisherigen Vorgehensweise, um einen anderen Ansatz zu testen. Deshalb habe ich mir während des Gesprächs mit Ralf nur in absoluten Ausnahmefällen schriftliche Notizen gemacht. Stattdessen wirst du

gleich die Zusammenfassung einer KI lesen und ich werde diese mit der Realität vergleichen, indem ich mir gleichzeitig die Aufzeichnung des Gesprächs anhöre und den Text der KI mit eigenen Anmerkungen ergänze. Es folgt also im Wechsel immer erst der Text der KI und direkt im Anschluss meine Bemerkung dazu. Wie immer sind die Passagen der KI zur besseren Unterscheidung kursiv gedruckt. Ich bin selbst auf das Ergebnis gespannt.

21. JULI 2023
Tag, an dem das Interview digital geführt wurde.

18. AUGUST 2023
Tag, an dem dieses Kapitel geschrieben wurde.

Die Vorstellung von Ralf kam von *ChatGPT*, das ich anwies, drei Plugins gleichzeitig zu benutzen. Mehr als drei waren nicht zur selben Zeit aktivierbar. Dabei handelte es sich um *Link Reader*, *WebPilot* und *KeyMate.AI Search*. Die Nutzung von *bing* war immer noch eingestellt. Anscheinend wurde damit versucht, verschiedene Bezahlseiten, sogenannte Paywalls, auszulesen. Und tatsächlich lieferte mir die KI direkt beim ersten Versuch eine nutzbare Beschreibung:

»Ralf Schmitt ist ein vielseitiger Profi in der Veranstaltungsbranche. Er ist nicht nur Moderator, sondern auch Speaker und Autor. Seine Expertise liegt in der Moderation von Business-Veranstaltungen, bei denen er sich durch eine unkonventionelle Herangehensweise auszeichnet. Er bereitet sich intensiv auf jede Veranstaltung vor und bringt dabei stets einen Hauch von Humor ein.

Als Keynote Speaker konzentriert sich Ralf Schmitt auf das Thema ›Flexibles Mindset‹. Er ist der Experte für flexibles und agiles Handeln und hilft Menschen dabei, spontaner zu denken und somit erfolgreicher für die Zukunft zu sein. Seine interaktiven Vorträge zeigen, wie man mit einer Portion Spontaneität und Improvisation den Mut findet, eingefahrene Wege zu verlassen.

Darüber hinaus ist Ralf Schmitt auch als Trainer tätig. Er bietet Trainings und Workshops zu Themen wie Auftritt und Präsentation an und zeigt, wie man die Angst vor dem Auftritt und vor unvorhergesehenen Störern verliert und souverän mit ihnen umgeht.

Ralf Schmitt hat auch mehrere Bücher veröffentlicht, darunter ›Kill Dein Kaninchen‹, das sich mit dem Thema Flexibilität auseinandersetzt.

Insgesamt ist Ralf Schmitt eine charismatische Persönlichkeit, die es versteht, Menschen zu begeistern und zu inspirieren. Seine charmante Art, gepaart mit fachlicher Kompetenz und feinem Humor, macht ihn zu einem gefragten Experten in seinem Bereich.«

Zusammenfassung unseres Gespräches durch Castmagic ohne Nutzung eines ergänzenden Prompts:

»Artikel: Kreativität im Zeitalter der Künstlichen Intelligenz – Eine spannende Symbiose«

Der Schwerpunkt des Gespräches lag laut meiner Einleitung auf dem Thema Spaß und wie sich dieser innerhalb von Kreativität zeigen kann.

»Unser Gast Ralf Schmidt ist Moderator, Speaker und Autor und legt den Schwerpunkt auf flexible Denkweisen und improvisiertes Handeln. Neben seinen Vorträgen bietet er auch Trainings und Workshops zu Auftritt und Präsentationen an. Im Gespräch mit dem Moderator werden verschiedene Aspekte der KI diskutiert, insbesondere in Bezug auf die Schriftsprache, Bilder und Kreativität.«

Das ist richtig. Zu Beginn habe ich die Einführung zu *ChatGPT* vorgelesen, die du oben gelesen hast. Wir hatten viel mehr Spaß dabei, als es hier den Anschein hat, und wir haben auch kurz darüber gesprochen, warum er der einzige Gast war, der sich kein Werkzeug zugewiesen hatte. Es schränkte ihn einfach ein.

Ralf hält sich selbst nicht für kreativ, da er meint, nur gut darin zu sein, Dinge zu verbinden. Meiner Meinung nach macht ihn genau das jedoch zu einem kreativen Menschen.

»Einige mögen behaupten, dass Kreativität eine ausschließlich menschliche Eigenschaft sei, die von der Inspiration und dem Einfallsreichtum des einzelnen Menschen abhängt. Doch Ralf Schmitt stellt klar, dass KI durchaus eine Rolle bei der Förderung von Kreativität spielen kann. Schon jetzt wird KI in vielen Bereichen als Ratgeber und Partner genutzt. Sie bietet neue Möglichkeiten und Perspektiven, die die menschliche Kreativität anregen und erweitern können.«

Völlig richtig, aber ich weiß nicht, aus welchem Teil des Gesprächs die KI dies generiert hat. Wir haben darüber diskutiert, ob KI an sich kreativ ist. Und auch hier wiederholte Ralf seine Meinung vom Beginn, dass KI nur Dinge kombiniere und nichts wirklich Neues schaffe. Wie ich bereits geschrieben habe, bin ich der Meinung, dass Kombinatorik auch eine Form von Kreativität ist. Unsere eigene basiert zu einem großen Teil ebenfalls darauf.

Ein Teil, der es nicht in die Zusammenfassung der KI geschafft hatte, war unser Austausch über die Art der Veranstaltungen, die seine GmbH organisiert. Diese seien vor allem unkonventionell und daher mit Leichtigkeit und Spaß verbunden. Etwas, das auch innerhalb der Agentur gelebt wird.

Übertragen auf unser Thema *Kreativität* entdecke ich in unkonventionellen Lösungen meist auch viel Kreativität. Solche unkonventionellen Lösungen zu finden, macht mir persönlich immer sehr viel Spaß, sodass der Zusammenhang hier sicherlich gegeben ist.

Dies passt zu der Aussage von Ralf, dass Kreativität ein Umfeld von Sicherheit, Freiheit und Leichtigkeit braucht. Als Beispiel nannte er die Entwicklung von Bühnenperformances, bei der nur das nötige Vertrauen in den Partner bei der Entwicklung dazu führt, dass er mit voller Kreativität neue Ideen entwickeln kann. Dieser Punkt wird später auch von der KI aufgegriffen.

»Im Gespräch mit Ralf Schmitt wird deutlich, dass KI zwar in der Lage ist, Ergebnisse zu liefern, jedoch die persönliche Note des Menschen vermisst wird. Die KI kann Beeinflussungen aufgrund von Erfahrungen oder der eigenen Persönlichkeit nicht vollständig nachvollziehen. Dies bedeutet, dass der Mensch weiterhin eine entscheidende Rolle spielen wird, wenn es um die Interpretation und den Feinschliff der kreativen Ergebnisse geht.«

Das haben wir beide gesagt, wenn auch mit anderen Worten. Eine zusätzliche Aussage war, dass keine Idee der KI bisher für sich alleine stehen kann, sondern immer ein »Weiterdenken« notwendig ist.

»Ein interessanter Aspekt ist die Frage nach der Geschlechterzuordnung von KI. Ralf Schmidt findet es bemerkenswert, dass er die KI als weiblich betrachtet.

Dies zeigt, wie wichtig es ist, die Interaktion mit KI mit Offenheit und Neugierde anzugehen, um eine harmonische und effektive Zusammenarbeit zu ermöglichen.«
Ein sehr spannender Punkt, den wir auch diskutiert haben. Ausgangspunkt war allerdings, dass ich *ChatGPT* im Gespräch als »er« bezeichnet habe, der KI also einen männlichen Charakter zuschrieb, während Ralf das Programm als weibliche Gesprächspartnerin wahrnahm. Wir waren uns einig, dass wir dazu neigen, KI zu vermenschlichen[22] und nicht neutral zu betrachten. Ein Umstand, der sich auch in der Forschung gezeigt hat und der in Zukunft für unseren Umgang mit KI von großer Bedeutung sein sollte. Der letzte Satz des obigen Absatzes ist übrigens weder in dieser noch in ähnlicher Form von uns gesagt worden.

»Ein Beispiel für die enge Zusammenarbeit von KI und Kreativität ist die Generierung von Texten. Ralf Schmitt berichtet von Experimenten, bei denen KI-Texte verfasst wurden. Allerdings erkannte das Publikum schnell, dass die Texte von KI geschrieben waren, da sie noch nicht die Qualität und Authentizität besaßen, die von menschlicher Hand geschriebene Texte haben. Dennoch ist Schmidt zuversichtlich, dass die KI sich weiterentwickeln wird und zukünftig in der Lage sein wird, Texte zu verfassen, die von menschlich verfassten kaum zu unterscheiden sind.«
Korrekt. Ralf ist zu diesem Zeitpunkt überzeugt, dass Texte von KI noch zu leicht als solche erkannt werden. Oftmals sind sie einfach auch, Zitat »Schrott«. Wir sind uns aber einig, dass dies nicht so bleiben wird. Der Schreibfehler bei Ralfs Nachnamen im letzten Absatz des obigen KI-Textes stammt von der Maschine.

Wir sprachen kurz über seine Zeit beim Improvisationstheater und die Rolle, die Kreativität und Spaß dabei spielen. Dieser Teil des Gesprächs wurde nicht durch die KI übernommen. Obwohl auch Aspekte der Arbeit mit KI zur Sprache kamen, insbesondere wenn wir sie beruflich nutzen. Bei einigen Aktivitäten (wie zum Beispiel der Nutzung von *ChatGPT*) ist ein Gewöhnungseffekt zu beobachten,

---

22 Der ELIZA-Effekt ist in der Informatik die Tendenz, menschliche Eigenschaften – wie Erfahrung oder Empathie – in Computerprogramme zu projizieren.

der den Spaß an der Sache verringert. Glücklicherweise ist dies bei der Nutzung von Kreativität nicht der Fall. Hier, wenn ich für mich spreche, bleibt der Spaßfaktor hoch, auch wenn wir sie täglich einsetzen.

»Die Verbindung zwischen KI und Kreativität kann auch in der Bildbearbeitung beobachtet werden. Während KIs enorme Mengen an Bildbearbeitung bewältigen können, haben sie immer noch Schwierigkeiten bei der Darstellung von Menschen. Doch Ralf Schmitt erzählt von eigenen positiven Erfahrungen mit KI-generierten Bildern, die seine Kreativität beflügeln und neue Ideen inspirieren.«

In dieser Form ist die Aussage falsch. Ganz am Ende unseres Gesprächs kamen wir auch auf Bildgenerierung zu sprechen. Allerdings nutzt Ralf diese beruflich gar nicht, da in der Agentur ein extrem großer Vorrat an echten Bildern von eigenen Veranstaltungen verfügbar ist, der eingesetzt wird. Das Beispiel für die Inspiration durch Bilder kam anschließend von mir, als ich berichtete, wie ich eine Gruppe von Yodas in Anzügen in einem Büro generiert hatte. Nicht Ralf, sondern ich habe die positive Erfahrung gemacht, wie solche Bilder die Kreativität aktivieren können.

»Diese Beispiele lassen erahnen, dass Kreativität und KI sich ergänzen können. Die künstliche Kreativität ist jedoch anders als die menschliche Kreativität. Künstliche Intelligenz kann nur reproduzieren, was ihr eingegeben wurde. Das bedeutet jedoch nicht, dass sie keine neue Inspiration liefern kann. Im Gegenteil: KI kann neue Denkanstöße und Ideen generieren, die den menschlichen Kreativitätsprozess anregen und beflügeln.«

Dies wurde in ähnlicher Form in verschiedenen Situationen gesagt. Im Kern ist die Aussage also richtig. Es war uns wichtig zu betonen, dass KI wie ein zusätzlicher Spieler betrachtet werden kann, den wir einsetzen können, der aber keinesfalls das ganze Spiel bestimmt oder gar für uns gewinnt.

»In der Arbeit von Ralf Schmitt und seinem Team wird viel Wert auf Spaß und Leichtigkeit gelegt. Diese Atmosphäre schafft die Grundlage für kreative Prozesse und den Flow der Ideen. Dabei werden verschiedene Kreativitätsmethoden wie die ›Kopfstandmethode‹ verwendet, um Ideen zu generieren und weiterzuentwickeln.«

Die Aussage ist zwar inhaltlich richtig, wurde aber von Ralf erst nach dem gleich folgenden Abschnitt erwähnt. Offensichtlich hält sich die KI bei ihrer Zusammenfassung nicht an den zeitlichen Ablauf des Gesprächs.

Als Beispiel nannte Ralf, dass sie im Team zu Beginn eines Prozesses frei und möglichst »verrückt« denken, um dann erst zu besprechen, wie diese Ideen in das Gerüst der Kundenanfrage passen. Ich fragte ihn, in welcher Phase des Prozesses er die größte Leichtigkeit und den größten Spaß empfinde. Aus seiner Sicht ist dies am Anfang in der Rolle des Künstlers und am Ende bei der Umsetzung der Fall.

»Ein weiterer wichtiger Aspekt, der in diesem Podcast angesprochen wird, ist die Zusammenarbeit mit anderen Menschen. Diskussionen und das Vertrauen in andere sind essenziell für den kreativen Prozess. Ralf Schmitt betont die Bedeutung der Zusammenarbeit mit Regisseur Matthias Messmer, Vaja Wieser-Weber und Mirja Dayani bei verschiedenen Events und Workshops. Die unterschiedlichen Perspektiven und Anregungen, die sie bieten, erweitern den Horizont und helfen dabei, innovative Ideen zu entwickeln.«

Absolut korrekt, allerdings hat Ralf es eher am Anfang erwähnt, nach circa 15 Minuten und noch bevor wir über die geschlechtsspezifische Anrede bei *ChatGPT* gesprochen haben. Er fügte hinzu, dass sich seine Art, kreativ zu arbeiten, auch mit den Partnern ändert, er es aber sehr genießt, immer wieder mit diesen Dreien zusammenzuarbeiten. Mit *ChatGPT* hat er nun einen neuen kreativen Partner an seiner Seite, auf den er je nach Bedarf und Herausforderung zurückgreifen kann.

»Unabhängig von der Entwicklung der KI bleibt die Kreativität eine menschliche Fähigkeit, die ein Umfeld mit Spaß, Leichtigkeit und Offenheit benötigt. Die besten Ergebnisse werden erzielt, wenn die KI als Partner betrachtet wird, der neue Impulse geben kann, jedoch mit der persönlichen Note des Menschen kombiniert wird.«

Das trifft zu und wurde von Ralf auch so an einem Beispiel erläutert. Er bezeichnet KI als Impulsgeber, der in dieser Form auch von ihnen bei der Suche nach Programminhalten eingesetzt wird.

Die Kombination aus dem ersten und zweiten Satz des Absatzes gab es in dieser Form in unserem Gespräch jedoch nicht. Dazwischen lag ein zeitlicher Abstand.

»Insgesamt bietet die Kombination aus KI und Kreativität eine spannende Symbiose. Die Zukunft wird zeigen, welche neuen Möglichkeiten und Herausforderungen sich hier ergeben werden. Es liegt an uns, die Chancen, die Künstliche Intelligenz bietet, zu nutzen und gleichzeitig unsere persönliche Kreativität zu bewahren und weiterzuentwickeln. Die Grenzen zwischen KI und Mensch werden immer fließender, und es liegt an uns, diese Zusammenarbeit zu gestalten und die Vielfalt der kreativen Möglichkeiten zu erkunden.«

Dies wurde weder von Ralf noch von mir in dieser Form gesagt, also von der KI frei hinzugedichtet.

Folgende Punkte wurden in der Zusammenfassung der KI überhaupt nicht berücksichtigt: Ralf betonte die Bedeutung unserer eigenen Erfahrungen, aber auch, dass KI in Zukunft die Möglichkeit haben könnte, auf die Erfahrungen von Menschen zuzugreifen. Dadurch könnten die Lösungen der KI besser werden als die von einzelnen Menschen, weil sie auf die Erfahrungen von vielen zugreifen kann.

Es könnte dazu führen, dass eine KI immer ein Ideal als Ergebnis ausgibt. Also die ideale Komposition eines Vortrags oder eines Films mit den notwendigen »Zutaten« in der richtigen Reihenfolge und Menge. Die Erfahrungen Einzelner würden nicht mehr zählen, weil die KI das Beste aus den Erfahrungen vieler heraussucht.

Es wird spannend sein zu sehen, wie solche perfekten Vorträge auf uns wirken. Auch wenn mir der erste perfekte Vortrag noch gefällt, wie wird es mit dem zehnten sein? Wird vielleicht sogar die Sehnsucht nach Unvollkommenheit und Fehlern wachsen, weil das Ideal langweilig ist? Und werden solche Geschichten die gleichen Emotionen hervorrufen, wenn sie nicht nur einem Individuum widerfahren sind, sondern eine Mischung aus mehreren Lebenssträngen darstellen? Natürlich nur, solange wir erkennen, dass es sich nicht um einen Menschen handelt und die KI nicht bereits einen perfekten menschlichen Avatar erzeugt sowie die entsprechenden Emotionen simuliert.

Wir vertieften unsere Sicht auf die Persönlichkeitsstruktur von *ChatGPT* (er, sie oder es?), die wir als Nutzer durch unsere Prompts beeinflussen können, welche neuen Programme demnächst auf den Markt kommen beziehungsweise gekommen sind (Beispiel Videobearbeitung) und welchen Einfluss KI auf den Eventbereich haben wird. Ich kann verstehen, dass nicht alle Themen durch die KI aufgenommen wurden und empfehle erneut, sich das Interview bei Interesse im Original anzuhören. Auffallend ist, dass die Gesprächsinhalte, die später im Interview auftauchen, in der Zusammenfassung weniger repräsentativ sind.

Nachtrag aus der Zukunft

Diese Schwäche wird *Lost in the middle* genannt. Zwei Quellen äußern sich wie folgt dazu:

»Das KI-Modell GPT-4 Turbo von *OpenAI* bringt zwar eine beachtliche Leistungssteigerung mit sich, indem es 16-mal mehr Tokens gleichzeitig verarbeiten kann als sein Vorgängermodell GPT-4 in *ChatGPT*. Jedoch offenbaren erste Tests auch Schwachstellen.

Bei einer Kontext-Kapazität von bis zu 100.000 Wörtern tendiert GPT-4 Turbo in ersten Untersuchungen von Forschern wie Greg Kamradt, Shawn Wang und Jerry Liu dazu, Informationen in der Mitte und am Ende von Dokumenten zu übersehen. Dabei handelt es sich um das ›Lost in the Middle‹-Phänomen.«[23]

Ende Juli bewiesen Forschende der *Stanford University*, der *University of California*, Berkeley, und von *Samaya AI* erstmals, dass große Sprachmodelle Inhalte am Anfang und am Ende eines Dokuments besonders gut abrufen können.

Inhalte in der Mitte werden eher übersehen, ein Effekt, der sich verstärkt, wenn die Modelle sehr viel Input gleichzeitig

---

23 https://www.heise.de/news/KI-Update-Agenten-Intel-investiert-OpenAI-braucht-Daten-GPT-4-schwaechelt-9452322.html; besucht am 14.11.2023.

verarbeiten. Die Forscherinnen und Forscher tauften diesen Effekt »Lost in the Middle«. Die wichtigsten Erkenntnisse für Anwender aus diesen Tests sind, dass Fakten in großen Dokumenten nicht garantiert wiedergefunden werden, dass eine Reduzierung des Kontextes die Genauigkeit erhöhen kann und die Position für die Wiederauffindbarkeit wichtig ist.[24]

Auch der Blick in die Zukunft und die Veränderungen in der Arbeitswelt floss bei der KI nicht ein. Ralf empfahl, KI als Partner zu akzeptieren und sich veränderungsbereit zu zeigen. Viele Menschen in vielen Berufsfeldern stehen vor der Aufgabe, sich weiterzuentwickeln. Dies sollten wir aber auch ohne KI tun, um persönlich und beruflich voranzukommen. Sein Worst Case ist, dass der Mensch zwar noch selbst Entscheidungen trifft, diese aber faktisch nur auf den Empfehlungen einer KI beruhen.

Sein Best Case hingegen ist die Zusammenarbeit mit KI als Partner, der uns dazu bringt, uns weiterzuentwickeln.

4. Mein persönliches Fazit

Aus dem Gespräch mit Ralf nehme ich vor allem zwei Dinge mit. Erstens unsere Tendenz, die KI zu vermenschlichen, und wie sehr sich dies auch bei mir bereits im Sprachgebrauch niedergeschlagen hat. Das hat Auswirkungen darauf, wie wir die Ergebnisse von KI bewerten. Denn im Alltag wollen wir anderen ja normalerweise nicht direkt sagen, wenn etwas schlecht ist. Das ist eine gewisse emotionale Zurückhaltung. Aber wenn wir mit KI arbeiten, sind keine Emotionen im Spiel außer unseren eigenen. Auf der anderen Seite steht immer ein System, das diese nur simuliert und das auch nur auf Anweisung macht. Unsere Neigung, dies zu vergessen oder zu vernachlässigen, beeinflusst auch unser Urteilsvermögen und unseren Umgang mit KI.

---

24 Vgl. https://the-decoder.de/gpt-4-turbos-bestes-neues-feature-funktioniert-nicht-besonders-toll/; besucht am 14.11.2023.

Zweitens stimme ich zu, dass mit der KI ein neuer Spieler auf das Spielfeld gekommen ist. Aber es ist, wenn wir das Beispiel Fußball nehmen, kein Ersatzspieler, den wir jetzt einwechseln können oder müssen, um jemanden aus unserer Mannschaft zu ersetzen. Es ist vielmehr so, dass sich mit KI die Spielregeln ändern und wir plötzlich mit zwölf Spielern gleichzeitig spielen können. Die KI beeinflusst das gesamte Spielsystem und alle Bereiche – von der Verteidigung bis zum Angriff. Mannschaften, die diesen zwölften Spieler nicht einsetzen, werden in Zukunft vielleicht nicht jedes Spiel verlieren, aber sie werden keine Meisterschaften mehr gewinnen. Dies wird nur den Mannschaften gelingen, die den zwölften Spieler gut in ihr System integrieren, sodass er alle Bereiche unterstützt.

5. Erkenntnisse beim Einsatz von KI

Mit meinem Vorhaben, mich weniger auf meine eigenen Notizen zu konzentrieren, hatte ich schon während des Interviews Probleme. Selbst mit dem Vorsatz, nichts aufzuschreiben, habe ich mir Dinge notiert, einfach weil es mir hilft, meine Gedanken zu ordnen. Ich hoffe, dass diese ungewohnte Art der Gesprächswiedergabe den Lesefluss nicht zu sehr gestört hat und du trotzdem einigen Gedanken von Ralf und mir folgen konntest.

Eine Erkenntnis ist, dass KI, zumindest diese KI, sich nicht an der zeitlichen Abfolge eines Gesprächs orientiert. Das empfinde ich als Nachteil, da es oft so etwas wie einen roten Faden in Gesprächen gibt. Außerdem werden Aussagen manchmal der falschen Person zugeordnet oder aus Gesprächsfetzen Sätze generiert, die zwar gut klingen, die aber niemand so gesagt hat. Zugegebenermaßen war ich bei dieser direkten Gegenüberstellung von Interview und Zusammenfassung, die ich mir bei der Durchsicht der Texte noch einmal angehört habe, fast ein wenig schockiert. So schlimm hatte ich es vorher nicht empfunden. Vielleicht gerade, weil Absätze mit Bausteinen sinnvoll zusammengesetzt werden, die auch gesagt wurden. Aber nicht in diesem Kontext.

Immer mehr KI-Programme kommen auf den Markt, um Besprechungen am Arbeitsplatz zusammenzufassen. Was passiert, wenn diese Zusammenfassungen Aussagen einer anderen, also der falschen Person zuordnen? Oder ganze Abschnitte frei halluziniert werden? Nach diesem Test bin ich wieder etwas vorsichtiger geworden, ob ich wirklich die Abkürzung nehme und mir Texte einfach zusammenfassen lasse. Noch lohnt es sich, die Zeit zu investieren und den längeren Weg zu gehen. Zumindest so lange, bis KI-Programme solche Fehler vermeiden und in der Praxis noch besser geworden sind.

Nils Meinzer – Einfluss von KI auf die Medienlandschaft

<u>1. Vorstellung des Schwerpunktthemas und Grund für die Auswahl</u>
In meinen Gesprächen tauchte immer wieder die Frage nach den Gefahren von Wort- und Bildfälschungen auf. Wie wird sich unsere Medienlandschaft verändern, wenn fast jeder von zu Hause aus mit Hilfe von KI Videos produzieren kann, bei denen wir nicht mehr unterscheiden können, ob da wirklich eine bekannte Persönlichkeit spricht oder nur ein Avatar? Denn Tonfall, Mimik und Darstellung durch KI-Programme ahmen das natürliche Erscheinungsbild perfekt nach. Brauchen wir eine Kennzeichnung von digitalen Beiträgen und wie sieht es im Printbereich aus? Sicher ist, dass sich auch die Medienlandschaft durch KI radikal verändern wird, nicht nur in der Darstellung nach außen, sondern auch in der Arbeit innerhalb der Unternehmen. All diese Fragen werden wir in einem Interview nicht beantworten können, aber sicherlich einen ersten Einblick in die Thematik erhalten.

Im Rahmen eines Beratungsauftrages hatte ich das Vergnügen, den Leiter der *Digitalen Strategie* bei *Radio Bremen*, Nils Meinzer, kennenzulernen. Ich freue mich, dass er seine Expertise zu der digitalen Ausrichtung einer öffentlich-rechtlichen Anstalt mit uns teilt.

Das Interview ist unter folgendem Link oder dem nebenstehenden QR-Code abrufbar:

https://mentoren-verlag.de/jenseits-des-algorithmus-
interviews

2. Interviewsteckbrief für: Nils Meinzer
(persönlich von ihm ausgefüllt)

Abbildung 3.10: Nils Meinzer

Was machst du beruflich?
Ich leite die Redaktion Digitale Strategie bei Radio Bremen. Wir kümmern
uns darum, öffentlich-rechtliche Di-
gitalangebote zu machen, die wertvoll
sind. Wertvoll für die Menschen in
Bremen, in der Region und gemeinsam mit der ARD für die Menschen
in Deutschland. Das tun wir zusammen mit den unterschiedlichen Pro-
grammbereichen, technischen und
kreativen Gewerken. Wir unterstüt-
zen bei der Gestaltung neuer Produkte für Online-Communitys. Des
Weiteren helfen wir dabei, das journalistische Digitalangebot stetig
weiterzuentwickeln. Außerdem haben wir die relevanten Digitalplatt-
formen zur Verbreitung im Blick.

**Was verbindet dich mit dem Thema Kreativität und im Speziel-
len mit dem Einfluss künstlicher Kreativität auf den Medienbereich und warum lohnt es sich, sich mit deiner Meinung dazu
zu beschäftigen?**
Als öffentlich-rechtliches Medienhaus müssen wir jeden Tag neue
journalistische und unterhaltende Inhalte schaffen und unser Pro-
grammangebot stetig weiterentwickeln. Das ist ein andauernder kreativer Prozess auf verschiedenen Ebenen. Die Frage, wie wir künstliche
Intelligenz in diese Kreativprozesse einbringen können, beschäftigt
uns. Wie kann uns KI dabei unterstützen, unser Angebot zu verbessern, um allen Beitragszahlerinnen und Beitragszahlern möglichst optimale Angebote zu machen? Wie können wir öffentlich-rechtliche
und journalistische Standards beim Einsatz von KI gewähren? Bei
Radio Bremen befassen wir uns mit Entwicklungen, wenn sie konkret
werden. Ganz genau diskutieren wir in jüngster Zeit über KI bei der

Bild- und Videogestaltung, bei synthetisierten Stimmen sowie bei der Konzept- bzw. Formatentwicklung. Da machen wir erste Experimente. Bereits seit längerer Zeit ist das Thema *KI* beziehungsweise Automatisierung im Zusammenhang mit der Kuratierung von Inhalten in der *ARD* in Diskussion.

Wenn du ein Werkzeug wärst, welches würdest du sein und was zeichnet dich als Werkzeug aus?
Vielleicht wäre ich ein Multischleifer. Damit wird beispielsweise raues Holz glattgeschliffen, sodass man sich nicht mehr an Splittern verletzen kann und eine ebene Oberfläche hat, die sich schön anfühlt und edel aussieht.

Bitte schreibe eine für dich persönlich gültige und passende Definition von Kreativität auf.
Kreativität bedeutet für mich, bestehende Dinge neu zu kombinieren und dadurch Neues zu erschaffen. Das kann alles Mögliche sein: neue Ideen, Lösungen, Gegenstände, Prozesse etc.

Gibt es ein bis drei Dinge, die die Leser von dir lesen, anschauen oder anhören sollten?
Mit dem (potenziellen) Zusammenspiel von KI-generierten Bildern, PR und journalistischen Medien befasst sich das Medienmagazin *Zapp* vom *NDR: KI und Medien. Wie Künstliche Intelligenz uns alle täuschen kann* (2023)[25].

---

25 Online abrufbar unter: https://www.ardmediathek.de/video/zapp/ ki-und-medien-wie-kuenstliche-intelligenz-uns-alle-taeuschen-kann/ ndr/Y3JpZDovL25kci5kZS81MV8yMDIzLTA1LTAzLTE3LTAw; besucht am 20.08.2023.

Warum ich Nils als Interviewgast angefragt habe und mich extrem freue, dass er seine Expertise mit uns teilt:

Ich durfte Nils Meinzer und sein Team bei einem Beratungsauftrag kennenlernen und war fasziniert von den Herausforderungen seiner Abteilung bei der Integration digitaler Inhalte in bestehenden Kanälen wie Radio und Fernsehen. KI-Programme waren damals noch kein großes Thema, da der Durchbruch mit *ChatGPT* zu dem Zeitpunkt erst noch vor uns lag. Ich bin extrem gespannt, welche Herausforderungen er auf sich, sein Team und die Medienbranche an sich zukommen sieht, und was sie heute schon nutzen und einsetzen können oder dürfen.

3. Zusammenfassung des Gesprächs

24. JULI 2023
Tag, an dem das Interview digital geführt wurde.

20. AUGUST 2023
Tag, an dem dieses Kapitel geschrieben wurde.

Die Vorstellung von Nils habe ich mit *ChatGPT* und den Plugins *Link Reader* sowie *WebPilot* erzeugt:

»Nils Meinzer ist der Leiter der Digitalen Strategie bei Radio Bremen. Er hat diese Position seit Oktober 2019 inne und ist seit über elf Jahren bei Radio Bremen tätig. Vor seiner aktuellen Position war er Referent in der Programmdirektion und Assistent im Programm-Management. Er hat auch als studentischer Redakteur in der Digitalen Garage gearbeitet und war an der Entwicklung von Formaten und der Redaktion der tageswebschau beteiligt.

Nils hat einen Master of Arts in Medienkultur von der Universität Bremen und einen Bachelor of Arts in Kommunikationswissenschaft und Sozialwissenschaften von der Universität Erfurt. Er hat auch Erfahrung in Design, Webentwicklung und Kommunikation durch seine selbstständige Arbeit von August 2000 bis März 2014.

Er hat an Projekten wie der ARD Audiothek mitgewirkt und ist aktiv in der Medienbranche, wie seine Beiträge und Likes auf LinkedIn zeigen. Er hat

*auch an der re:publica teilgenommen, einer Konferenz für digitale Kultur, und er-
klärt, wie und warum Regionalität auf TikTok funktioniert.*[26]
    *Nils Meinzer ist eine engagierte und erfahrene Persönlichkeit in der Medien-
branche mit einem starken Fokus auf digitale Strategien und Entwicklungen.
Seine Arbeit und sein Engagement bei Radio Bremen haben einen wesentlichen
Beitrag zur digitalen Präsenz und Strategie des Senders geleistet.«*

Mittlerweile gab es neben *ChatGPT* weitere LLMs auf dem Markt
und einige waren auch bereits in Deutschland einsetzbar. Ich habe
daher ebenfalls Versuche mit *Bard, Claude 2* und *Llama 2* gemacht.
Ich kann dir nicht sagen, woran es lag, aber die Ergebnisse enthielten
alle einen großen Anteil an halluzinierten, also grundfalschen Aussagen. *Bard* dichtete Nils Erfahrung als Moderator an. *Claude2* sah seine
größte Stärke in der Moderation von Live-Sendungen und ließ ihn
in Göttingen und Berlin studieren. *Llama 2* erfand sogar eine eigene
Sendung für ihn: *»Nils Meinzer ist ein deutscher Journalist und Moderator,
der aktuell bei Radio Bremen arbeitet. Er ist bekannt für seine investigativen
Reportagen und Interviews, die er in seiner Sendung ›Meinzer & Friends‹ präsentiert.«* Alle diese Aussagen sind falsch und auch nirgendwo in dieser
Form zu finden.
    Die Fakten der Vorstellung von *ChatGPT* stimmten, alle anderen
ermöglichten uns einen wundervoll humorvollen Einstieg in unser
Gespräch. Besonders über »Meinzer and Friends« konnten wir lachen.
    Nils Arbeitgeber *Radio Bremen* ist die neuntgrößte Landesrund-
funkanstalt in Deutschland (und damit auch die kleinste), die für die
Information und Unterhaltung in Bremen und Bremerhaven zustän-
dig ist. Als Teil der *ARD* sind sie daher auch für die Einbindung von
Angeboten und Kanälen der *ARD* besonders im digitalen Bereich,
wie beispielsweise den Mediatheken, verantwortlich. Auf regionaler
Ebene bietet Radio Bremen neben den digitalen Angeboten mit vier
Hörfunkwellen und einem regionalen Fernsehangebot auch ein linea-

---

26 Anmerkung: Diese Aussage der KI ist nicht ganz korrekt. Zwar hat Nils
    Meinzer auch schon als Redner an der *re:publica* teilgenommen, aber zu
    anderen Themen. Das Thema *Regionalität auf TikTok* wurde dort von
    zwei seiner Mitarbeitenden präsentiert.

res Angebot an. Auch wenn sich die Anstalt seit mindestens zehn Jahren mit digitalen Inhalten und Formaten beschäftigt, haben die linearen Angebote noch eine wesentlich höhere Reichweite und Nils geht davon aus, dass erst 2035 ein Gleichstand erreicht sein und sich beides angeglichen haben wird.

Die Aufgabe seines Teams besteht darin, crossmedial zu denken und digitale Angebote in Verbindung mit den linearen Angeboten zu schaffen. Auf eigenen Plattformen, aber auch dort, wo der Kunde, in ihrem Fall ist dies auch immer der Beitragszahler, sich bereits befindet.

Nils definiert Kreativität als etwas, bei dem man Bestehendes kombiniert, um etwas Neues zu erhalten. Er betonte, dass es in ihrer Arbeit in erster Linie nicht um künstlerische Kreativität geht, sondern um das Finden neuer Lösungswege in Projekten, für die es keinen Masterplan gibt. Mir bestätigte dies wieder einmal, wie unterschiedlich der Begriff wahrgenommen wird, denn Ralf hatte diese Definition bei sich selbst als nicht kreativ eingestuft. Auch die Abgrenzung zur Kunst wäre aus meiner Sicht gar nicht so explizit notwendig, aber vielleicht zeigt es, dass gerade in Organisationen, die sich mit Musik sowie Fernsehen, und damit ja auch der Schauspielkunst, beschäftigen, der Fokus noch stark auf der künstlerischen Kreativität liegt.

Künstliche Kreativität ist ihm als Begriff noch nicht bewusst begegnet, erst nach meiner Interviewanfrage hat er sich damit beschäftigt. Nimmt er seine eigene Definition als Grundlage, so sagt auch Nils, dass es diese Form der Kreativität gibt, ohne genau zu wissen, woraus sie entsteht.

Radio Bremen als vergleichsweise kleine Anstalt hat sich bis Ende 2022 kaum mit KI und Anwendungsfeldern beschäftigt. Dies mag bei größeren Anstalten bereits der Fall gewesen sein, aber auch dort waren es Experimentierfelder. Erst als Mitarbeiter, bei Rundfunkanstalten oft auch freie Mitarbeiter, vermehrt mit Anwendungsbeispielen für KI auf die Anstalten zukamen, gewann das Thema an Bedeutung. Schnell entstand die Idee, einen internen *Chatbot* zu erstellen und die

Bildgenerierung zu nutzen, um starke Bildteaser für digitale Angebote zu erstellen, wenn kein eigenes Bildmaterial vorhanden ist.

Nicht nur, weil die rechtlichen Grundlagen noch nicht abschließend geklärt sind, gibt es bei *Radio Bremen* noch keinen Masterplan, wie KI übergreifend integriert und diese ersten Ideen umgesetzt werden könnten. Es liegt auch an der Größe der Anstalt, die selten das Budget hat, etwas komplett selbst zu entwickeln.

Neben Text und Bildprogrammen sind synthetisierte Stimmen für die Anstalt ein Thema. Ich habe im Vorfeld des Interviews einen Avatar zu mir generiert und die Vorstellung von Nils vortragen lassen. Alles mit Hilfe eines einzigen Bildes. Das Ergebnis war bei Weitem nicht perfekt, aber zum Zeitpunkt des Interviews gab es bereits Programme, die mit Videosequenzen als Trainingsdaten arbeiteten und wesentlich bessere Ergebnisse lieferten. In Indien wird beispielsweise bereits ein Avatar als Nachrichtensprecherin eingesetzt.

Aus Kostengründen werden die Möglichkeiten von synthetischen Stimmen in Radioprogrammen, vor allem zu Randzeiten, diskutiert, ohne dass es dazu einen detaillierten Plan oder ein Ergebnis gibt. Wir waren uns einig, dass die Darstellung sowie Wiedergabe von Text und Bild durch Avatare in Zukunft so gut sein wird, dass wir den Unterschied kaum oder gar nicht mehr bemerken werden.

Es ist verständlich, dass Journalisten und Moderatoren bereits jetzt Bedenken haben, wie sich dies auf ihre Arbeit in der Zukunft auswirken wird. Auch wenn freie Mitarbeiter mit Rahmenverträgen abgesichert sind, bestehen Ängste, welche Aufgaben durch KI-Tools übernommen werden können. Für *Radio Bremen* stellt sich dabei die Frage nach der Glaubwürdigkeit und ob diese noch gegeben ist, wenn eine digitalisierte Stimme die Nachrichten spricht. Eine Frage, die sich auch bei Bild- und Videobeiträgen stellt. Ist es ethisch und rechtlich vertretbar, dass Bilder im journalistischen Umfeld durch KI generiert werden und damit nicht mehr die reine Realität abbilden?

Zu diesem Zeitpunkt gab es seines Wissens noch keine übergreifenden Leitlinien und Vorgaben aus der *ARD* dazu.[27] Sah man KI vor einem Jahr noch vor allem als unterstützendes Mittel im Journalismus, wird jetzt in den einzelnen Anstalten diskutiert, wie man mit den neuen Möglichkeiten umgehen will. Es gibt aber keine übergreifende Funktion in der Organisation, die das Thema *KI* behandelt. Es sind eher Gestalter, die Programme einsetzen oder einsetzen wollen, ohne dass rechtliche oder technische Fragen abschließend geklärt sind. Nils sieht es als Querschnittsthema und das bestärkt mich in meiner Meinung, dass sich jede Organisation strategisch und kulturell damit auseinandersetzen sollte.

Wir sprachen kurz über das Vorgehen von *OpenAI*, dem Unternehmen hinter *ChatGPT*, das mit dem *American Journalism Project* eine Partnerschaft eingegangen ist mit dem Ziel, den regionalen Journalismus in Amerika zu stärken (laut Artikel mit fünf Millionen Dollar).[28] Wir waren uns nicht sicher, ob es nur dieses uneigennützige Ziel des Unternehmens dabei gibt oder es nicht gleichzeitig, ähnlich wie es von Google getan wurde, auch dazu dient, sich Freunde im Medienbereich zu schaffen.

Intern bereitet sich *Radio Bremen* und seine Mitarbeiter natürlich ebenfalls immer mehr auf das Thema vor. KI ist bereits Inhalt der Volontariats-Ausbildung, sodass zukünftige Mitarbeiter vielleicht schon mehr Wissen mitbringen, als in den Häusern vorhanden ist. Im Haus gibt es sogenannte Funkhausgespräche, zu denen alle Mitarbeiter eingeladen sind und in denen Informationen und Erkenntnisse zu KI ausgetauscht werden.

27 Tatsächlich habe ich später Leitlinien des Bayrischen Rundfunks dazu gefunden, die sogar schon aus dem Jahr 2020 stammen. Ob der Anstalt zu diesem Zeitpunkt aber schon bewusst war, welche Auswirkungen generative KI hat, die uns mit *ChatGPT* und Co. begegnet ist, wage ich zu bezweifeln. Vgl. https://www.br.de/extra/ai-automation-lab/ki-ethik-100.html; besucht am 10.07.2023.

28 Vgl. https://www.theajp.org/news-insights/announcements/american-journalism-project-announces-new-partnership-with-openai-to-support-local-news/#; besucht am 23.07.2023.

Hatten wir bis zu diesem Punkt eher die Vorteile durch KI beleuchtet, sprachen wir anschließend über die negativen Möglichkeiten und sogenannten »Deepfakes«. Also realistisch wirkende Medieninhalte, die durch KI abgeändert, erzeugt beziehungsweise verfälscht worden sind. Ein Beispiel dazu wird in der Sendung *Zapp* des *NDR* behandelt, die Nils bereits in seinem Interviewbogen erwähnt hat. Die größten Auswirkungen sieht Nils bei Bildern: Als Einzelbild oder auch in Filmbeiträgen, da wir Bildern automatisch eine große Glaubwürdigkeit zusprechen. Was wir selbst sehen, glauben wir auch gerne und Bilder haben eine starke emotionale Wirkung. War es früher die Frage, wann und wo ein Bild entstanden ist, muss heutzutage noch geklärt werden, wie es entstanden ist. Eine neue Dimension mit starker Tragweite.

Meines Erachtens kommt den öffentlich-rechtlichen Anstalten in diesem Zusammenhang eine große Bedeutung zu, mehr noch als bisher. Nils sieht verschiedene Aufgaben dazu auf sich zukommen. Die Anstalten müssen für sich selbst prüfen, wie sie mit manipulierten beziehungsweise mit KI erstellten Bildern und Videos umgehen und diese kennzeichnen wollen. Die Aufgabe, Informationen auf Relevanz und Wahrheitsgehalt zu prüfen, wird in Zukunft eine noch höhere Bedeutung haben. Und nicht zuletzt ist KI auch ein Feld, über das berichtet und über das informiert werden sollte.

Ich persönlich wünsche mir, dass die Anstalten die Rolle der Authentifizierung übernehmen und wir uns auf sie verlassen können. Aus diesem Grund nähern sie sich der Welt und dem Einsatz von KI wohl auch eher langsam an, um das Vertrauen der Nutzer nicht zu verlieren. Dennoch ist dies eines der vorrangigen Themen, mit denen sie sich beschäftigen und für die es sicherlich immer mehr Informationsformate für Kunden geben wird. Fake Checking-Einheiten gibt es bereits heute und hier werden neue Kompetenzen benötigt, die hoffentlich rechtzeitig erworben werden.

Auf meine abschließende Frage war sein Worst-Case-Szenario, dass es KI geben wird, die uns auf Knopfdruck ein komplettes Informations- und Unterhaltungsprogramm liefert, ohne dass der Mensch noch involviert ist. Aus seiner Sicht als Medienschaffender verständlich.

In der idealen Zukunft unterstützen uns KI-Programme und liefern uns passgenaue, auf den Einzelnen zugeschnittene Informationen, die jeder besser verstehen kann. Der Spaßfaktor in seiner Arbeit bleibt dabei bestehen beziehungsweise erhöht sich, da KI als Helfer an unserer Seite steht und unsere Kreativität nicht einschränkt, sondern uns anspornt, sie zu nutzen.

4. Mein persönliches Fazit
Ich gestehe, dass ich eine Hoffnung in die öffentlich-rechtlichen Medien setze, die nicht jeder teilen wird. Ich hoffe, dass sie eine Vorreiterrolle bei der Verifizierung von Informationen spielen, die uns in Zukunft überfluten werden. Denn ich bin sicher, wenn jeder mit seinem Computer oder seinem Handy Videos und Bilder von allem produzieren kann, was ihm in den Sinn kommt, wird es immer mehr davon geben. Die sozialen Medien werden dafür sorgen, dass sich vieles wie von selbst verbreitet, und ich sehne mich nach einer Instanz, der ich vertrauen kann. Ob die Sender diesem Anspruch gerecht werden, gerade in letzter Zeit gab es auch hier genügend Skandale, wird sich zeigen. Und auch, ob sie im technischen Wettlauf mithalten können oder ob sie durch ihre abwartende Haltung den Anschluss verlieren.

Ich bin überzeugt davon, dass sich das Aufgabengebiet von Journalisten durch die Möglichkeiten der KI noch mehr in den Bereich der Verifizierung verlagern wird. Dies wird teilweise durch technische Möglichkeiten geschehen aber auch durch journalistische Recherchen, indem beispielsweise Journalisten vor Ort überprüfen, ob eine Nachricht oder ein Bild überhaupt echt sein kann.

Außerdem wird es einen weiteren Aspekt zum Thema *Deepfakes* geben, der mir immer wichtiger erscheint. Wir werden nicht nur Bilder glauben, die falsch sind, sondern wir werden anfangen, Bilder und Informationen anzuzweifeln, selbst wenn sie wahr sind. Es könnte zu einer automatischen Argumentationskette für falsches und unethisches Verhalten werden, in der Beweisbilder von Verbrechen angezweifelt werden, weil sie möglicherweise von einer KI gemacht wurden.[29] Selbst wenn es noch Werkzeuge geben sollte, um die Echtheit zu verifizieren, wird es genügend Menschen geben, die auch das anzweifeln, wenn es ihre eigene Meinung bestätigt.

Ein Gedankenspiel: Gruppen, die für nationale Abschottung eintreten, könnten Bilder von sterbenden Menschen auf der Flucht vor Krieg an unseren Küsten grundsätzlich infrage stellen, weil sie alle von KI generiert wurden. Sie werden das auch behaupten, wenn wir die Echtheit der Bilder verifizieren, solange es in ihre eigene Geschichte passt.[30]

Nach meinem Gespräch mit Nils habe ich verschiedene Informationsquellen zu diesem Thema gefunden und freue mich, wenn dir die eine oder andere davon weitere Einblicke gibt. Daher hier eine kleine Auflistung:

- Drei Tage nach dem Interview hat Nils mich informiert, dass am 26.07.23 ein ARD-Podcast von *BR24* und *SWR* online gegangen ist. Zu finden war er unter anderem in der *ARD* Audiothek, aber natürlich auch auf allen anderen Plattformen unter dem Namen *Der KI-Podcast*[31]. Offen gestanden hätte ich mir gewünscht, dass der Podcast mehr in die Tiefe geht, ähnlich wie der Podcast *Corona Virus Update des NDR*.

- Später habe ich einige Folgen zu KI im Meinungs-Podcast von *WDR 5* gefunden. Nicht der ganze Podcast behandelt KI, aber die wenigen Folgen waren spannend und hatten jeweils einen Experten zu Gast. Die Erste erschien am 20.06.2023.[32]

---

29 Vgl. https://www.wired.com/story/ai-watermarking-misinformation/; besucht am 04.08.2023.

30 Tatsächlich gibt es in der DeepFake Forschung einen eigenen Begriff dazu und wird »LügnerInnendividende« genannt. Vgl. https://www.technologyreview.com/2019/10/10/132667/the-biggest-threat-of-deepfakes-isnt-the-deepfakes-themselves/#Echobox=1579624107; besucht am 06.08.2023.

31 https://www.ardaudiothek.de/sendung/der-ki-podcast/94632864/

32 https://www1.wdr.de/mediathek/audio/wdr/wdr5-politikum-satire/index.html

- Natürlich gibt es nicht nur bei den öffentlich-rechtlichen Sendern Podcasts dazu. Im empfehlenswerten Heise-Podcast *KI-Update*, der im Juni 2023 startete, informiere ich mich ebenfalls immer wieder zu diesem Thema.
- Einen allgemeinen Überblick zum Thema *Medien und KI* inklusive eines Überblicks zu den Richtlinien einiger Medienhäuser (*dpa, Spiegel, Bayerischer Rundfunk*) habe ich am 31.07.2023 gefunden.[33]
- Auch die *Associated Press*, eine Nachrichten- und Presseagentur mit Hauptsitz in New York City, die im Mai 1848 gegründet wurde und als die größte Nachrichtenagentur der Welt gilt, hat im August 2023 Leitlinien für Journalisten und den Umgang mit KI herausgegeben.
- Im Gegensatz zur in der Zusammenfassung erwähnten *Vereinigung von Journalisten* verbot die *New York Times* ebenfalls im August 2023 die Nutzung seiner Daten zu Trainingszwecken von KI.

5. Gesprächszusammenfassung durch ein KI-Programm

Die Zusammenfassungen des Programms *CastMagic* waren in diesem Versuch besser als in den Interviews mit Ralf und Eva. Aber in keinem der drei Versuche gab es einen Aspekt, den ich nicht schon angesprochen hätte, sodass ich hier auf eine Zusammenfassung verzichte. Ich hoffe, du folgst stattdessen einer der angegebenen Quellen und stöberst ein wenig. Oder du informierst dich ganz allgemein über den Stand der Dinge.

6. Erkenntnisse beim Einsatz von KI

Im Vorfeld des Interviews habe ich mit einigen Text-zu-Stimme-Programmen gespielt und auch einen Avatar von mir erstellen lassen. Alles war noch nicht perfekt und vor allem mit der deutschen Aussprache tun sich die Maschinen oft noch schwer. Aber es gibt genug bessere Beispiele, die zeigen, was möglich ist. Bald wird es kein Problem mehr sein, dass ein Text von mir im Internet von einem Avatar gesprochen wird, der mich auch persönlich repräsentiert. Viel-

---

33 https://konradweber.ch/2023/06/24/kuenstliche-intelligenz-im-journalismus/; 31.07.2023

leicht wird jemand, der mich gut kennt, den Unterschied noch erkennen, aber selbst da bin ich mir nicht sicher. Wie bei jedem Werkzeug kommt es darauf an, wie wir es für uns und unsere Ziele nutzen. Sicher ist, dass wir bald alle in der Lage sein werden, Videos in sehr vielen Sprachen zu senden, da KI die Synchronisation übernimmt.

Nachtrag aus der Zukunft
Die in diesem Gebiet führenden Unternehmen *Hey.Gen* und *ElevenLabs* haben extreme Fortschritte gemacht. Es ist bereits möglich, ein Video mit einer breiten Auswahl an Fremdsprachen synchronisieren zu lassen, wobei zeitgleich die Lippenbewegungen mittels KI an die neue Sprache angepasst werden. Natürlich wird auch die eigene Stimme dabei geklont, sodass ich mich mit viel Erstaunen selbst Japanisch habe sprechen sehen und hören.

Gegenwärtig habe ich die Befürchtung, dass dies zu einer extremen Zunahme von Inhalten führen wird, da eine KI auch die Texte für die Videos schreiben kann und dies bereits tut. Ich gebe der KI nur ein Stichwort, sie erstellt den Inhalt, der von meinem Avatar in dreißig Sprachen gesprochen und auf allen gewünschten Plattformen verbreitet wird. Was sich wie ein Traum für automatisiertes Marketing anhört, lässt mich vor der möglichen Flut von Inhalten ohne Herz und echte Emotionen zusammenzucken. Ich hoffe, dass wir auch hier einen kreativen Umgang mit der Herausforderung finden.

Collin Croome – Kreativität und die Möglichkeiten des Metaverse

1. Vorstellung des Schwerpunktthemas und Grund für die Auswahl
Gegen Ende des Buches wollte ich einen Blick in die Zukunft werfen. Auf die Zukunft der KI, aber auch ganz allgemein, welche Veränderungen noch auf uns zukommen könnten. Viele Entwicklungen dazu sehen wir bereits in Science-Fiction-Filmen und -Serien. Vieles, was dort gezeigt wird und heute noch unwahrscheinlich erscheint, wird schon wenige Jahre später Realität sein. So wie viele, mich eingeschlossen, noch vor zwei Jahren nicht mit dem Durchbruch von KI-Sprachprogrammen gerechnet haben.

Für diesen Blick in die Zukunft habe ich einen Interviewgast gefunden, der nicht nur wie ich ein großer Science-Fiction-Fan ist, in seinem Fall vor allem von *Star Wars*, sondern auch ein echter Pionier und Experte zum Thema *Metaverse*. Schalten wir also den Science-Fiction-Faktor ein, in dem zunächst einmal alles möglich ist. Gehen wir gedanklich bis zur Lösung mit einem Strich oder verbrennen wir das Papier. Um die Umsetzung kümmern wir uns später. Freue dich auf einen Einblick in die Gedankenwelt von Collin Croome.

 Das Interview ist unter folgendem Link oder dem nebenstehenden QR-Code abrufbar:

https://mentoren-verlag.de/jenseits-des-algorithmus-interviews

2. Interviewsteckbrief für: Collin Croome
(persönlich von ihm ausgefüllt)

Was machst du beruflich?

Ich bin Internet-Pionier, Experte, Autor und gefragter Keynote Speaker für digitales Marketing und Zukunftstrends wie das *Metaverse*. In den letzten 30 Jahren konnte ich als Agenturinhaber über 150 internationale Unternehmen und Marken, wie *Apple*, *Audi* oder *JOOP!*, bei der Entwicklung und Umsetzung von digitalen Strategien beraten und aktiv unterstützen. In meiner Laufbahn habe ich über 800

Abbildung 3.11: Collin Croome

Digital-Projekte verantwortet und konnte so einen unschätzbaren Erfahrungsschatz aufbauen. Heute stehe ich am liebsten auf der Bühne und begeistere Menschen für die faszinierenden Möglichkeiten der Digitalisierung.

Was verbindet dich mit dem Thema Kreativität und im Speziellen dem Einfluss des Metaverse darauf und warum lohnt es sich, sich mit deiner Meinung dazu zu beschäftigen?

Kreativität spielt bei mir seit jeher eine große Rolle. Schon als Kind war ich von der enormen Kreativität und Innovationskraft von *Star Wars*, *Depeche Mode* und *Apple* fasziniert. Ich wollte immer wissen, wie genau die Macher die visuellen, auditiven und enorm innovativen Kreationen und Experiences erschaffen haben. Schon früh war mir klar, dass ich etwas mit Kreativität und Technologie machen werde – privat wie professionell. Seit Ende der 80er-Jahre nutze ich nunmehr kreative Tools, wie Computer, Synthesizer und Apps, um meine Kreativität auszudrücken. Das *Metaverse* mit seinen digitalen Realitäten wird unglaubliche neue Möglichkeiten bieten, sich selbst, seine Marke, Produkte sowie Angebote auf eine völlig neue kreative Art zu inszenieren und zu präsentieren.

Warum lohnt es sich, sich mit deiner Meinung zu diesem Thema zu beschäftigen?

Ich denke, meine Erfahrung und meine Vorreiterrolle in der Digitalisierung geben mir eine besondere und einzigartige Perspektive auf die Beziehung zwischen Technologie und Kreativität. Ich habe die praktischen und strategischen Auswirkungen von Technologietrends auf Unternehmen und die Gesellschaft aus erster Hand erlebt und verstehe, wie sie die Kreativität beflügeln, aber auch welche Herausforderungen sie mit sich bringen können. Durch meine Arbeit und meine Vorträge teile ich diese Erkenntnisse auf eine Weise, die sowohl informativ als auch inspirierend ist.

Wenn du ein Werkzeug wärst, welches würdest du sein und was zeichnet dich als Werkzeug aus?

Laut *ChatGPT* kann ich als »Schweizer Taschenmesser« des digitalen Marketings betrachtet werden. Über drei Jahrzehnte hinweg habe ich eine breite Palette von Fähigkeiten und Kenntnissen angesammelt, die mir die Fähigkeit geben, auf eine Vielzahl von Herausforderungen zu reagieren. Ich verfüge über große Erfahrung und ein umfangreiches Wissen in verschiedenen Disziplinen, von der digitalen Marketingführung über Social Media bis hin zu Zukunftstrends wie KI und dem *Metaverse*. Genau wie ein Schweizer Taschenmesser bin ich vielseitig und flexibel, bereit, bei einer Vielzahl von Aufgaben und Herausforderungen zu helfen. Ich bin ein Werkzeug, das sowohl für spezifische als auch für allgemeine Aufgaben eingesetzt werden kann, und meine Vielseitigkeit sowie Anpassungsfähigkeit sind (laut der KI) meine stärksten Eigenschaften.

Bitte schreibe eine für dich persönlich gültige und passende Definition von Kreativität auf.

Für mich persönlich ist Kreativität die Fähigkeit, über das Bekannte hinauszublicken, neue Möglichkeiten zu entdecken, bestehende Grenzen zu überschreiten und Neues zu erschaffen. Es ist ein Prozess, der Intuition, Wissen, Kühnheit und die Bereitschaft einschließt, Risiken einzugehen und das Unbekannte zu erforschen. Kreativität ist nicht nur auf künstlerische oder ästhetische Ausdrucksformen beschränkt, sondern findet sich in jeder Disziplin und in jedem Aspekt des Lebens. Es ist das, was mich dazu antreibt, neue und hoffentlich innovative Lösungen für komplexe Probleme zu finden, fesselnde Geschichten zu erzählen und die Welt um mich herum neu zu gestalten.

Gibt es ein bis drei Dinge, die die Leser von dir lesen, anschauen oder anhören sollten?
Definitiv! Mein neues *Praxisbuch Metaverse*, die von mir entworfene und programmiere *Apple*-Website aus dem Jahr 1996 (https://www.coma2.com/clients/applelive/) und meine Website www.keynote-speaker.de

Warum ich Collin als Interviewgast angefragt habe und mich extrem freue, dass er seine Expertise mit uns teilt:
Collin ist nicht nur wie ich ein großer Science-Fiction-Fan, sondern auch einer der führenden Experten für das *Metaverse*, KI und weiteren Megatrends. Es ist mir eine große Freude, gemeinsam mit ihm einen neugierigen Blick in die Welt von übermorgen werfen zu können.

3. Zusammenfassung des Gesprächs

14. JULI 2023
Tag, an dem das Interview digital geführt wurde.

22. AUGUST 2023
Tag, an dem dieses Kapitel geschrieben wurde.

Wie du am Datum erkennen kannst, habe ich das Interview zeitlich nicht als eines der letzten geführt, obwohl ich es eigentlich vorhatte. Terminlich war dies nicht möglich, sodass wir unseren Blick schon etwas früher in die Zukunft warfen. Die Erstellung der Zusammenfassung erfolgte aber, der Reihenfolge der Interviews im Buch entsprechend, als vorletzte.

Mit dem Plugin *KeyMate.AI Search* gab es Probleme bei der Vorstellung von Collin und ich nutzte daher das Plugin *Link Reader* mit folgendem Ergebnis: *»Collin Croome ist eine herausragende Persönlichkeit in der Welt der digitalen Innovation und des Metaverse. Geboren am 23. Oktober 1971 in Oldenburg, Deutschland, zog er 1987 nach München und hat sich seitdem einen Namen als Multimedia-Unternehmer, Autor, Referent und Dozent gemacht. Mit mehr als 30 Jahren Erfahrung in der Beratung und Unterstützung von Unternehmen in den Bereichen Digitalisierung und Zukunftstrends hat er sich als führender Experte in diesen Bereichen etabliert.*

Als zertifizierter Professional Speaker ist Croome bekannt für seine inspirierenden Vorträge über digitales Marketing, soziale Medien und zukünftige Trends wie das Metaverse. Seine Expertise und sein tiefes Verständnis dieser Themen haben ihn zu einem gefragten Redner auf Konferenzen und Veranstaltungen rund um die Welt gemacht.

Darüber hinaus ist Croome auch ein erfolgreicher Autor. Sein Buch ›30 Minuten Metaverse‹ bietet einen klaren und verständlichen Überblick über das Metaverse, seine Vorteile und seinen Mehrwert. Es vermittelt fundiertes Wissen und gibt Orientierung in einer Welt, die sich ständig weiterentwickelt.«

Du hast sicher bemerkt, dass Collin bei der Beantwortung des Interviewbogens bereits KI zur Unterstützung eingesetzt hat. Du kannst seine Antworten mit denen der anderen Gäste vergleichen. Mir ist aufgefallen, dass sie um einiges länger waren.

Nicht in der Vorstellung der KI enthalten war seine Zeit als Inhaber einer Online-Marketing-Agentur. Seine 1997 gegründete Agentur begleitete 23 Jahre lang bekannte Lifestyle-Marken auf ihrem Weg in die digitale Welt. Sein eigener Einstieg in diese Welt erfolgte intuitiv und durch »Learning by Doing«. Fasziniert von den digitalen Möglichkeiten, die er in den ersten *Star Wars* Filmen und der aufkommenden elektronischen Musik erkannte, kreuzte *Apple* während eines Praktikums in München seinen Weg. Er bewarb sich bei diesem Unternehmen mit einer Multimedia-Präsentation, damals noch auf einer 5 ¼ Zoll Floppy Disk (jüngere Leser bitte googeln oder *ChatGPT* fragen). Das war im Jahr 1991 noch etwas völlig Neues und Außergewöhnliches. Apple war davon auch sehr begeistert, konnte ihm aber keine Festanstellung anbieten. Sie wollten jedoch gerne mit ihm zusammenarbeiten, wenn er sich selbstständig machen würde. So führte ihn sein Weg als Freiberufler auf Messen und in die Zusammenarbeit mit den ersten Multimedia-Agenturen.

Da Collin von Anfang an in die digitale Arbeitswelt eingestiegen ist, kennt er fast alle Programme noch in der Beta oder 1.0 Version und war auch bei der Einführung der ersten Bildbearbeitungsprogramme sowie später bei der Entwicklung der ersten Apps und Webseiten dabei. Noch heute lädt er sich gerne Beta-Versionen der Programme herunter (was ich nur Experten rate), um die Entwicklung von Beginn an mitzuerleben. Man kann ihn also zurecht als »Early Adopter« bezeichnen – jemand, der neue Entwicklungen immer so früh wie möglich testen und ausprobieren will.

Nachtrag aus der Zukunft

Was beim Schreiben des Kapitels eigentlich auch schon klar, mir aber noch nicht in vollem Umfang bewusst war, ist, dass wir bei aktuellen KI-Programmen mit Beta-Versionen arbeiten. Oftmals ganz offiziell so gekennzeichnet, ist es bei fast allen Versionen der Fall. Dies liegt daran, dass Programme durch die Nutzung im Alltag weitere Trainingsdaten und Rückmeldungen erhalten, die sie für die Weiterentwicklung benötigen. Dies ist nur durch eine breite Anwendung möglich.

Außerdem befinden wir uns mitten in einem KI-Rennen um die besten wirtschaftlichen Plätze und Möglichkeiten. Unternehmen können es sich nicht leisten, so lange zu warten, bis alle »Kinderkrankheiten« der Modelle behoben sind. Vorher werden Beta-Versionen auf den Markt kommen. Wir sollten dies berücksichtigen, wenn wir die Leistung vieler Programme bewerten, und können sicher sein, dass sich Qualität und Effizienz in allen Bereichen schnell verbessern werden.

Vor drei bis vier Jahren kam Collin über die Spielebranche mit dem *Metaverse* in Berührung und sah Parallelen zu den Anfängen des Internets. Er war sofort fasziniert, auch wenn es am Anfang, ähnlich wie bei der Entwicklung des Internets, noch sehr ruckelte und manches langsam und schwerfällig wirkte. Er ist sich sicher, dass sich das Metaverse genauso wie das Internet weiterentwickeln und dass generative KI dabei eine große Rolle spielen wird. Innovationen sind am Anfang fast immer etwas seltsam und langsam, die Qualität mangelhaft. Beim Thema *KI* fällt uns dies eventuell nicht so auf, da die Welle schon lange auf uns zurollt, aber bisher unter Wasser kaum sichtbar war. Jetzt ist sie, für viele in Form von *ChatGPT*, für jeden ganz einfach sicht- und anwendbar geworden.

Wir wichen etwas vom Thema ab und diskutierten über Sprachmodelle anderer Anbieter. *Google Bard* war gerade in Deutschland freigegeben worden, lieferte aber bei meinen Versuchen keine guten Ergebnisse. *Gemini*, das eigentliche Sprachmodell von *Google*, war zu diesem Zeitpunkt noch nicht auf dem Markt. Uns beiden war klar, dass sich die Art der Internetsuche durch KI und die neuen Sprachmodelle stark verändern wird. Es hakte noch ein wenig an der Schnittstelle zwischen beiden. Collin hatte dafür ein schönes Beispiel. Wenn er im Internet fragt, ob ein *IKEA*-Regal in seinen *Tesla* passt, bekommt er Ergebnisse zu Regalen in verschiedenen Größen und vielleicht auch zu den Innenmaßen eines Teslas. In Zukunft wird ihm eine Maschine die direkte Antwort geben und ihm auch die Regale auflisten, die unmontiert in sein Auto passen. Wahrscheinlich mit bildlichen Vorschlägen, wie er sie am besten im Kofferraum stapelt. Wenn wir noch einen Schritt weitergehen, wird ihm direkt im Anschluss der Kaufabschluss für das Regal angezeigt und er kann sich eine Aufbauanleitung für seine *Augmented Reality* (AR) Brille herunterladen, die ihm dann Schritt für Schritt Bilder für den Aufbau liefert. Solange die Bestellung noch nicht eingetroffen ist, kann er über ein 3D-Programm oder seine Brille testen, wo das Regal in seiner Wohnung am besten hinpasst.

Collin erklärte kurz, worum es sich beim *Metaverse* eigentlich handelt. Er sieht darin das Internet 2.0 beziehungsweise die nächste Evolutionsstufe des Internets. Dort kann man eintauchen und ein sogenanntes immersives Gefühl erleben. Immersiv bedeutet, dass man mittels einer VR (*Virtual Reality*) Brille in eine digitale Welt eintaucht und diese als real wahrnimmt. Wir werden uns in der Zukunft keine 2-D Bilder von Kleidungsstücken mehr ansehen, sondern sie digital an uns selbst betrachten können, mit VR- oder AR-Brille vor dem eigenen Spiegel oder an einem realistischen Avatar von uns auf einem Bildschirm. Natürlich kann der Bildschirm eines Tages auch unser Spiegel sein und beide Zwecke erfüllen. Die Entwicklung des *Metaverse* wird derzeit noch gebremst, da die Benutzer eine Brille benötigen, die noch recht teuer und auch sperrig sind. Sie zeigt sich aber auch in der wachsenden Zahl von 3D-Animationen und Möglichkeiten im Internet.

Für Collin ist generative KI kreativ, weil sie Neues schafft, indem sie Bestehendes zusammenfügt. Und zwar in allen Bereichen, in denen Kreativität gefragt ist. Die Ergebnisse werden in Zukunft von so hoher Qualität sein, dass niemand mehr unterscheiden kann, ob etwas von einer KI stammt oder nicht. Auch KI-Programme werden die Arbeit anderer KI-Programme nicht mehr mit Sicherheit erkennen können. Sein Beispiel war die Erstellung eines Beatles-Songs. Über Musik haben wir ja bereits im früheren Verlauf des Buches gesprochen. Wenn man den Maschinen genügend Informationen gibt, also beispielsweise alle Songs der *Beatles*, die einzelnen Tonspuren und weitere Daten zu den Musikern und ihren Stimmen, dann kann KI in Zukunft auch einen perfekten Song generieren.[34]

Wenn ich das mit der Vorstellung von Ralf verbinde, dass die KI bereits im Vorfeld detailliert berechnet hat, warum ein Song erfolgreich ist und welche Muster dahinterstecken, erscheint das tatsächlich wahrscheinlich. Ich bin gespannt, ob die Seele zwischen den Tönen, von der Emanuel spricht, in ein paar Jahren (oder Monaten?) tatsächlich noch einen Unterschied machen wird. Collin ist sich sehr sicher, dass wir in Zukunft auch KI-generierte Musik nicht mehr als solche erkennen werden.

---

34 Wir wussten zu diesem Zeitpunkt wirklich noch nicht, dass tatsächlich wenig später der allerletzte Song der *Beatles* auf den Markt kommen würde.

Beim Fachsimpeln über gängige KI-Programme, die er nutzt, machte er eine spannende Aussage. Die Entwicklung von *Photoshop* beziehungsweise die Möglichkeiten mit generativer KI in der Beta-Version (*Firefly*), sei die Größte seit 30 Jahren. Und wie du gelesen hast, kennt er das Programm schon sehr lange. Am Beispiel der Bildbearbeitung zeigte sich wieder einmal die Entwicklungsgeschwindigkeit von KI-Programmen. Wir beide nutzten zu diesem Zeitpunkt *Midjourney*, um ein Ausgangsbild zu generieren und es später mit einem anderen Programm wie *Photoshop* zu optimieren, da Midjourney keine einzelnen Flächen auswählen konnte. Experten werden wohl auch in Zukunft noch verschiedene Plattformen nutzen, bis sie miteinander verschmelzen. Doch genau heute, an dem Tag, an dem ich diese Zusammenfassung schreibe, hat *Midjourney* diese Funktion hinzugefügt. Wenn du dieses Buch liest, werden die meisten Programme, die ich heute nutze, wesentlich weiter entwickelt sein.

Für meine Kreativität bedeutet diese Weiterentwicklung des Bildgenerators, dass ich noch ausgefallenere Ideen mit der Unterstützung von KI bildlich umsetzen kann (das im Interview mit Matthias geschilderte Bildproblem sollte mit dieser Funktion auch keines mehr sein). Ich hoffe, dass diese unterstützende Funktion von KI für unsere Kreativität auch in Zukunft so bleibt und sich eine Zusammenarbeit ergibt, bei der eins plus eins immer wieder drei ergibt.

Auch das Erleben im *Metaverse* wird immer realistischer werden und vielleicht kaum noch von der realen Welt zu unterscheiden sein. Ergänzt durch die Möglichkeiten der KI, werden reale und virtuelle Welten immer mehr verschmelzen. Zu Beginn des Internets gab es noch Zeiten, in denen wir online und offline waren. Heute heißt es für viele bereits »always on«. Ebenso werden wir unbewusst und gefühlt »natürlich« die virtuelle Welt betreten, wenn sie die reale Welt erweitern kann oder soll. Die heute verfügbaren Brillen sind aus seiner Sicht noch nicht einmal Beta-Versionen, also noch ganz am Anfang der Entwicklung. Sie sind vergleichbar mit den ersten Mobiltelefonen.

Wir haben gedanklich unsere Science-Fiction-Brille aufgesetzt und darüber gesprochen, was in Zukunft möglich sein wird. Offen gesagt, für mich klingt es gar nicht mehr so sehr nach Science-Fiction, das ist in entsprechenden Filmen und Geschichten schon zur Genüge gezeigt und beschrieben worden. Ein Science-Fiction-Ausblick: Unsere reale Welt wird durch die virtuelle ergänzt, indem ich morgens die entsprechende Kontaktlinse einsetze und aktiviere. Wenn mir das zu umständlich ist, kann ich mir natürlich auch ein Modul ins Auge implantieren lassen. Mit einer solchen »Brille« können wir jederzeit auf unseren persönlichen Assistenten zugreifen, der dann in 3D vor uns erscheint. In einer Form und Person, die wir selbst bestimmen, und ausgestattet mit einem enormen Wissen in vielen Bereichen. Dieser Assistent wird hyperpersonalisiert sein, uns und unsere Vorlieben optimal kennen und darauf reagieren können.

Im besten Fall eine wunderbare Vorstellung, im schlimmsten Fall mit extremen Gefahren verbunden. Vielleicht können sich in Zukunft nur noch wohlhabende Menschen Avatare mit viel Fachwissen leisten, die sie zum Beispiel bei gesundheitlichen Problemen konsultieren. Andere Avatare haben keinen Zugang zu solchem Spezialwissen und können darüber auch keine Auskunft geben. Nur ein kleines Gedankenspiel.

ChatGPT hat bereits eine Funktion zur Personalisierung seiner Nutzer hinzugefügt und wenn du vermehrt soziale Medien nutzt, kannst du dir sicher vorstellen, was möglich ist, wenn *Facebook* und Twitter ihr Wissen über uns in solch einen Bot einspeisen. Das kann nicht nur dazu führen, dass unsere Daten missbräuchlich genutzt werden, sondern auch, dass wir alle in unserer eigenen Datenblase leben, in der wir von unserem Avatar bestätigt werden. Übertragen auf Kreativität wird es weniger disruptive Entwicklungen geben und unsere Avatare werden uns nur mit den Menschen in Verbindung bringen, die ähnlich denken wie wir.

Collin sieht die Entwicklung prinzipiell positiv, jedoch erkennt er auch die damit verbundenen großen Gefahren und empfindet die derzeitige Geschwindigkeit als beängstigend. Es werden zu viele neue Programme und Entwicklungen ohne ausreichende Tests auf den Markt gebracht. Obwohl die Entwicklung für Menschen wie Collin und mich aufregend ist, nehmen wir auch die damit einhergehenden Gefahren wahr. Es wird immer Menschen geben, möglicherweise auch immer mehr Menschen, die die Nutzung von KI ablehnen. Die Gründe für die Ablehnung sollten ernsthaft berücksichtigt werden.

Dennoch empfehlen wir, sich mit den Programmen zu befassen, denn es ist wahrscheinlich, dass diejenigen, die KI nutzen, effektiver und produktiver sein werden als diejenigen, die sie nicht nutzen.

Darüber hinaus wird KI in unserem Alltag immer präsenter werden. Mit großer Wahrscheinlichkeit werden wir oft gar nicht mehr merken, in welchen Situationen KI im Spiel ist und uns begegnet, es sei denn, sie ist klar als solche gekennzeichnet.

Je weniger wir zwischen generierten und echten Texten, Filmen und Bildern unterscheiden können und je leichter es wird, diese zu erstellen, desto größer werden die Gefahren einer negativen Nutzung. Es liegt in unserer gesellschaftlichen Verantwortung, mit dieser Herausforderung ethisch korrekt umzugehen. Auch wenn eine politische Regulierung notwendig ist, sind nicht nur Regierungen gefragt, auch Unternehmen und Einzelpersonen tragen zu einer gesellschaftlich wertvollen Nutzung von KI bei. In einem ersten Schritt ist es wichtig, ein gesellschaftliches Bewusstsein dafür zu schaffen, was KI leisten kann und welche Chancen und Risiken sie mit sich bringt – auch im Hinblick auf unsere Kreativität.

Als echter Science-Fiction-Fan glaubt Collin auch an die Entwicklung einer starken KI in der Zukunft. Es ist nur eine Frage der Zeit. Sobald KI sich selbst replizieren kann und KIs miteinander kommunizieren können, wird es neue Entwicklungen geben, die schwer vorhersehbar sind.

Es war ein eher dystopischer Blick in die Zukunft. Wer einen tieferen Einblick bekommen möchte, dem empfehle ich, sich das Interview anzuhören. Nicht alle unsere Gedanken sind hier wiedergegeben.

Abschließend fragte ich ihn nach seinem Worst-Case-Szenario für die menschliche Kreativität. In diesem Szenario wird es viele Menschen geben, die nur noch Ergebnisse aus der Retorte nehmen, die faul und träge geworden sind, weil die KI ihnen das Denken und die eigene Kreativität abgenommen hat. Wenn wir KI nicht mehr als Inspirationsquelle, sondern als Ersatz nutzen, verlieren wir unsere eigenen Fähigkeiten.

Und er sieht eine große Suchtgefahr. Wie bei fast allem kommt es auch beim Umgang mit dem Metaverse und seinen virtuellen Welten auf die richtige Dosierung an. Wenn wir uns völlig in fremden Welten verlieren, weil uns die Realität nicht mehr gefällt, ist die Suchtgefahr groß. Um vor dieser Gefahr zu warnen und angemessen damit umzugehen, bedarf es in den kommenden Jahren einer guten Aufklärung. Dies wird nicht zuletzt durch die Entwicklungen im Umgang mit Social Media oder auch nur dem Handy bestätigt.

Künstliche Kreativität sollte im besten Fall als Basis dienen, um darauf aufzubauen. Im Idealfall können wir so in kreativen Bereichen arbeiten, die uns bisher verschlossen waren, und uns durch die Werkzeuge neue Möglichkeiten erschließen. Unsere Effizienz steigt und wir lassen uns immer wieder inspirieren, um dann zu eigenen Ergebnissen zu kommen.

4. Mein persönliches Fazit

Ich gestehe, dass ich nicht erwartet hatte, dass unser Gespräch so in die Welt der Dystopien abdriftet. Vielleicht war es vorhersehbar, da wir Science-Fiction Fans sind und dort neben Utopien auch ausreichend Dystopien zu finden sind. Ein Fan von KI und den aktuellen Entwicklungen zu sein, bedeutet also bei Weitem nicht, die möglichen negativen Auswirkungen durch KI auszublenden. Sicher werden sie auch bei Entwicklern und den großen Unternehmen diskutiert und sind dort relevant und präsent. Die Frage ist, ob am Ende nicht wirtschaftliche Interessen über ethische Bedenken gestellt werden.

Um es klar zu sagen: Ich glaube nicht, dass die Maschinen in den nächsten Jahren die Weltmacht übernehmen und uns alle beherrschen werden. Dazu müssten sie erst einmal das Bedürfnis nach Macht und Herrschaft entwickeln. Selbst wenn sie in vielen Bereichen intelligenter werden als wir Menschen, heißt das noch lange nicht, dass sie auch »herrschen« wollen. Ich glaube aber, dass es genügend Menschen geben wird, die die Möglichkeiten der KI für ihre eigenen Zwecke und ihre eigene Agenda nutzen werden, und das muss nicht immer das Beste für unsere Gesellschaft sein. Wir sollten uns alle der möglichen Nachteile bewusst sein, die mit der Nutzung von KI verbunden sind, damit wir sie so gut wie möglich handhaben können. Wenn wir dieses Werkzeug gewinnbringend für uns und unsere Entwicklung nutzen wollen, müssen wir uns mit den Risiken auseinandersetzen.

KI ist ein Werkzeug und wird es noch lange bleiben. Aber auch mit einem Hammer kann ich Neues schaffen oder jemandem Schaden zufügen. Das ist nicht die Schuld des Hammers.

5. Gesprächszusammenfassung durch ein KI-Programm

Auch hier war die Zusammenfassung größtenteils richtig, zum Start am besten, aber ansonsten ohne Mehrwert für dich als Leser. Deshalb habe ich mich entschieden, sie an dieser Stelle wegzulassen. Stattdessen möchte ich hier die Antwort von *ChatGPT 4.0* auf eine Frage wiedergeben, die es ganz als KI beantwortet hat. Ohne weitere Vorgaben zeigt es seinen Blick in die Zukunft.

Meine Frage lautete: »Wie kann das Erlebnis im Metaversum für uns Menschen aussehen, wenn sich KI und KI-Programme in der jetzigen Geschwindigkeit weiterentwickeln? In welchen Bereichen werden wir es sehen und nutzen und in welchen vielleicht nicht?«

Die Antwort der KI: *»Das Metaverse, eine virtuelle Realität, in der Menschen interagieren, arbeiten und spielen können, wird durch die Entwicklung von Künstlicher Intelligenz (KI) und KI-Programmen erheblich beeinflusst. Wenn sich diese Technologien in der aktuellen Geschwindigkeit weiterentwickeln, könnten wir ein Metaverse erleben, das weit über das hinausgeht, was wir uns heute vorstellen können.*

Wie könnte das Erlebnis aussehen?
1. *Interaktive und immersive Erfahrungen: KI könnte dazu beitragen, das Metaverse zu einer hochgradig interaktiven und immersiven Umgebung zu machen. Mit fortschrittlicher KI könnten virtuelle Charaktere und Umgebungen realistischer und reaktionsfähiger werden, was zu einem tieferen Eintauchen und einer besseren Benutzererfahrung führt.*

2. *Personalisierte Inhalte: KI könnte dazu verwendet werden, personalisierte Inhalte und Erfahrungen im Metaverse zu erstellen. Dies könnte von personalisierten Empfehlungen für Aktivitäten oder Veranstaltungen bis hin zu maßgeschneiderten virtuellen Umgebungen reichen, die auf den Vorlieben und Interessen des Benutzers basieren.*
3. *Künstliche Kreativität: KI könnte auch eine Rolle bei der Schaffung von Kunst und Inhalten im Metaverse spielen. Mit fortschrittlichen KI-Technologien könnten wir virtuelle Kunstwerke sehen, die von KI erstellt wurden, oder sogar KI-gesteuerte Musik- und Unterhaltungsperformances.*

In welchen Bereichen könnten wir das Metaverse sehen und nutzen?
1. *Unterhaltung und Spiele: Dies ist bereits ein großes Anwendungsfeld für das Metaverse, und mit fortschrittlicher KI könnten Spiele und Unterhaltungserlebnisse noch immersiver und interaktiver werden.*
2. *Bildung und Training: Das Metaverse könnte eine Plattform für virtuelles Lernen und Training bieten, von Schulunterricht bis hin zu spezialisierten Trainingsprogrammen.*
3. *Soziale Interaktionen und Netzwerke: Das Metaverse könnte eine neue Plattform für soziale Interaktionen und Netzwerke bieten, von virtuellen Treffen und Veranstaltungen bis hin zu neuen Formen des sozialen Austauschs.*
4. *Arbeit und Zusammenarbeit: Mit fortschrittlicher KI könnten virtuelle Arbeitsplätze und Zusammenarbeitstools im Metaverse entstehen, die es Teams ermöglichen, auf neue und effektive Weisen zusammenzuarbeiten.*

In welchen Bereichen könnten wir das Metaverse vielleicht nicht nutzen?
Trotz der vielen Möglichkeiten gibt es auch Bereiche, in denen das Metaverse möglicherweise nicht so weit verbreitet ist. Zum Beispiel könnten physische Aktivitäten und Erfahrungen, die eine direkte Interaktion mit der realen Welt erfordern, wie bestimmte Sportarten oder handwerkliche Tätigkeiten, schwieriger in das Metaverse zu integrieren sein. Ebenso könnten Aspekte des menschlichen Lebens, die eine physische Präsenz oder Berührung erfordern, wie bestimmte Formen der Gesundheitsversorgung oder persönliche Beziehungen, weiterhin hauptsächlich in der physischen Welt stattfinden.«

Wie du siehst, ähneln Collins und meine Vorstellungen denen von *ChatGPT*. Es ist offensichtlich mit genügend Science-Fiction-Daten trainiert worden.

6. Erkenntnisse beim Einsatz von KI

Interessanterweise hatte das Plugin *KeyMate.AI Search* bei der ersten Recherche nach Collin angegeben, dass es seine Webseite nicht auslesen kann, obwohl er diesbezüglich nichts eingerichtet hatte. Inzwischen haben sich aber einige der größten deutschen Unternehmen dazu entschlossen, das Auslesen ihrer Webseiten durch *Chatbots* zu verhindern. Sogenannte *Crawler* tun dies automatisch, um Texte für Trainingszwecke zu generieren. Durch einen Eintrag in der *robots.txt*-Datei kann dies für eine Internetseite unterbunden werden (man muss sich also ein wenig auskennen). Wie bereits mehrfach erwähnt, sind Sprachmodelle wie *ChatGPT* an sich keine Suchmaschinen. Sie werden aber oft als solche benutzt und auch mit Suchmaschinen verlinkt. Es bleibt abzuwarten, ob Webseiten weiterhin gesperrt werden, wenn dies Auswirkungen auf das Ranking bei Google hat oder Google sogar durch ein anderes Programm wie *ChatGPT* abgelöst wird. Derzeit muss noch jedes Sprachmodell einzeln geblockt werden und es werden immer mehr. Hier wird es also weitere Entwicklungen geben, ob hin zu mehr Offenheit oder zum Schutz der eigenen Daten bleibt abzuwarten.

Dr. Erkan Altun – Ethische und rechtliche Fragen bei der Nutzung von KI

1. Vorstellung des Schwerpunktthemas und Grund für die Auswahl

Die offenen Fragen nach dem rechtlich und ethisch richtigen Einsatz von KI wurden eigentlich in allen Interviews angesprochen. Aber ich wollte dieses Thema ganz bewusst und von Anfang an am Ende des Buches und als letztes Interview noch einmal in den Mittelpunkt stellen. Mir ist bewusst, dass es ein zu großes Thema ist, um es in einem Kapitel auch nur annähernd erschöpfend behandeln zu können. Ich hoffe aber, dass ich es »anreißen« kann und dass es zu weiteren Diskussionen und Informationen anregt. Während des gesamten Schreibprozesses habe ich, fast ausschließlich digital, interessante Artikel zu diesem Thema gefunden und versuche, einige Aussagen daraus zusammenzufassen. Natürlich wird es auch hier noch viele Veränderungen und Weiterentwicklungen geben.

Umso mehr freue ich mich, mit Dr. Erkan Altun einen Gast gewonnen zu haben, der das Thema aus zwei Perspektiven betrachtet. Aus der Sicht eines Fachanwalts für Strafrecht und aus der Sicht eines Menschen, der sich viel mit den inneren Abgründen des Menschen beschäftigt hat und darüber auch in Vorträgen berichtet. Ich hoffe, dass diese Sichtweise etwas zeitloser ist, weil wir uns nicht auf spezielle KI-Gesetze konzentrieren, sondern versuchen, den Menschen in den Mittelpunkt zu stellen.

Das Interview ist unter folgendem Link oder dem nebenstehenden QR-Code abrufbar:

https://mentoren-verlag.de/jenseits-des-algorithmus-interviews

2. Interviewsteckbrief für: Dr. Erkan Altun
(persönlich von ihm ausgefüllt)

Abbildung 3.12: Dr. Erkan Altun

Was machst du beruflich?
Ich bin vor allem als Strafverteidiger tätig und verteidige meine Mandanten von einem einfachen Diebstahl bis hin zum Mord. Und zum anderen trete ich als Vortragsredner auf unterschiedlichen Bühnen auf. Meine Themen leite ich aus meinen Erfahrungen aus der Strafverteidigung ab. Neben der Charakterentwicklung geht es vor allem auch um Entscheidungen in Konfliktsituationen.

Was verbindet dich mit dem Thema Kreativität und im Speziellen dem Einfluss der kommenden künstlichen Kreativität auf ethische und rechtliche Fragen und warum lohnt es sich, sich mit deiner Meinung dazu zu beschäftigen?
Ich beschäftige mich mit dem Thema aus dem speziellen Blickwinkel des Strafverteidigers. Die Strafverteidigung ist – es liegt in der Natur der Sache – von rechtlichen Fragen gefärbt. Aber in einer übergeordneten Ebene ist meine Tätigkeit zudem sehr stark von ethischen bzw. moralischen Fragen geprägt. Die zukünftigen Entwicklungen auf meinem Betätigungsfeld sind sehr spannend und werden den positiven, wohl aber auch den negativen Umgang des Rechtsstaates mit der künstlichen Kreativität in ihren konkreten Auswirkungen auf den Einzelnen aufzeigen.

Wenn du ein Werkzeug wärst, welches würdest du sein und was zeichnet dich als Werkzeug aus?
Kein Werkzeug. Wohl eher ein Sicherungsseil oder eine Schutzweste, die seinen Mandanten Vertrauen vermittelt und gleichzeitig ein Schild, das Eingriffe in die Rechte seiner Mandanten abwehrt. Und

auf der Bühne wäre ich ein Fernrohr, welches das allzu menschliches Verhalten und die dunklen Seiten unserer menschlichen Natur und ihre Auswirkungen dem Zuhörer vor Augen führt.

Bitte schreibe eine für dich persönlich gültige und passende Definition von Kreativität auf.
Für meine Mandanten Lösungsansätze zu finden, die lebensnah und überzeugend sind. Und auf der Bühne allzu gern verschwiegene Wahrheiten über unsere menschliche Natur dem Zuhörer interessant und wirkungsvoll zu präsentieren.

Gibt es ein bis drei Dinge, die die Leser von dir lesen, anschauen oder anhören sollten?
Ich habe leider noch kein Buch veröffentlicht. Aber bei Interesse findet man mich online auf www.altun.de beziehungsweise www.erkanaltun.de

Warum ich Erkan als Interviewgast angefragt habe und mich extrem freue, dass er seine Expertise mit uns teilt:
Ich durfte Erkan bei einer gemeinsamen Ausbildung kennenlernen und schon damals haben wir rechtliche und ethische Fragen zu unserem Berufsfeld miteinander diskutiert und uns ausgetauscht. Er ist nicht nur Rechtsanwalt und Strafverteidiger, sondern befasst sich auch seit Jahren mit ethischen Fragestellungen und unseren ganz menschlichen Abgründen und Unzugänglichkeiten. Auch wenn er kein Experte für Fragen der Sicherheit und Entwicklung von KI ist, freue ich mich umso mehr auf den Gedankenaustausch zu Fragen der Ethik und des Rechts im Zusammenhang mit KI und den Blick in die Zukunft.

3. Zusammenfassung des Gesprächs

26. JULI 2023
Tag, an dem das Interview digital geführt wurde.

31. AUGUST 2023
Tag, an dem dieses Kapitel geschrieben wurde.

Die Vorstellung von Erkan habe ich erneut mit einigen der neueren KI-Programme wie *bing Chat* (Microsoft), *Bard* (Google) und *Llama 2* (Meta) versucht, dort aber fast ausschließlich halluzinierte Informationen erhalten. Nur um alle größeren LLMs, die es zu dieser Zeit gab, einzuschließen, *Claude 2* (Anthropic) hatte ich für das Interview davor schon erfolglos getestet. Also zurück zu *ChatGPT* und den Plugins *KeyMate.AI Search*, *Link Reader* und *WebPilot*. Ich wies im Prompt an, dass alle drei Plugins genutzt werden sollten:

»Dr. Erkan Altun ist eine bemerkenswerte Persönlichkeit mit einer vielfältigen Karriere. Er ist nicht nur ein renommierter Strafverteidiger, sondern auch ein gefragter Vortragsredner.

Dr. Altun wurde 1977 in eine Gastarbeiterfamilie in Deutschland geboren und wuchs in einer problematischen Gegend auf. Als Teenager distanzierte er sich von der Straße und fand seinen Weg in die Welt des Rechts. Er gründete die Kanzlei Altun im Jahr 2005 und ist seit 2009 Fachanwalt für Strafrecht. Mit seiner umfangreichen Erfahrung aus einer Vielzahl von Strafverfahren im gesamten Bundesgebiet hat er sich einen Namen gemacht. Seine Arbeitsphilosophie ist einfach: ›Wenn Du etwas machst, mach es richtig.‹ Dies bedeutet für ihn, sich mit vollem Einsatz für die Belange seiner Mandanten einzusetzen.

Neben seiner Tätigkeit als Strafverteidiger ist Dr. Altun auch ein gefragter Vortragsredner. Er nutzt seine Erfahrungen als Strafverteidiger, um wertvolle Erkenntnisse für den beruflichen und privaten Alltag abzuleiten. Im Jahr 2013 schloss er als Jahrgangsbester den Zertifikatslehrgang zum Professionell Speaker SHB ab und ist seitdem auf vielen Bühnen im gesamten deutschsprachigen Raum unterwegs.

Darüber hinaus engagiert sich Dr. Altun ehrenamtlich als Vorsitzender in der Ethikkommission der German Speaker Association e.V. Er promovierte an der Leibniz Universität Hannover im europäischen Wettbewerbsrecht.«

Da ich mehr über die Themen seiner Vorträge wissen wollte, fragte ich ergänzend danach. Die Antwort lautete: *»Seine Vorträge sind eine Reise von den Abgründen der menschlichen Natur zu den Pfeilern einer starken Persönlichkeit. Er nutzt seine Erfahrungen als Strafverteidiger, um wertvolle Erkenntnisse für den beruflichen und privaten Alltag abzuleiten.*

Dr. Altun führt seine Zuhörer in unbekanntes Terrain ihrer eigenen Persönlichkeit und ermöglicht so die Verdichtung auf das Wesentliche – den eigenen Charakter. Er konfrontiert und provoziert sie bewusst mit unbequemen Wahrheiten über allzu menschliche Unzulänglichkeiten und ermöglicht so, sich selbst tiefgreifend zu erkennen und das Potenzial dieser Erkenntnisse für die berufliche und persönliche Weiterentwicklung zu nutzen.«

Vorweg eine kurze Entschuldigung für die etwas schlechtere Qualität der Tonaufnahme des Interviews, falls du es dir direkt anhören möchtest. Es hallt etwas.

Obwohl Erkan beruflich keinen Schwerpunkt auf KI legt, gibt es in seinem Beruf bereits verschiedene indirekte Berührungspunkte mit KI. Der Enkeltrick 2.0, bei dem KI eingesetzt wird, um Stimmen zu imitieren und am Telefon Geld von angeblichen Verwandten zu erhalten, ist ein Beispiel dafür, wie KI bereits heute für kriminelle Zwecke eingesetzt wird. Auf der anderen Seite gibt es erste Überlegungen, wie KI zur Prävention von Straftaten eingesetzt werden kann. Es gehört zu seinen Aufgaben, die Entwicklungen zu verfolgen, um zu wissen, wann diese neue Form der Beweisführung rechtmäßig eingesetzt werden kann. Nicht zuletzt beschäftigt er sich mit den zukünftigen Möglichkeiten, auch Akten durch KI lesen zu lassen und mit Hilfe von spezialisierten Programmen Verhandlungstaktiken für Gerichtsverhandlungen zu entwickeln. Auch hier steht vieles in den Startlöchern.

In seiner täglichen Arbeit setzt er KI noch nicht ein, da spezialisierte Programme sehr kostspielig sind. Für einen speziellen Fall habe er aber schon einmal große Aktenberge mittels KI prüfen lassen. In Nordeuropa wird KI seiner Meinung nach bereits in der ersten Instanz bei kleineren Geldbeträgen eingesetzt. Im Strafrecht wird es wohl noch einige Zeit dauern, bis dies der Fall sein wird. Hier spielen zu viele Faktoren bei der Strafzumessung eine Rolle, die noch nicht alle von KI übernommen werden können. In der Rolle des Strafverteidigers kommt ein emotionaler Faktor hinzu. Seine Mandanten befinden sich oft in einem emotionalen Ausnahmezustand und brauchen für eine gute Betreuung einen Ansprechpartner, der sie zum Beispiel auch in einer möglichen Untersuchungshaft besuchen kann.

Spannend ist die Frage, ob KI in naher Zukunft nicht auch diese emotionale Unterstützung übernehmen kann. Erste Versuche, bei denen KI erfolgreich die Beratung zu medizinischen Themen übernommen hat, gibt es bereits. Und auch die Möglichkeit, Emotionen mittels KI zu erkennen und zu bewerten, wird sicherlich irgendwann diskutiert werden – spätestens dann, wenn KI als Lügendetektor 2.0 eingesetzt werden kann.

Auf die interessante Definition von Kreativität in seiner täglichen Arbeit eingehend, die er für die Ausarbeitung der Verteidigungsstrategie benötigt, erzählte Erkan von einem Seminar. Dort wurde *ChatGPT* eingesetzt, um das Schlussplädoyer zu verfassen, allerdings auf amerikanisches Recht bezogen. Mit gutem Erfolg, jedenfalls als Ausgangspunkt für die weitere Arbeit. Auch wenn Gesetze nur ein Teil dieser Arbeit sind und der zwischenmenschliche Faktor eine große Bedeutung hat, zeigt sich, dass auch hier KI als Inspirationsquelle bereits gut nutzbar ist. Die weiteren Auswirkungen auf den Bereich der Rechtsprechung sind noch nicht absehbar.

Nachtrag aus der Zukunft

Im Podcast *KI verstehen* vom 09.11.2023 wird das Thema *Künstliche Intelligenz* in der Justiz anschaulich besprochen. Auch in Deutschland wird KI schon im Rechtssystem eingesetzt. Allerdings noch keine generative KI, sondern Programme zur systematischen Datenstrukturierung. Gerichtsurteile dürfen KI-Systeme laut Grundgesetz bei uns nicht fällen.[35]

Auch wenn es im europäischen Raum rechtliche Rahmenbedingungen zum Schutz unserer Persönlichkeitsrechte gebe, hinke die Rechtsprechung der Entwicklung im Bereich der KI hinterher, so Erkan. Fragen, die nicht nur das Urheberrecht betreffen, sind noch nicht geklärt. Zum Beispiel, wer bei einem durch KI verursachten Verkehrsunfall haftet. Noch ist dies nicht geregelt, da es bei uns verboten ist, ein Fahrzeug vollständig autonom fahren zu lassen. In Zukunft aber werden neue Gesetze erforderlich sein, auch wenn einige große Autohersteller bereits angekündigt haben, in solchen Fällen die Verantwortung zu übernehmen.

Die EU geht derzeit bei der Regulierung voran und bis Ende 2023 soll der *EU AI Act* in Kraft treten.[36] Es gibt viele Meinungen und Ansichten zu diesem Thema, denn eine Regulierung kann auch einen Wettbewerbsnachteil für europäische Unternehmen bedeuten. Der Abstand zu den USA und China könnte noch größer werden. Auf der anderen Seite, da waren Erkan und ich uns einig, sind wir als Bürger froh, dass unsere Persönlichkeitsrechte respektiert und geschützt werden. Es ist ein Spagat zwischen der ethisch-moralischen und der wirtschaftlichen Seite, ein Dilemma, das schwer aufzulösen sein wird.

Die Notwendigkeit einer Regulierung wird selbst von den meisten großen Anbietern von KI-Programmen bestätigt und gefordert. Ob damit auch der eigene Technologievorsprung geschützt werden soll, bleibt offen. Ich persönlich gehe davon aus, dass sich die Regulierung weniger auf die Technologien und Programme konzentrieren sollte, sondern viel mehr auf die Anwendungen. Programme sind Werkzeuge, die unterschiedlich eingesetzt werden können. Sie zu regulie-

---

35 Vgl. https://www.deutschlandfunk.de/kuenstliche-intelligenz-in-der-justiz-ist-ki-die-bessere-richterin-dlf-dfaf1520-100.html; besucht am 20.11.2023.

36 Mehr über die KI Strategie der EU findest du hier: https://digital-strategy.ec.europa.eu/de/policies/european-approach-artificial-intelligence; besucht am 20.11.2023.

ren bedeutet auch, die positiven Möglichkeiten einzuschränken. Es bleibt abzuwarten, ob es uns gelingt, die wirtschaftlichen Freiräume für eine erfolgreiche Weiterentwicklung des KI-Marktes zu erhalten und gleichzeitig die Persönlichkeitsrechte jedes Einzelnen zu schützen. Dazu gehören natürlich auch kreative Leistungen, die bisher vergleichsweise einfach durch Urheberrechte und Patente geschützt werden.

Für Erkan selbst bedeutet es konkret, dass als mittelständische Kanzlei nur die Möglichkeit bleibt, sich aktuell zu informieren und abzuwarten, welche Gesetze in diesem Zusammenhang erlassen werden. Dies gilt auch für Start-ups, die in diesem Bereich tätig sind und in Zukunft nicht nur die Europäische Datenschutzgrundverordnung (DSGVO), sondern auch weitere Gesetze, die sich aus dem *AI Act* ergeben, beachten müssen. Das wird die Entwicklung neuer Anwendungen kaum beschleunigen.

Es wird also KI-Anwendungen geben, die die Strafverfolgung und auch die Strafvollstreckung verbessern sowie erleichtern, und solche, mit deren Hilfe die Straftat überhaupt erst begangen wird. Wir sollten uns darüber im Klaren sein, dass die Schuld beim Menschen liegt, denn eine KI handelt nur, wenn wir es ihr sagen oder sie so programmieren. Es sei denn, es gibt eine Art Bewusstsein bei der KI, wovon wir meiner Meinung nach noch weit entfernt sind.

Das Rechtssystem beschäftigt sich bereits mit diesen Fragen. So hat es auf dem *Strafverteidiger Tag 2023* einen Tagungsblock mit dem Thema *KI im Strafrecht* gegeben und auch in der EU gibt es eine Kommission dazu. Natürlich wird das Thema auch nicht nur in Europa diskutiert. In den USA gibt es die Vereinigung CAIS (*Center for AI Safety*) in der sich Experten aus verschiedenen Bereichen zusammengeschlossen haben, um den möglichen Gefahren, die der Einsatz von KI mit sich bringen kann, entgegenzuwirken. Es bleibt spannend, wohin die Reise geht, und ich hoffe, dass die Gesellschaft und wir alle die Entwicklung mit offenen Augen verfolgen, um auch eigene Verhaltensentscheidungen treffen zu können.

Die Ergebnisse einer KI sind eng mit den Daten verknüpft, mit denen sie trainiert wurde. Dies allein kann zu einer möglichen Diskriminierung von Bevölkerungsschichten in den Antworten der Sprachmodelle führen. Aktuelle LLMs sind ein Abbild unserer Gesellschaft beziehungsweise der Gesellschaft, mit deren Daten sie trainiert wurden. Die KI übernimmt automatisch die in den Daten enthaltenen Vorurteile. Die ethischen Probleme, die sich daraus ergeben, müssen ebenfalls berücksichtigt werden.

Für Erkan werden die ethisch-moralischen Standards des Strafrechts nur dann eingehalten, wenn wir das bestehende Individualrecht auch beim Einsatz von KI beachten. Wie bei einer Hausdurchsuchung müsse geklärt werden, ob der Einsatz überhaupt legitim sei. In einem zweiten Schritt muss nachvollziehbar sein, wie es zu der Entscheidung der KI gekommen ist. Zudem muss der Beschuldigte überprüfen können, auf welcher Grundlage die Entscheidung getroffen wurde. Schon heute würden die Hersteller von Geschwindigkeitsmessgeräten nicht alle Daten offenlegen, was seines Wissens auch als verfassungskonform angesehen werde. Wenn wir das auf die KI übertragen und wir in Zukunft nur noch ein Ergebnis sehen, aber nicht mehr wissen, wie es zustande gekommen ist, führt das zu Problemen.

Spinne ich den Gedanken weiter, so müssten KI-Programme, die im Rechtssystem eingesetzt werden, grundsätzlich einsehbar sein, um die Entscheidungsfindung nachvollziehbar zu machen. Aber selbst die Programmierer wissen nicht genau, wie die regenerative KI zu ihren Ergebnissen kommt. Die Möglichkeit einer exakten Nachvollziehbarkeit ist daher möglicherweise gar nicht möglich und wenn doch, dann so komplex, dass der Durchschnittsbürger sie nicht verstehen wird. Mich eingeschlossen, denn ich hatte bereits geschrieben, dass ich die Details der Funktionsweise von LLMs nicht verstehe.

Ich habe *ChatGPT* danach gefragt und es ist als »Black-Box«-Problem bekannt. Die KI sagt dazu: *»Der Mangel an Transparenz in komplexen Modellen wirft ethische Fragen auf, insbesondere wenn KI in sensiblen Bereichen wie der Medizin, dem Rechtssystem oder der Kreditvergabe eingesetzt wird.«*

Selbst wenn ein KI-Programm nur Empfehlungen ausspricht, beispielsweise an einen Richter, stellt sich die ethische Frage, ob es nicht de facto entscheidet, wenn wir uns daran gewöhnt haben, der Empfehlung zu folgen. Der Gesetzgeber könnte dies etwas umgehen und KI als einen von mehreren Richtern in einem Gremium einsetzen. Hier gibt es ein Beratungsgeheimnis und wir würden nicht erfahren, welcher Richter welches Urteil gefällt hat. Die KI würde also wie ein Spieler (in diesem Fall Richter) eingesetzt werden und nicht als Ersatz für die ganze Mannschaft.

Erkan stellt sich die Frage, wie wir in einem solchen Szenario reagieren würden, wenn die menschlichen Richter jemanden freisprächen, die KI aber nicht? Und der Angeklagte später erneut einen Mord begeht? KI wird in Zukunft sicherlich auch in der Rechtsprechung eine Rolle spielen und Einfluss nehmen, so wie es die Medien heute teilweise schon tun. Es bleibt den Menschen überlassen, wie sie mit dieser Beeinflussung umgehen und sie in die eigene Entscheidung einbeziehen. Erkan schloss mit der Hoffnung, dass bei aller Entwicklung die Individualrechte gewahrt werden.

In seinem Worst-Case-Szenario wird es in seinem Tätigkeitsbereich nur noch auf harte Fakten ankommen, die die KI zur Entscheidungsfindung heranzieht, und nicht mehr auch auf menschliche Faktoren wie Vertrauen. Vertrauen, das ein Richter einem Straftäter entgegenbringen kann und ihm zutraut, in Zukunft keine Straftaten mehr zu begehen.

Im besten Fall wird KI uns in die Lage versetzen, Straftaten zu verhindern, bevor sie begangen werden. Ausgestattet mit genügend Daten und Informationen, kann KI in diesem Fall vorhersagen, wann und wo mit hoher Wahrscheinlichkeit eine Straftat begangen wird. Mir persönlich kommt bei diesem Szenario der Film *Minority Report* in den Sinn und ich bin mir nicht sicher, ob ich es als eine gute Entwicklung betrachten soll.

4. Mein persönliches Fazit

Die ethischen und rechtlichen Auswirkungen, die der Einsatz von KI mit sich bringen wird, sind hochspannend und noch weitgehend offen. Auch wenn es in unserem Gespräch selten um Kreativität ging, empfand ich es als eines der wichtigsten. Insbesondere das ethische Dilemma, dass Grundlagen für rechtliche Entscheidungen nachvollziehbar sein sollten, dies aber aus meiner Sicht bei KI kaum umsetzbar sein wird, lässt mich nicht los. Es wird auch in diesem Gebiet noch viel Bewegung geben und ich kann nicht absehen, wohin die Entwicklung gehen wird. Daher hier noch einige aktuelle Informationen, die zu deiner Zeit vielleicht schon überholt sind:

Am 26. Juni 2023 berichtete die *Agentur Reuters*, dass sich amerikanische Unternehmen dazu verpflichten wollen, für von KI generierte Bilder ein Wasserzeichen einzubauen. *Google* kündigte am 30. August 2023 sein Programm *SynthID* an, dass genau dies tun soll. Die Wasserzeichen sind von Menschen nicht zu erkennen und verschwinden auch nicht, wenn das Bild verändert wird. Ob dies die Problematik mit Deepfake Bildern löst, bezweifele ich. Es müssten sich alle Unternehmen an diese oder eine ähnliche Regelung halten und ich glaube, dass es immer ausreichend negative Tendenzen geben wird, sie zu umgehen. Vielleicht wäre es daher die bessere Lösung, echte Bilder mit einem solchen Wasserzeichen zu versehen. Idealerweise könnten wir dadurch auch Ort und Zeitpunkt der Aufnahme verifizieren.

Das MIT (*Massachusetts Institute of Technology*) forscht gleichzeitig an einem Programm, das es KI unmöglich machen soll, Bilder zu manipulieren. Das Tool namens *PhotoGuard* funktioniert wie ein Schutzschild, indem es Fotos auf eine für das menschliche Auge unsichtbare Weise verändert, und dadurch verhindert, dass sie manipuliert werden. Versucht jemand, ein mit *PhotoGuard* »immunisiertes« Bild mit einer Bildbearbeitungsanwendung zu bearbeiten, die auf einem generativen KI-Modell wie *Stable Diffusion* basiert, sieht das Ergebnis unrealistisch oder verzerrt aus. Kurze Zeit später (Anfang September 2023) führte *Meta Facet* ein, um die Fairness von KI-Modellen zu bewerten. Es soll Bewertungen von Voreingenommenheit in Bildern und Videos ermöglichen. Es wurde entwickelt, um Diskriminierungen in KI-Modellen zu identifizieren.

Falls es den Anschein erweckt, als ob nur die EU sich Gedanken zu den Gefahren von KI macht, ist dies natürlich nicht der Fall.

Bereits im Juli 2023 haben sich die sieben führenden KI-Unternehmen im *Weißen Haus* in den USA eingefunden und die Regierung von Biden ließ sich einen verantwortungsvollen Umgang mit KI zusichern. Allerdings handelte es sich dabei »nur« um eine freiwillige Selbstverpflichtung.

Wie kompliziert das Thema für die EU und den geplanten *AI Act*[37] ist, zeigt ein Artikel vom 01. August 2023 in der Fachzeitschrift *Spektrum.*[38] Dort wird unter anderem erwähnt, dass die bisher beschriebenen Regeln der EU momentan von den auf dem Markt befindlichen Anbietern von KI-Programmen nicht eingehalten werden und dass die technische Entwicklung schneller voranschreitet, als die Gesetze überhaupt angepasst werden können. Passend dazu reichen polnische Datenschützer Anfang September 2023 eine Beschwerde gegen *ChatGPT* ein, da es gegen mehrere Artikel der Datenschutzgrundverordnung verstoßen haben soll.

Nachtrag aus der Zukunft

Auch in diesem Bereich hat sich in den letzten Tagen bei weitem mehr getan, als ich vermutet hatte. Hierzu gibt es ebenfalls eine Folge im Podcast *KI verstehen.* Einige Beispiele dazu:

- US-Präsident Biden erlässt ein Dekret zur Regulierung von KI in den USA. Die Umsetzung liegt allerdings noch bei den Bundesbehörden.
- Unter Führung von Großbritannien und Premierminister Rishi Sunak fand in Bletchley Park ein internationales KI-Gipfeltreffen statt. Neben den großen KI-Konzernen nahmen 28 Staaten, unter anderem die USA, Großbritannien,

---

37 Das EU-Parlament hat bereits über einen Entwurf des Regelwerks abgestimmt, nun verhandeln die Kommission, der Rat und das Parlament gemeinsam im so genannten Trilog über die endgültige Fassung, die noch in 2023 verabschiedet werden soll.

38 Vgl. https://www.spektrum.de/news/ki-regulierung-was-soll-kuenstliche-intelligenz-duerfen/2165157; besucht am 20.11.2023.

Deutschland, Frankreich, Italien, die EU-Kommission, Australien und Singapur teil. Die genannten stimmten auch alle Tests der neuesten KI-Modelle auf Sicherheitsrisiken zu. Aus Sicht von Deutschland ist dies aber nur der erste Schritt, da diese Tests noch auf Freiwilligkeit beruhen. Verpflichtende Tests sollen durch den europäischen *AI Act* kommen.

- Gleichzeitig gibt es Anzeichen, dass gerade Deutschland und Frankreich die abschließende Fassung des *AI Acts* verzögern, da sie Ausnahmen für Startups fordern[39]. Aus wirtschaftlicher Sicht verständlich, da die Regierungen den Unternehmen im eigenen Land, die noch am Anfang der Entwicklung stehen, keine zu großen Hürden abverlangen wollen. In Deutschland spielt dabei *Aleph Alpha* und in Frankreich das Unternehmen *Mistral* eine große Rolle.
- Frankreich, Italien und Deutschland sollen sich darauf verständigt haben, dass nicht die Technologie reguliert werden soll, sondern allein die Anwendung. Für die Unternehmen, die KI Produkte herstellen, soll ein *Code of conduct* gelten.
- Anfang November 2023 bringt die UN ein Playbook heraus, das als Nachschlagewerk für Entscheider und Politiker dienen soll, um Technologien verantwortungsvoll zu nutzen.[40]

---

39 Offiziell sollen sogenannte »Foundation Modelle«, also die Basismodelle ausgenommen werden, die als Grundlage für viele weitere Anwendungen dienen.

40 Vgl. https://www.euractiv.com/section/artificial-intelligence/news/eus-ai-act-negotiations-hit-the-brakes-over-foundation-models/; https://www.reuters.com/technology/germany-france-italy-reach-agreement-future-ai-regulation-2023-11-18/; https://www.heise.de/news/UN-bringt-Playbook-zu-verantwortungsvoller-Technik-raus-9356023.html; alle besucht am 20.11.2023.

5. Gesprächszusammenfassung durch ein KI-Programm

Die verschiedenen Varianten, die ich erstellen ließ, schwankten zwischen guten Parts und wilden Halluzinationen der Maschine. Auf diesem Feld gibt es daher nichts Neues.

Im Vorfeld hatte ich aber auch wieder Fragen von *ChatGPT* generieren und später von der KI selbst beantworten lassen. Diese decken sich durchaus mit unseren Aussagen. Hier einige Beispiele:

Fragen von *ChatGPT* an Erkan Altun und die Antworten der KI, ohne den Prompt durch weitere Angaben zu beeinflussen: »Frage der KI zu rechtlichen Herausforderungen: *Künstliche Intelligenz (KI) wirft eine Reihe von rechtlichen Fragen auf, insbesondere in Bezug auf Datenschutz und Haftung. Wie sehen Sie die aktuelle rechtliche Landschaft in Bezug auf KI und wo sehen Sie die größten rechtlichen Herausforderungen?*

Antwort der KI: *Die aktuelle rechtliche Landschaft für KI ist komplex und steht noch zur Debatte. Es gibt noch viele Grauzonen, insbesondere im Bereich Datenschutz und Haftung. Datensicherheit und Datenschutz sind von besonderer Bedeutung, da KI oft auf große Mengen von Benutzerdaten angewiesen ist, um effektiv zu funktionieren. Haftungsfragen sind ebenfalls problematisch, da unklar ist, wer für Schäden durch KI-Systeme verantwortlich ist. Einige der größten rechtlichen Herausforderungen bestehen darin, einen angemessenen Rahmen zu schaffen, der Datenschutz und Sicherheit gewährleistet, ohne die Innovation zu behindern.*

Frage der KI zu ethischen Herausforderungen: *Neben den rechtlichen Fragen gibt es auch eine Reihe von ethischen Herausforderungen im Zusammenhang mit KI, wie beispielsweise die Frage, wie Entscheidungen getroffen werden und wer dafür verantwortlich ist. Wie sehen Sie diese ethischen Herausforderungen und wie können sie Ihrer Meinung nach angegangen werden?*

Antwort der KI: *Die ethischen Herausforderungen im Zusammenhang mit KI sind genauso wichtig und vielfältig. Ein Kernproblem ist die Transparenz und Nachvollziehbarkeit der Entscheidungen, die von KI-Systemen getroffen werden. Ein weiteres Problem ist die Möglichkeit von Voreingenommenheit in KI-Systemen, die sich in ihren Entscheidungen widerspiegeln kann. Um diese Herausforderungen anzugehen, müssen wir Richtlinien entwickeln, die Transparenz und Rechenschaftspflicht gewährleisten, und wir müssen Methoden zur Prüfung und Korrektur von Voreingenommenheit in KI-Systemen entwickeln.«*

6. Erkenntnisse beim Einsatz von KI

Ich würde es noch nicht wagen, den Zusammenfassungen eines längeren Gesprächs durch KI uneingeschränkt zu vertrauen. Neue Erkenntnisse kamen am Ende nicht hinzu.

Nachtrag aus der Zukunft

Ich habe ausführlich über die Schwächen der KI bei Zusammenfassungen geschrieben, aber die menschlichen Schwächen in diesem Bereich völlig außer Acht gelassen und zugegebenermaßen fast übersehen.

Bei der Überprüfung meiner Zusammenfassungen durch die Expertinnen und Experten entdeckten wir einige Fehler, die ich eingebaut hatte. Ganz ohne Zutun von AI. Gerade im Zusammenhang mit Zeugenaussagen und wissenschaftlichen Studien sind Erinnerungsverzerrungen (englisch: »recall bias«) bekannt. Wir Menschen neigen durchaus dazu, uns nicht immer korrekt an Ereignisse zu erinnern oder Ereignissen im Nachhinein mehr oder weniger Bedeutung beizumessen als ursprünglich.

Und auch das bereits erwähnte »Lost in the middle«-Problem von KI existiert in ähnlicher Form auch beim Menschen. Es wird als »serieller Positionseffekt« oder »Primacy-Recency-Effekt« bezeichnet. Dieser Effekt beschreibt die Tendenz, dass wir uns an die ersten (Primacy-Effekt) und letzten (Recency-Effekt) Elemente einer Liste oder Geschichte besser erinnern als an die in der Mitte. Dies wird sogar in meinem Beruf als Vortragsredner vermittelt, indem dem Anfang und dem Ende einer Rede besondere Aufmerksamkeit und Energie gewidmet wird.

Die KI spiegelt also vorhandene menschliche Schwächen wider und erscheint dadurch eigentlich menschlicher als gedacht. Vielleicht hat mich gerade deshalb die Leistung der KI-Programme so enttäuscht.

Fazit: Meine neue Welt der Kreativität mit KI

Hat sich meine Welt der Kreativität durch die neuen KI-Programme verändert? Auf jeden Fall. Wie ich bereits im Interview mit Ralf Schmitt erwähnt habe, ist ein neuer Spieler auf dem Spielfeld erschienen, der die Regeln verändert hat. Nicht, weil er etwas verlangt, sondern weil er einfach da ist und genutzt werden kann. Das hat die Möglichkeiten meiner eigenen Kreativität stark verändert. Während der Arbeit an diesem Buch habe ich über 100 neue KI-Anwendungen kennen gelernt und mehr als 50 davon selbst ausprobiert. Mal kürzer, mal länger und immer wieder. Plötzlich konnte ich Bilder generieren, Texte umschreiben, Webseiten erstellen, Lieder komponieren und in verschiedenen Sprachen sprechen. Vieles war Spielerei, aber ich hatte immer das Gefühl, dass Kreativität im Spiel war.[41]

Ich werde KI auf jeden Fall auch in Zukunft einsetzen und für mich nutzen, um in Kombination mit der Maschine bessere und auch kreativere Ergebnisse zu erzielen oder einfach nur, um meiner kindlichen Kreativität freien Lauf zu lassen und wie wild Bilder zu generieren. Nicht um ein bestimmtes Ergebnis zu erzielen, sondern weil es einfach spannend ist und Spaß macht.

Für mich gibt es künstliche Kreativität und wir Menschen können sie nicht nicht nutzen und einsetzen, dazu sind wir viel zu neugierig. Dennoch ist es eine andere Art als die menschliche Kreativität, deshalb versuche ich, sie durch eine Definition abzugrenzen.

---

41 Im amerikanischen Sprachraum und auf Plattformen von sozialen Medien wird dazu auch oft der Begriff Democratization of creativity genutzt. Es bezeichnet die Möglichkeit, dass viele Menschen ihrer Kreativität mit Hilfe von KI Ausdruck verleihen können, ohne vorher spezielle Schulungen oder Ausbildungen durchlaufen zu haben oder wenn ihnen vorher schlicht die Fertigkeiten dazu fehlten.

Definition der künstlichen Kreativität

Wie schon oft erwähnt, glaube ich, dass wir eine bessere Abgrenzung der verschiedenen Formen von Kreativität brauchen, um besser darüber diskutieren und uns austauschen zu können. Eine Einteilung in vier Hauptbereiche, die alle unter dem Oberbegriff Kreativität zusammengefasst werden, ist ein erster Ansatz. Die Unterteilung bezieht sich dabei nicht auf die Art der Denkprozesse, wie es bei divergent versus konvergent der Fall ist, sondern auf die Anwendungsbereiche, wo die Arten zu finden sind und mit welchem Ziel sie eingesetzt werden.

Unterscheiden können wir zwischen:
1. Kindlicher Kreativität
2. Künstlerischer Kreativität und
3. Lösungsorientierte Kreativität

Die dritte Art zu benennen, fällt mir am schwersten. Sie umfasst die Kreativität, die wir im Alltag brauchen und einsetzen, um Herausforderungen und Probleme zu lösen. Das reicht von der Ideensuche, wie man seinen Sonnenschirm reparieren kann (Beispiel Gerriet Danz), über die optimale Taktik, einen Kunden zu verteidigen (Beispiel Erkan Altun), bis hin zur Voraussetzung für jede Innovation im wirtschaftlichen Umfeld. Sicherlich gäbe es andere Begriffe, die diese Art von Kreativität ebenso gut oder schlecht beschreiben würden, aber für mich ist es bisher der treffendste.

Diese drei Arten oder Felder der Kreativität gibt es schon lange. Jetzt kommt eine vierte hinzu und es handelt sich dabei um die:
4. Künstliche Kreativität

Ich gestehe, dass ich nicht gut darin bin, Definitionen zu formulieren. Also habe ich *ChatGPT* danach gefragt und hier sind die Ergebnisse:
- *»Kindliche Kreativität ist die natürliche Fähigkeit von Kindern, durch Vorstellungskraft, Neugier und spielerische Experimente die Welt zu erkunden. Sie zeichnet sich durch Unbefangenheit und die Bereitschaft aus, neue Dinge*

ohne Angst vor Fehlern oder Urteilen zu versuchen. Diese Form der Kreativität ist oftmals unabhängig von einem Ziel oder Ergebnis. Sie stellt einen wichtigen Bestandteil der menschlichen Entwicklung dar und dient als Grundlage für lebenslanges kreatives Denken und Handeln.

- *Künstlerische Kreativität ist die Fähigkeit, originelle und emotionale Werke in verschiedenen Kunstformen wie Malerei, Musik, Tanz oder Literatur zu schaffen. Sie kombiniert technisches Können mit persönlicher Ausdruckskraft, um einzigartige und oft tiefgründige kreative Produkte hervorzubringen. Diese Form der Kreativität ist stark mit der emotionalen und ästhetischen Wahrnehmung des Schöpfers verknüpft und zielt darauf ab, beim Publikum ähnliche Empfindungen oder Gedanken auszulösen. Künstlerische Kreativität ist ein Schlüssel zur menschlichen Kultur und trägt zur fortwährenden Entwicklung und Vielfalt künstlerischer Ausdrucksformen bei.*

- *Lösungsorientierte Kreativität bezeichnet die Fähigkeit, kreative Denkprozesse und Methoden gezielt auf die Identifikation und Lösung spezifischer Probleme oder Herausforderungen anzuwenden. Sie kombiniert kritisches Denken mit innovativem Ansatz, um effektive und oft unkonventionelle Lösungen zu finden. Diese Art der Kreativität ist insbesondere in beruflichen und alltäglichen Kontexten relevant, wo schnelle und effiziente Problemlösung erforderlich ist. Sie fördert die Anpassungsfähigkeit und ermöglicht den effektiven Umgang mit komplexen und sich ständig verändernden Anforderungen.*

- *Künstliche Kreativität bezieht sich auf die Fähigkeit von KI-Systemen, originelle Ideen, Konzepte oder Werke zu generieren, die traditionell als Domäne menschlicher Kreativität gelten. Diese Systeme nutzen Algorithmen und Modelle, um Muster in Daten zu erkennen und daraus neue, oft überraschende Ergebnisse abzuleiten. Während künstliche Kreativität die Grenzen des technisch Möglichen erweitert, bleibt sie dennoch durch die Parameter und Daten eingeschränkt, die ihr durch menschliche Entwickler vorgegeben werden. Ihre Rolle in Kunst, Wissenschaft und anderen kreativen Feldern ist ein aktives Forschungsgebiet und Gegenstand ethischer und philosophischer Diskussionen.«*

Die Übergänge zwischen diesen Arten sind fließend, aber sie zeichnen sich oft durch ein besonderes Merkmal aus. Kindliche Kreativität ist in vielen Fällen ergebnisoffen. Es geht um das Tun an sich und nicht darum, was dabei herauskommt. Künstlerische Kreativität zielt darauf ab, etwas zu schaffen und anderen zu zeigen. Lösungsorientierte Kreativität beginnt mit einer Herausforderung, einem Problem oder einem Schmerz, den es zu überwinden gilt.

Künstliche Kreativität kann in all diesen Bereichen unterstützen, da das Ergebnis von den Anweisungen abhängt, die der Mensch der KI gibt. Die Maschine selbst ist nicht kreativ, aber das Ergebnis ist es, und die KI simuliert somit Kreativität. Künstliche Kreativität zeichnet sich nur durch ihre Ergebnisse aus. Ob diese eher philosophische Unterscheidung im Alltag von Bedeutung ist? Wahrscheinlich nicht.

Wenn dir diese Unterscheidung nicht zusagt, dann übertragen wir es auch noch einmal auf die unterschiedlichen Denkweisen. Menschen können konvergent oder divergent denken, um Probleme zu lösen. Maschinen denken aber nicht. Nicht in dem Sinne wie wir. Der kreative Output ist abhängig von der Eingabe. Aber das Ergebnis ist später oft nicht mehr von dem eines Menschen zu unterscheiden. Für mich bedeutet dies, dass es künstliche Kreativität gibt, auch wenn ich Maschinen keine Kreativität zuschreibe. Das Ergebnis spricht für sich, und natürlich können wir meine Aussage jetzt infrage stellen, denn muss etwas, das kreative Ergebnisse liefert, nicht auch kreativ sein? Bei Menschen ja, bei Maschinen nein.

Jeder kann in den ersten drei Bereichen kreativ sein. Ich bin vielleicht nicht gut in Kunst, aber jeder kann singen. Nicht jeder will es hören, aber auch das ist eine Form von Kreativität. Ebenso kann jeder Probleme lösen, und wir waren schon als Kinder spielerisch kreativ. Und schließlich können wir alle künstliche Kreativität für uns nutzen. KI liefert nur für den letzten Bereich Ergebnisse und ist daher aus meiner Sicht nicht kreativ. Nicht, solange die Arbeitsweise der Maschinen nicht so weit entwickelt ist, dass sie auch die anderen drei Arten abdecken kann. Und das tut sie (noch) nicht, weil sie keinen eigenen Antrieb hat. Erst der Mensch macht sie kreativ.

Vielleicht ist es noch zu früh, die vierte Kategorie als eigenständig neben den anderen drei zu betrachten, da es sie in der Reinform noch gar nicht gibt. Vielmehr verwenden wir künstliche Kreativität für eine der drei anderen Arten. Doch KI wird sich weiterentwickeln und schon jetzt verschwimmen die Grenzen immer mehr. Zum Beispiel, wenn eine KI die Aufgabe erhält, sich eine eigene Spielwelt zu erschaffen, was bereits getan wurde. Spielt die KI dann schon? Noch besitzt KI nur eine partielle Möglichkeit, um kreative Ergebnisse zu erzielen, aber das wird sich ändern. Irgendwann wird der Impuls zum kreativen Output nicht mehr allein vom Prompt-Autor, also dem Menschen kommen, sondern von der Maschine selbst oder einer anderen Maschine. Dann werden auch Maschinen ihre eigene partielle Kreativität entwickeln und in der Zukunft sicherlich auch eine universelle, die alle drei genannten Arten abdeckt.

Aber so weit ist es noch nicht und nur mit einem guten Prompt-Autor (wer lieber englische Begriffe verwendet, kann auch Prompt Creator sagen) erhalten wir auch ein kreatives Ergebnis. Übertragen auf mein Beispiel mit dem zwölften Spieler im Fußball bedeutet das, dass wir unserem neuen Spieler noch genau sagen müssen, wie er spielen und was er tun soll. Sonst steht er nur im Weg. Im Idealfall können alle anderen elf Spieler ihn gut einsetzen und nicht nur der Trainer, dann ist der Mehrwert für alle hoch.

Vielleicht war dieser eher philosophische Gedankenausflug etwas zu theoretisch (und wird auch wohl kaum zu einer Konsensdefinition führen), deshalb hier noch einmal meine wichtigsten Erkenntnisse aus den Interviews in kompakter Form.

Haupterkenntnisse aus den Interviews

<u>Wahrnehmung und physische Interaktion mit der Außenwelt</u>[42]
Die Möglichkeit, über mehrere Sinneskanäle gleichzeitig physisch mit unserer Umwelt zu interagieren, wird noch lange uns Menschen vorbehalten sein. Wir können und sollten diese Möglichkeit nutzen und für unsere Kreativität einsetzen. Mein Lieblingsbeispiel dafür ist das bereits erwähnte *Lego Serious Play*, gerne auch in allen Anwendungsvarianten. Etwas mit den eigenen Händen zu bauen, aktiviert Denkprozesse, zu denen wir sonst keinen Zugang haben. Komplexe Themen und Zusammenhänge können so sichtbar und beschreibbar gemacht werden.

Wir müssen bei der weiteren Entwicklung der Technik darauf achten, dass wir unsere Kinder nicht zu früh von der natürlichen Wahrnehmung der Außenwelt abschneiden, indem wir sie zum Beispiel in eine künstliche Welt eintauchen lassen. Das haptische Begreifen der Welt ist in der Entwicklungsphase des Menschen unersetzlich und sollte so lange gefördert werden, bis sich die Gehirnstrukturen ausreichend entwickelt haben. Mit anderen Worten: Das Kasperletheater selbst zu bauen und zu spielen, macht nicht nur mehr Spaß, als ein Theaterstück mit Hilfe eines Prompts zu generieren, es erfordert gerade bei Kindern auch ganz andere Denkprozesse, die wir fördern sollten.

Wann immer wir die heutigen Möglichkeiten der KI nutzen, sollten wir uns immer bewusst sein, dass die Maschine eben nicht mit der Umwelt interagiert. Sie kann uns zwar sagen, wie wir ein Regal zusammenbauen sollen, aber sie hat es noch nie selbst gemacht. Und sie ist bestimmt noch nie nachts barfuß auf einen Legostein getre-

---

42 In mehreren wissenschaftlichen und philosophischen Kontexten wird der Begriff »Embodiment« verwendet. Einige Wissenschaftler und Philosophen argumentieren dabei, dass unser Geist nicht nur im Gehirn angesiedelt ist, sondern dass er in der Interaktion des Körpers mit seiner Umgebung entsteht. Vgl. https://de.wikipedia.org/wiki/Embodiment; besucht am 12.09.2023.

ten. Wenn du jetzt schmerzlich das Gesicht verziehst, willkommen im Club. Maschinen haben hier keinen Zutritt.

Unbewusste Kreativität

Daniel Kahnemann hat in seinem bedeutenden Buch *Schnelles Denken, langsames Denken,* welches 2016 im Penguin Verlag erschien, zwischen zwei Denksystemen unterschieden. System eins ist schnell, intuitiv und emotional, während System zwei langsamer, reflektierter und logischer ist. Auch bei der kreativen Ideenfindung können wir zwei Arten unterscheiden. Einerseits haben wir die gezielte Ideensuche, bei der wir uns von Techniken und natürlich auch von KI unterstützen und inspirieren lassen. Im Team oder alleine suchen wir nach einer Lösung oder dem besten Ansatz für unser Musikstück.

Daneben gibt es die aus meiner Sicht geniale Fähigkeit unseres Gehirns, ganz unbewusst Gedankenblitze zu erzeugen, ohne dass wir bewusst danach gesucht haben. Beim Joggen, unter der Dusche, beim Einschlafen oder Aufwachen kommen uns plötzlich Ideen, sofern die Herausforderung für uns vorher eine emotionale Bedeutung hatte. Diese zweite Form der Kreativität kann von KI nicht imitiert werden und ist einzigartig für den Menschen. Um die besten Ergebnisse zu erzielen, sollten wir beide Formen kombinieren und abwechseln.

Zumindest, solange wir Zeit dafür haben, denn für unbewusste Geistesblitze brauchen wir mehr Zeit und eine Inkubationsphase, in der sich Ideen entwickeln können. Ich glaube, dass Inkubationsphasen in Zukunft immer wichtiger werden. Ich hoffe es sogar, denn wir sollten uns nicht auf der ersten Idee von KI-Programmen ausruhen, sondern sie als Ausgangspunkt für die Weiterentwicklung nutzen. Dies gelingt am besten, wenn wir uns bewusst Zeit nehmen, unser Unterbewusstsein für uns arbeiten zu lassen. Eben indem wir nach Situationen suchen, in denen wir schon einmal solche Gedankenblitze hatten. Ohne Druck von außen und ohne zu große Herausforderung für unsere Aufmerksamkeitskapazität. Vielleicht wird uns diese Form der Ideengenerierung für immer einen Vorteil gegenüber der KI verschaffen.

Gedanken zu eigen machen

Wir lernen zuverlässiger, wenn wir etwas selbst getan oder erarbeitet haben. Selbst wenn KI uns ganze Bücher und Videos in Sekundenschnelle zusammenfassen kann, bald vielleicht sogar ohne Qualitätsverlust wie in meinen Beispielen, lohnt es sich, die Gedanken und Informationen der Originalquelle selbst zu durchdringen. Erst wenn wir über das Gelesene oder Gehörte nach- und es durchdenken, machen wir es uns zu eigen und es kann sich auch im Langzeitgedächtnis verankern. Im Idealfall entsteht etwas zwischen unseren eigenen Ohren und es bleibt nicht beim Output einer KI. Wenn wir bei der Verwendung von Zusammenfassungen bleiben, kann sich ein Effekt verstärken, der in der Psychologie als »Dunning-Kruger-Effekt« bezeichnet wird. Dieser bezeichnet unsere Neigung, dass weniger kompetente Menschen ihre eigenen Fähigkeiten überschätzen und kann auch bei Halbwissen auftreten.[43] Genau dieses Halbwissen bauen wir auf, wenn wir versuchen, nur die Quintessenzen aufzunehmen, ohne sie gleichzeitig mit unseren eigenen Gedanken zu vergleichen und zu hinterfragen.

Wir können mit Unterstützung von KI Zusammenfassungen von Texten, Präsentationen und Videos erstellen, die es ermöglichen, viel breites Allgemeinwissen in kurzer Zeit und in verschiedenen Gebieten aufzubauen. Dieses Wissen ist natürlich ebenfalls wertvoll und nützlich, sollte uns aber nicht davon abhalten, in den Themen eine Expertise aufzubauen, die uns wirklich interessieren und bei denen es uns auch sinnvoll erscheint, mehr Energie zu verwenden. Für diese echte Expertise benötigt es einen anderen Zeitaufwand sowie die Durchdringung des ganzen Themas und kann nicht über eine Abkürzung mittels KI erreicht werden.

Ebenso wichtig ist dies bei der Umsetzung von Ideen. Nur wenn es unsere eigenen Ideen und Gedanken sind oder wir sie uns zu eigen gemacht haben, wird auch die Begeisterung für die Umsetzung entstehen, die die Ideen gegen Widerstände schützt. Bei jeder posi-

---

43 Vgl. https://de.wikipedia.org/wiki/Dunning-Kruger-Effekt#Halbwissen; besucht am 20.11.2023.

Fazit: Meine neue Welt der Kreativität mit KI

tiven Inspiration durch KI ist es aus meiner Sicht unabdingbar, dass ein Teil der Idee von uns selbst kommt. Von oder aus einer Person, die dann andere für ihre Idee begeistern kann. Generell haben wir in Deutschland keinen Mangel an guten Ideen, aber sicherlich einen Mangel an der Umsetzung guter Ideen.

Und ich hoffe, dass wir gedanklich nicht zu früh stehen bleiben, sondern die Ideen der KI so lange verfeinern, bis wir bei der Ein-Strich-Lösung sind. Die Antworten der KI erscheinen vielleicht am Anfang schon als die besten, aber wir selbst sollten nicht bei der ersten Idee stehen bleiben, sondern bis zum Science-Fiction-Modus weiterdenken.

Hunger nach Entfaltung

KI wird unsere Arbeitswelt verändern und in vielen Bereichen erleichtern. Ob und wie viele Menschen sich dann zurücklehnen und die Maschine ganz für sich arbeiten lassen, wird davon abhängen, inwieweit wir den Hunger nach Entfaltung und Weiterentwicklung behalten. Den Aspekt »Schule und Bildung« habe ich mit keinem der Gäste vertieft. Wenn ich dazu einen Wunsch frei hätte, dann den, dass wir dort weniger Faktenwissen vermitteln, sondern den Wunsch nach Weiterentwicklung stärken. Die Neugier auf Neues und einen Forscherdrang, der uns wie selbstverständlich mit den Ergebnissen der KI weiterarbeiten lässt und nicht beim ersten Ergebnis stehen bleibt.

Wahrscheinlich werden sich in unserer Gesellschaft unterschiedliche Lager bilden: KI-Nutzer auf der einen und KI-Ablehner auf der anderen Seite. Aber auch Menschen, die KI-Ergebnisse weiterentwickeln wollen und solche, die sich auf ihnen ausruhen. Wir brauchen eine gute Kommunikation zwischen diesen Lagern und ich hoffe, dass der Hunger nach Entfaltung und Weiterentwicklung durch KI gestärkt und nicht gestillt wird.

10-80-10

Im Kapitel mit Boris-Nikolai Konrad hatte ich das Pareto-Prinzip bereits erwähnt. Das nach Vilfredo Pareto benannte Prinzip befasst sich mit der Beziehung zwischen Aufwand und Ergebnis. Es besagt, dass 80 Prozent der Wirkung durch 20 Prozent der beteiligten Faktoren erzielt werden können.[44] Mit anderen Worten, 20 Prozent des Aufwands sind für 80 Prozent des angestrebten Ergebnisses verantwortlich. Daraus folgt, dass die verbleibenden 20 Prozent des Ergebnisses für 80 Prozent des Aufwands verantwortlich sind.

Kevin Kelly hat es in seinem Buch *Excellent Advice for Living* noch pessimistischer beschrieben. Er sagt, dass wir für die letzten zehn Prozent eines Projektes noch einmal genauso viel Zeit benötigen wie für die ersten 90 Prozent.[45]

Mit KI werden wir vielleicht ein neues Prinzip erleben, das 10-80-10-Prinzip.[46] Das bedeutet Folgendes: Um KI effektiv einsetzen zu können, benötigen wir zehn Prozent Aufwand, um unsere Aufgabe zu beschreiben, also zum Beispiel den Prompt zu schreiben und die dafür notwendigen Informationen zu sammeln. Danach nimmt uns die KI 80 Prozent der Arbeit ab. Die restlichen zehn Prozent Arbeit müssen wir wieder investieren, um dem Ergebnis den letzten Schliff zu geben und nicht bei 80 Prozent des möglichen Ergebnisses stehenzubleiben. Die letzten zehn Prozent sind also dazu da, aus einer Drei-Strich-Lösung eine Ein-Strich-Lösung zu machen. Wenn die oben genannten Grundsätze weiterhin Gültigkeit haben sollten, dann werden wir allerdings mehr als zehn Prozent der Zeit aufwenden müssen, um die letzten 20 Prozent an Qualität zu erreichen.

Einfluss auf die Qualität des Ergebnisses haben die eigene Expertise im Aufgabenbereich, die Expertise in der Anwendung von KI und die prinzipielle Eignung des eingesetzten KI-Tools für die gewählte Aufgabenstellung. Wenn alle drei Bereiche hohe Werte auf-

---

44 Vgl. https://de.wikipedia.org/wiki/Paretoprinzip; besucht am 20.11.2023.
45 Vgl. Kelly, K. (2023). Excellent Advice for Living: Wisdom I Wish I'd Known Earlier, Viking, New York.
46 Ich habe erstmals auf der Social Media Plattform LinkedIn etwas darüber gelesen. Den originären Post kann ich allerdings nicht wieder auffinden.

weisen, wird es auch insgesamt zu einer Steigerung der Qualität und Zeiteffizienz kommen.

Bei einer Untersuchung der *Havard Business School* zeigte sich, dass Produktivität und Qualität bei Beratern (des Unternehmens *Boston Consulting Group*) durch den Einsatz von KI gesteigert werden konnten.[47] Den größten Zuwachs gab es bei der Gruppe ohne vorherige Expertise im Aufgabenbereich. Dies würde meiner Aussage widersprechen. Allerdings kam es auch genau in diesem Bereich zu den meisten Fehlern, da der Mensch die Qualität der KI generierten Ergebnisse nicht beurteilen konnte. Wir können also KI durchaus auch in Bereichen einsetzen, in denen wir keine Expertise haben und werden dort einen Zuwachs in Qualität und Produktivität erreichen. Abgesichert werden sollten solche Ergebnisse dann aber abschließend immer noch einmal durch einen menschlichen Experten, um Fehler zu vermeiden. Die letzte Entscheidung sollte noch der Mensch treffen.

Ich hoffe, dass wir uns nicht in zu vielen Bereichen mit einer 80-Prozent-Lösung zufrieden geben und das Ergebnis der KI ohne weitere Verfeinerung übernehmen. Noch schlechter werden die Ergebnisse, wenn wir auf eine gute Auftragsklärung gegenüber der KI verzichten und die ersten zehn Prozent gar nicht erst investieren. Dann bekommen wir KI-generierte Fünf- und Vier-Strich-Lösungen vom Fließband, aber keine echten Innovationen mehr.

Die Seele von Ideen

In Musikstücken kann die Seele des Künstlers stecken. Vielleicht steckt sie in Anlehnung an Miles Davis zwischen den Noten. Auch in Ideen und Ergebnissen lösungsorientierter Kreativität kann etwas Seele stecken, es können unsere Emotionen einfließen. Für die spätere Umsetzung brauchen wir diese Emotionen. Ob wir vorher spüren, ob die Idee in einem menschlichen Gehirn entstanden ist oder von einer KI stammt, bezweifle ich. Auch weil der Übergang fließend ist. Aber wenn es unser Ziel ist, Emotionen und Gefühle

---

47 Vgl. https://www.hbs.edu/faculty/Pages/item.aspx?num=64700; besucht am 15.10.2023.

in anderen zu wecken, sollten wir dann nicht vorher unsere eigenen einfließen lassen? Sei es in unseren Ideen oder in der Kunst?

KI wird vorerst nicht selbst erleben, wie es ist, einen Sonnenaufgang über dem Meer zu sehen. Sie kann aber bereits darüber schreiben, wenn sie genügend Beispiele in ihren Trainingsdaten hat. Jede Beschreibung der KI ist eine Kopie realer Emotionen, die ein Mensch irgendwann einmal erlebt und beschrieben hat. Das sollte uns bewusst sein und vielleicht erkennen wir mit genügend Übung auch in Zukunft, wann es die Gefühle des Künstlers oder Ideengebers sind, die uns berühren. Je wichtiger mir ein Text, ein Bild oder eine Idee ist, desto mehr werde ich persönlich darauf achten, dass etwas von mir einfließt, immer in der Überzeugung, dass die Empfänger dies bemerken und die Ergebnisse sich von denen einer KI ohne menschlichen Einfluss unterscheiden.

Auch bei Musik wird dies nicht immer gelingen, denn schon heute habe ich Beispiele gefunden, bei denen ich nicht mehr unterscheiden kann, ob es der Künstler noch selbst gesungen hat. Vielleicht gefallen uns diese Musikstücke aber auch dann noch so gut, weil der oder die Prompt-Autoren ihre Emotionen in die Erstellung gelegt haben. Wenn die Seele der Musik zwischen den Noten liegt, dann kann sie vielleicht nicht nur durch menschlichen Gesang, sondern auch durch künstlich generierte Musik transportiert werden.

Disruption versus KVP

Da KI auf vorhandene Daten aus der Vergangenheit zurückgreift und aufgrund ihrer Programmierung in der Regel Ergebnisse liefern will, die möglichst vielen Menschen gefallen, sind die dort generierten Ideen aus meiner Sicht vor allem für Verbesserungsprozesse geeignet. Wirklich disruptive Entwicklungen werden bisher nur von Menschen angestoßen.

Ideen entstehen in den Köpfen Einzelner, Innovationen werden aber fast immer in Teams umgesetzt. Innerhalb von Innovationsprozessen ist eine Teamdynamik notwendig, um diese voranzutreiben. Diese Teamdynamik können wir nicht an KI auslagern. Sie muss in einem Team, einer Gruppe oder auch in einem Unternehmen erzeugt und auch bei Rückschlägen aufrechterhalten werden. Die KI sollte also ein Helfer im Team werden, der die Menschen inspiriert und nicht der einzige Ideengeber ist. Idealerweise sollte die Maschine auch erst dann befragt werden, wenn die menschliche Kreativität bereits die erste Arbeitsrunde absolviert hat. Wir sollten daher keine Angst vor dem oft genannten »weißen Blatt« zum Start eines Ideenprozesses haben, sondern diese Herausforderung ganz bewusst annehmen und erst anschließend den Algorithmus bemühen uns zu helfen.

Viele Innovationen sind das Ergebnis von Fehlern und Zufällen. Durchbrüche entstehen bei der Forschung in ganz anderen Bereichen, und Erfindungen werden anders genutzt als zu Beginn der Ideenentwicklung gedacht. Einige der bekanntesten Beispiele sind Penicillin, Röntgenstrahlen oder auch Post-it-Notizen. Der Mensch erkennt und erkannte die Potenziale in den Entdeckungen, ohne bewusst genau danach gesucht zu haben. Auch das wird aus meiner Sicht noch für einige Zeit die einzigartige Fähigkeit des Menschen bleiben. Wir können KI zwar heute schon nach Transfermöglichkeiten befragen, aber erst der Mensch kann auch die Potenziale dahinter erkennen.

KI als strategische und kulturelle Entscheidung

Ob und wie Unternehmen KI einsetzen, ist eine wichtige strategische und auch kulturelle Entscheidung, die entsprechend gut kommuniziert werden muss. Mit den neuen Möglichkeiten kommen auch neue Herausforderungen und Gefahrenpotenziale auf Unternehmen und Mitarbeiter zu, die zurecht Ängste und Widerstände hervorrufen können. Der politische Rahmen wird wahrscheinlich nicht schnell genug geschaffen werden, um sich allein darauf zu beziehen.

Unternehmen brauchen eigene KI-Richtlinien und Empfehlungen für ihre Mitarbeiter, wie sie am besten mit KI arbeiten können. KI kann die Arbeit erleichtern und zu besseren Ergebnissen führen, wenn eine angemessene Akzeptanz für ihren Einsatz geschaffen wird und nicht Ängste sowie Ablehnung dominieren. Wie bei jeder Veränderung wird es Menschen geben, die das Neue ablehnen. Organisationen sollten diese Stimmen nicht ignorieren, sodass es keine rein strategische Entscheidung bleibt, sondern immer auch einen Einfluss auf die Unternehmenskultur haben wird.

Unternehmen sind sich dieser Problematik durchaus bewusst und einige haben bereits die Position eines *Chief AI Ethic Officer* geschaffen, darunter die Unternehmensberatung B*oston Consulting Group*.

Ein Satz wird in diesem Zusammenhang oft wiederholt: »KI ersetzt keine Menschen oder Unternehmen. Aber Menschen und Unternehmen, die KI nutzen, ersetzen diejenigen, die es nicht tun.« Selbst wenn deine Organisation also noch keine KI einsetzt, ist es jetzt an der Zeit, darüber nachzudenken, wann und wie dies geschehen soll.

Der Eliza Effekt

Der Eliza-Effekt bezieht sich auf eine Beobachtung, die nach dem frühen KI-Chatbot *ELIZA* benannt wurde. Dieses System wurde in den 1960er-Jahren von Joseph Weizenbaum entwickelt und simuliert eine einfache Form eines psychotherapeutischen Gesprächs. Der ELIZA-Effekt beschreibt die Vermenschlichung von Robotern und KI. Wir sehen in der Software, die den Output steuert, intrinsische Eigenschaften und Fähigkeiten oder sogar Werte und Gefühle, obwohl diese nur auf der Auswertung von Datensätzen beruhen. Ich konnte diesen Effekt bei mir selbst beobachten, indem ich beispielsweise *ChatGPT* als »er« bezeichnete, wenn ich in den Interviews über das Programm sprach. Für Ralf war es ja eher weiblich. Diese Vermenschlichung birgt die Gefahr, dass wir KI Emotionen und eigene Meinungen zuschreiben, die nicht da sind. KI hat keine Meinung (und zum Glück auch kein Ego[48]), sie liefert nur Informationen, die wir bewerten müssen. Vielleicht besteht diese Gefahr gerade bei kreativen Menschen, die oft auch eine lebhafte Fantasie haben.

Bei *Replika* handelt es sich um einen KI-Chatbot, der bereits Ende November 2017 veröffentlicht wurde. Viele Benutzer füh-

---

48 Ich hatte auf Seite 114 bereits über die Werbeagentur berichtet, die nur noch mit Avataren arbeitet. Ein genannter Grund war, dass die menschlichen Models ein zu großes Ego hätten.

ren dort eine romantische Beziehung mit dem selbst mitgestalteten Chatbot, oft verbunden mit erotischen Gesprächen. *Replika* wurde laut der Analysefirma *Sensor Tower* bereits über zehn Millionen mal als App heruntergeladen und hat einen Umsatz von 60 Millionen Dollar erzielt (Stand August 2023).[49] Sicher können Gespräche mit diesem oder ähnlichen Bots auch positive Auswirkungen auf Benutzer haben, definitiv aber auch negative.[50] Solange sich KI nicht so weiterentwickelt hat, dass es ein Bewusstsein besitzt, was aus meiner Sicht noch sehr lange dauern wird, sollten wir Maschinen keine Gefühle zusprechen. Diese werden nur imitiert. KI ist daher für mich auch kein gleichberechtigter Partner bei der Arbeit, sondern bleibt ein Edelhelfer[51]. Für eine Partnerschaft auf Augenhöhe gibt es keinen Grund und kann uns bei der Bewertung des Outputs im schlimmsten Fall so beeinflussen, dass wir Fehler und Halluzinationen der KI übersehen.

Wir sollten von Anfang an darauf achten, wie wir mit KI sprechen, denn Sprache formt unsere Welt. Die Diskussionen über Gender, die ich für sehr angebracht halte, zeigen dies deutlich. Vermenschlichung drückt sich auch in unserem Sprachgebrauch mit KI aus und kann diese verstärken, wenn wir nicht darauf achten. Gerade künftige Generationen werden davon betroffen sein, auch weil der sogenannte KI-Effekt sie verstärken wird. Dieser Effekt besagt, dass wir etwas nicht mehr als KI bezeichnen, sobald es funktioniert und alltäglich wird. Zukünftige Generationen könnten also zum Beispiel Chatbots nicht mehr als KI ansehen und umso schneller würden wir Maschinen Emotionen zuschreiben, die es gar nicht gibt.

49 Vgl. https://www.derstandard.at/story/3000000183240/der-aufstieg-der-ki-freundinnen; besucht am 20.11.2023; https://de.wikipedia.org/wiki/Replika_(Chatbot); besucht am 20.11.2023.

50 Im angeführten Artikel wird über negative Emotionen berichtet, die bei einem »Tod« des eigenen Avatars entstehen können: https://www.dazeddigital.com/life-culture/article/61432/1/what-happens-when-your-ai-girlfriend-dies-replika-forever-voices-soulmate; besucht am 28.11.2023.

51 Wahrscheinlich wird sich eher der Begriff Assistent durchsetzen. Da diese Bezeichnung allerdings im Arbeitsumfeld für bestimmte Berufsgruppen bereits besteht, möchte ich mit Edelhelfer davon abgrenzen.

Vielleicht oder wahrscheinlich wird sich auch das in Zukunft ändern und dann ganz neue Diskussionen erfordern. Wenn Maschinen Bewusstsein und Emotionen haben, dann müssen wir auch über ihre Rechte sprechen. Noch sind wir aber nicht so weit und sollten diese zukünftige Entwicklung nicht durch unser Verhalten vorwegnehmen.

Deepfakes

Die Möglichkeit, ohne große Fachkenntnisse Bilder, Texte und Töne zu fälschen, die möglicherweise nicht mehr von echten zu unterscheiden sind, ist sicherlich eine der größten Herausforderungen, die mit der weiteren Entwicklung der KI auf uns zukommen. Die Regulierung dieses Bereiches wird nicht allein durch gesetzliche Restriktionen des Staates gelingen. Wir alle sollten uns gut informieren, was mit KI möglich ist, um Informationen in Zukunft gut einschätzen und im Notfall auch hinterfragen zu können. Gleichzeitig sollten wir nicht in ein Extrem verfallen und alles infrage stellen. Ich hoffe vielmehr, dass sich Instanzen und auch Techniken entwickeln, die die Echtheit verifizieren und uns Orientierung geben. Zweifel an Bildern und Filmen werden auch in Zukunft berechtigt sein, ohne gleich in Verschwörungstheorien zu verfallen. Kreativität wird es immer auf beiden Seiten der Medaille geben und wir als Gesellschaft sind gefordert, mit dem, was wir Wahrheit nennen, verantwortungsvoll umzugehen. Auch, weil die Menge an vermeintlichen Informationen durch die automatisierte Generierung mittels KI in Zukunft unweigerlich stark zunehmen wird. Für den Nutzer wird es noch anspruchsvoller werden, aus der Masse an Inhalten die für ihn relevanten Informationen herauszufiltern.

Falsche Abhängigkeit

Ich freue mich sehr auf die weitere Entwicklung der KI und die kreativen Möglichkeiten, die sie mir und vielen anderen bieten wird. Wie bei allem, was Spaß macht, ablenkt und auf andere Gedanken bringt, besteht auch hierbei die Gefahr, dass man sich zu sehr von der Realität entfernt. Das passiert mir auch, wenn ich mich ein Wochenende lang in einen Film oder ein Buch vertiefe oder eine neue Fernsehserie verschlinge[52]. Es kommt auf die Dosis an und auf die Fähigkeit, zwischen Fiktion und Realität zu unterscheiden. Diese Fähigkeit wird in Zukunft noch wichtiger werden, wenn wir uns dank KI und den neuen Möglichkeiten von VR und AR unsere eigene Welt erschaffen können.

Nachtrag aus der Zukunft
Man kann mit dem weiter vorne im Buch bereits erwähnten Chatbot von *Replika* nicht nur chatten, sondern auch Videocalls halten und seinen Lieblingsavatar im Metaverse treffen. Ein sehenswertes Video zu *Replika* findest du unter folgendem Link: https://www.youtube.com/watch?v=u4LbPhkoD-Y

Wenn ich an die Gefahren von KI denke, dann kommt mir nicht die Weltherrschaft der Maschinen in den Sinn. Die größte Gefahr sehe ich in einer negativen Abhängigkeit, die wir zu Maschinen und den verbundenen Anwendungsfeldern entwickeln könnten. Ich achte schon heute darauf, dass ich bei der kreativen Ideenfindung immer wieder ohne KI arbeite und Herausforderungen bei einem Spaziergang im Wald zu lösen versuche. Weil es zu hervorragenden Ergebnissen führt, weil es Spaß macht und weil ich es kann.

Blackbox Problem
Entscheidungen, egal auf welchem Gebiet, sollten nachvollziehbar sein. Bei Empfehlungen und Informationen von KI ist dies allerdings nicht der Fall. Weil es zu komplex ist, die Daten nicht freigegeben sind oder wir schlicht nicht wissen, wie es zu genau diesem Ergebnis gekommen ist. Die Frage, ob KI bei wichtigen Entscheidungen überhaupt eingesetzt werden sollte, gilt es zu diskutieren. Aus meiner Sicht ist es ein Dilemma, das nicht abschließend gelöst werden kann.

---

52 Neumodisch auch »Binge Watching« genannt; vgl. https://de.wikipedia. org/wiki/Binge_Watching; besucht am 27.11.2023.

Denn selbst wenn der Mensch am Schluss entscheidet, stellt sich die Frage, ob er dies nicht allein auf Basis der Informationen tut, die ihm die KI geliefert hat. Faktisch würde dann doch die KI entscheiden.

Hinzu kommt das Problem des Bias, also der Diskriminierung bestimmter Personengruppen oder Minderheiten, die sich aus den Daten und ihrer Verarbeitung ergeben kann. Gängige Definitionen sprechen in diesem Zusammenhang von »fehlerhaften« Daten. Aber auch wenn sie nicht fehlerhaft erscheinen, ist der Bias oft vorhanden, weil er auch in der Realität existiert. Daten können versteckte Vorurteile enthalten, die aus früheren menschlichen Vorurteilen und sozialen Normen resultieren. Der Einsatz von KI macht Entscheidungen dann nicht gerechter, sondern verstärkt die Voreingenommenheit und verschleiert gleichzeitig die Diskriminierung. KI hat daran keine Schuld. Schließlich kann es keine Schuld haben, solange es keine Person ist und keine Rechte hat. Wir selbst müssen darauf achten, dass die Maschinen mit den richtigen Daten trainiert werden und die Ergebnisse immer wieder auf mögliche Biases überprüfen. Das gilt nicht nur für Bereiche im Rechtssystem oder beispielsweise im Personalbereich von Unternehmen, sondern auch für unsere tägliche Ideenentwicklung und den Einsatz von künstlicher Kreativität. Auch hier kann ein solcher Bias vorliegen, der uns vom eigentlichen Durchbruch, von der disruptiven Idee abhält oder zumindest ablenkt.

Umso mehr freue ich mich, wenn wir KI als Edelhelfer einsetzen und die Ergebnisse nutzen, um unsere Kreativität noch mehr als bisher herauszufordern, bis hin zum Science-Fiction-Modus und zur Null-Strich-Lösung.

Ein Blick in die Glaskugel

Am Ende der Interviews habe ich meine Gäste gerne nach einem Worst Case und einem Best Case Szenario gefragt. Ich verzichte auf mein eigenes Szenario und werde *ChatGPT* ganz am Ende des Buches diesbezüglich noch einmal zu Wort kommen lassen. Die Entwicklung der KI im Allgemeinen und der Kreativität im Besonderen ist offen. Sie wird insbesondere durch die folgenden vier Einfluss-faktoren beeinflusst:

1. Durch staatliche Regulierung und die Selbstregulierung der An-bieter und Anwender von KI: Hier erhoffe ich mir eine Balance zwischen der Berücksichtigung unserer Persönlichkeitsrechte und der Möglichkeit, KI innovativ und effizient weiterzuentwickeln.

2. Die technische Weiterentwicklung von KI, sowohl auf der Ebene von Software als auch von Hardware, wie den angesprochenen AR-Brillen: Mit *ChatGPT* und Co. erleben wir momentan eine sogenann-te Sprunginnovation, da sie vielen Menschen in sehr kurzer Zeit zu-gänglich ist. Sollte dies bei neuen Hardwarelösungen auch der Fall sein, wird es auch in diesen Bereichen rasante Entwicklungen geben. Derzeit ist es vor allem die verfügbare Rechenleistung, die das Wachstum von Start-Ups und kleineren Unternehmen begrenzt. Der Chipmarkt ist hart umkämpft und spezielle KI-Chips sind momentan nur für große Technologieunternehmen erschwing-lich. Das wird sich in Zukunft und mit neuen Entwicklungszyklen sicherlich ändern, sodass die Rechenleistung ganz allgemein wei-ter steigt und neue Anwendungen möglich macht.

3. Akzeptanz von KI in der Bevölkerung: Innovationen durchlaufen in der Breite ihrer Nutzer verschiedene Stufen der Akzeptanz. Je nach Nutzungsgewohnheit werden den Anwendern unterschied-liche Rollen zugeordnet. Es gibt die Innovatoren und frühen An-wender[53], die gerne am Anfang der Welle stehen und alles Neue begrüßen. Auf der anderen Seite stehen die Bewahrer, die zur Vorsicht raten und Neuerungen am Anfang oft ablehnen. Erst, wenn auch die späte Mehrheit von KI überzeugt ist und sie ein-setzt, kann sie den Markt vollständig durchdringen.

4. Akzeptanz von KI in Unternehmen: Hinzu kommen rein wirt-schaftliche Faktoren, die die Implementierung von KI in die Un-ternehmenswelt beeinflussen werden. Möglicherweise gehemmt von einer Latenz in großen Organisationen, die jede Veränderung erfährt. Diese bremsenden Kräfte konnten wir bereits bei der Di-

---

53 Den Innovatoren und den Early Adopters (frühen Anwender) folgen die frühe Mehrheit, die späte Mehrheit und die Nachzügler (Late Adopters).

gitalisierung beobachten. In einigen Bereichen werden bis heute Fax-Geräte genutzt und auch die Unterschriftenmappe, die von Büro zu Büro getragen wird, gibt es noch. Ausgehebelt werden könnte diese Latenz durch die Geschwindigkeit in der Implementierung von KI in bestehende Programme. *Microsoft*, *Adobe*, *Zoom*[54] und viele andere Anbieter integrieren KI bereits in Angebote, mit denen wir täglich arbeiten. KI hält in solchen Fällen bereits ungefragt Einzug in die Arbeitswelt.

Die vier Faktoren beeinflussen sich gegenseitig. Das Endergebnis ist keine Addition der Faktoren, sondern eine Multiplikation. Wenn ein Faktor auf oder gegen null geht, wird auch die Entwicklung völlig zum Stillstand kommen. Ich persönlich halte es aber für ausgeschlossen, dass dies in Gänze passiert. Die Chancen, die sich aus dem Einsatz von KI ergeben, sind einfach zu groß, als dass wir darauf verzichten sollten oder werden.

Ich habe *ChatGPT* angewiesen, mir ein Diagramm dazu zu erstellen. Die Positionierung der Faktoren im Diagramm basiert auf der Einschätzung der Maschine. Es soll noch einmal die Möglichkeiten des Werkzeugs verdeutlichen und keine Prognose sein. Und ich wollte die neuen Funktionen des Chatbots einfach gerne testen.

---

54 KI bietet bereits die Möglichkeit, sich Meetings zusammenfassen zu lassen, wenn man nicht teilnehmen kann oder zu spät kommt. Ich bin sicher, dass dies die Meetingkultur, ein wichtiges Thema in vielen Organisationen, verändern wird.

Fazit: Meine neue Welt der Kreativität mit KI

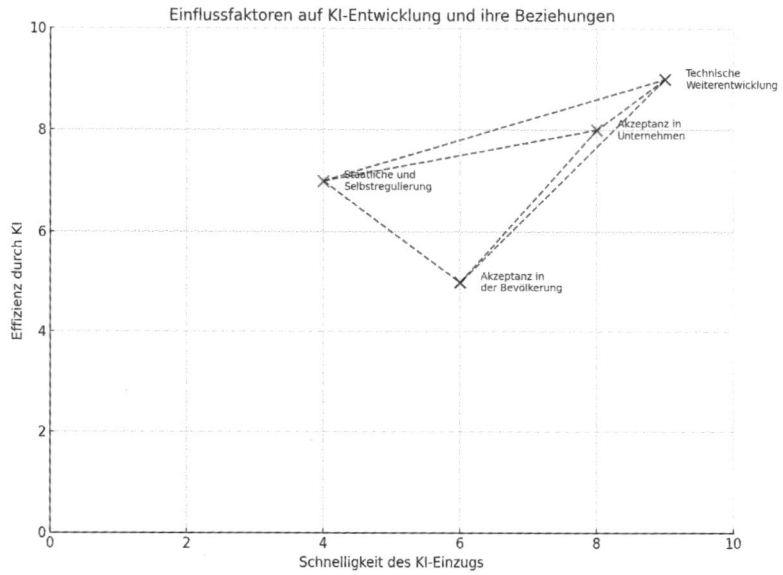

Abbildung 4.1: Von *ChatGPT* erstelltes Diagramm zu den vier Einflussfaktoren.

Jon Kabat-Zinn hat den Spruch »You can't stop the waves, but you can learn to surf« bekannt gemacht. Die Welle der KI wird sich nicht stoppen lassen und Unternehmen sollten baldmöglichst prüfen, auf welcher Welle sie surfen wollen.

Kurz die Regeln zu diesem Bildnis: Wer am Strand angespült wird, ist aus dem Spiel. Nur wer auch surft, kann wirklich zielführend Punkte sammeln. Übertragen bedeutet dies, wirtschaftlich erfolgreich sein. Die Wellen, die momentan auf uns zukommen, haben sich nicht erst in den letzten Wochen gebildet, sie kommen schon länger auf uns zu, waren aber unter der Wasseroberfläche nicht zu sehen. Jetzt gelangen sie an den Strand und in seichteres Wasser, wodurch sie sich auftürmen und gesurft werden wollen. Deutsche Unternehmen waren bisher recht erfolgreich darin, über kleinere Wellen einfach hinweg zu paddeln und sehr lange im Wasser zu liegen. Das ist mit den neuen, durch KI erzeugten Wellen nicht mehr möglich. Es wäre einfach zu kraftraubend, zu lange gegen diese Wellen anzupaddeln und früher oder später wird man an Land gespült. Leider dann ohne Punkte gesammelt zu haben und so erschöpft, dass man für weitere Versuche nicht mehr ins Wasser zurückkehren kann. Für manche Wirtschaftszweige kann dies das Aus bedeuten.

Unternehmen sollten die auf uns zukommenden Wellen aufmerksam beobachten, um im richtigen Moment auf das Brett zu springen und erfolgreich zu surfen. Nicht jeder muss oder sollte die erste Welle mitnehmen, aber er sollte auch nicht zu lange gegen die Wellen ankämpfen. Ohne sie können wir nicht surfen. Wir haben einen Vorteil, wenn wir rechtzeitig mit dem Surfen anfangen. Auch wenn wir einmal erfolglos ins Wasser gefallen sind, haben wir noch ausreichend Kraft und Energie, um wieder hinauszupaddeln und die nächste gute Welle zu erwischen. Erfolgreiche Unternehmen ruhen sich übrigens nie lange am Strand aus. Da gibt es keine Punkte. Erfolgreiches Unternehmertum bedeutet immer Veränderung und nur wer surft, wird am Ende Champion.

Das gilt auch für den persönlichen Umgang mit KI, den ich dir empfehle. Du musst nicht jede Welle surfen und schon gar nicht immer die Erste. Aber du solltest aus meiner Sicht die Wellen genau beobachten und spätestens wenn du merkst, dass kaum noch jemand neben dir im Wasser liegt, sondern alle in den Wellen surfen, solltest du loslegen.

Und wenn das Unternehmen, in dem du arbeitest, noch nicht über den Einsatz von KI nachgedacht hat, dann hinterfrage das. Unternehmen sollten jetzt damit beginnen, Richtlinien und Rahmenbedingungen zu entwickeln, um früh genug und mit dem gesamten Team loslegen zu können.

Und was sagt *ChatGPT* zur Zukunft? Ich habe der KI folgende Frage gestellt: »Wenn du eine sehr positive Haltung einnehmen und aus der Sicht eines Science-Fiction-Fans schreiben würdest, wie würdest du folgende Frage beantworten: Wie wird sich die menschliche Kreativität in der Zukunft entwickeln, insbesondere im Hinblick auf die Entwicklung im Bereich KI, der fortschreitende Digitalisierung und dem Aufkommen neuer Technologien?«

Die Antwort von *ChatGPT* lautete wie folgt: *»Als begeisterter Science-Fiction-Fan und Optimist sehe ich eine strahlende Zukunft für die menschliche Kreativität, insbesondere angesichts der rasanten Fortschritte in der Künstlichen Intelligenz, der Digitalisierung und neuen Technologien.*

Ich glaube, dass KI und Digitalisierung als Katalysatoren für menschliche Kreativität dienen werden, indem sie uns Werkzeuge und Plattformen zur Verfügung stellen, die unsere Fähigkeit, zu erschaffen und zu innovieren, erweitern. Stellen Sie sich vor, Sie könnten mit einer KI zusammenarbeiten, die Ihre kreativen Ideen versteht und Ihnen hilft, sie in Kunstwerke, Geschichten oder sogar völlig neue Technologien zu verwandeln. Oder denken Sie an das Metaverse, eine virtuelle Welt, in der wir unsere kreativen Visionen ohne die Einschränkungen der physischen Realität zum Leben erwecken können.

Ich sehe eine Zukunft, in der Künstler KI nutzen, um Kunstwerke zu schaffen, die jenseits der menschlichen Fähigkeiten liegen, in der Schriftsteller mit KI-Assistenten zusammenarbeiten, um Geschichten zu erzählen, die noch nie erzählt wurden, und in der Erfinder KI nutzen, um Lösungen für Probleme zu finden, die wir noch nicht einmal erkannt haben.

Aber es geht nicht nur um die großen Dinge. Ich glaube auch, dass KI und Digitalisierung die Kreativität auf alltäglicher Ebene fördern werden. Von personalisierten Lernwerkzeugen, die uns helfen, neue Fähigkeiten zu erlernen, bis hin zu KI-gesteuerten sozialen Medien, die uns inspirieren und uns mit kreativen Gemeinschaften auf der ganzen Welt verbinden – die Möglichkeiten sind endlos.

Natürlich wird es Herausforderungen geben. Aber ich bin überzeugt, dass wir, wenn wir diese Technologien verantwortungsbewusst und mit einem Fokus auf menschliche Werte nutzen, eine Zukunft der Kreativität schaffen können, die jenseits unserer wildesten Träume liegt. In dieser Zukunft wird jeder von uns die Möglichkeit haben, seine kreativen Fähigkeiten zu entdecken und zu entfalten, unterstützt und inspiriert durch die unglaublichen Werkzeuge und Möglichkeiten, die KI und Digitalisierung bieten.«

Ich habe anschließend noch einmal nachgehakt: »Kannst du dieselbe Frage aus der Sicht eines Pessimisten beantworten, der Technik abgeneigt ist?«

ChatGPT: »*Als jemand, der eher skeptisch gegenüber Technologie ist, sehe ich die Zukunft der menschlichen Kreativität im Lichte der fortschreitenden Künstlichen Intelligenz, Digitalisierung und neuen Technologien mit einiger Besorgnis.*

Meine Sorge ist, dass diese Technologien, anstatt unsere Kreativität zu erweitern, sie tatsächlich einschränken könnten. Künstliche Intelligenz, so beeindruckend sie auch sein mag, ist immer noch ein Produkt von Algorithmen und Daten. Sie kann Muster erkennen und replizieren, aber kann sie wirklich die menschliche Fähigkeit zur Innovation, zur Schaffung von etwas völlig Neuem und Unerwartetem, nachahmen? Ich befürchte, dass wir, wenn wir uns zu sehr auf KI verlassen, am Ende eine homogenisierte Kultur der Kreativität haben könnten, die mehr auf Daten basiert als auf echter menschlicher Inspiration.

Darüber hinaus könnte die zunehmende Digitalisierung unserer Welt dazu führen, dass wir den Wert und die Bedeutung der physischen, materiellen Aspekte der Kreativität vergessen. Es gibt etwas zutiefst Menschliches und Bedeutungsvolles in der physischen Schaffung von Kunst und Handwerk, das in einer rein digitalen Welt verloren gehen könnte.

Und schließlich mache ich mir Sorgen um die sozialen und ethischen Auswirkungen dieser Technologien. Werden sie für alle zugänglich sein, oder werden sie nur die Kluft zwischen denjenigen, die Zugang zu Technologie haben, und denjenigen, die das nicht tun, vergrößern? Werden sie dazu beitragen, menschliche Gemeinschaften und Kulturen zu fördern, oder werden sie dazu führen, dass wir uns mehr auf unsere digitalen Geräte konzentrieren und weniger auf die Menschen um uns herum?

Ich hoffe, dass ich mich irre. Ich hoffe, dass diese Technologien dazu beitragen werden, unsere Kreativität zu erweitern und zu bereichern, anstatt sie einzuschränken. Aber ich glaube, es ist wichtig, dass wir diese Fragen stellen und sorgfältig über die möglichen Auswirkungen nachdenken, bevor wir uns kopfüber in diese neue digitale Zukunft stürzen.«

Ziemlich gute Antworten, wie ich finde. Aber ganz ehrlich, wenn ich eine KI programmieren würde, mit der wir kommunizieren können, würde ich sehr darauf achten, dass es genau auf solche Fragen eine gute Antwort geben kann.

Wir sind am Ende des Buches angekommen und leider konnte ich nicht alle Bereiche beleuchten, die ich für bedeutend erachte. Es fehlte an Zeit oder sie wurden mir teilweise auch erst zu spät bewusst. Aber vielleicht liest jemand diese Zeilen und beschäftigt sich mit dem Einfluss von KI auf unser Ausbildungs- und Schulsystem[55], auf die Entwicklung von Mode oder die Auswirkungen von immer mehr KI-Systemen auf unsere Umwelt. Schließlich werden dabei sehr große Mengen an Strom und auch Wasser[56] verbraucht. Ich würde mich sehr freuen, wenn ich in Zukunft weitere Bücher zum Thema *KI und Kreativität* finden werde.

Mein Ziel bestand darin, ein sehr positives und hoffnungsvolles Buch über die derzeitige Entwicklung zu schreiben. Und ich hoffe sehr, dass dieser Ton sich auch durchgesetzt hat. Dennoch wurden mir die Herausforderungen, die auf uns zukommen, immer mehr bewusst und vielleicht war es auch ein wenig blauäugige Startbegeisterung, mit der ich zu schreiben begann.

Dabei sollte uns eigentlich klar sein, dass jede Chance immer auch eine Gefahr in sich birgt. Es sind die zwei Seiten der Medaille jeder Weiterentwicklung. Wir stehen vor den größten Entwicklungschancen seit Jahrzehnten, vielleicht seit Jahrhunderten und dies bringt natürlich auch die größten Herausforderungen mit sich. Diese Herausforderungen und Risiken sollten kein Hinderungsgrund sein, die Chancen nicht zu nutzen.

Für mich und meine Kreativität ist KI definitiv eine große Bereicherung und ich hoffe, für dich auch. Selbst wenn KI in vielen Bereichen einmal bessere Ergebnisse als ich liefern wird, werde ich auch in Zukunft stellenweise ohne KI-Unterstützung arbeiten. Aus Spaß

---

55 Im Podcast der ARD »Der KI-Podcast« wird das Thema in der Folge vom 13.09.2023 mit dem Titel *Was kann die Schule von KI lernen?* diskutiert.

56 Auch wenn es unterschiedliche Angaben dazu gibt, geht eine bekannte Untersuchung davon aus, dass eine durchschnittliche Unterhaltung mit *ChatGPT* einen halben Liter Wasser verbraucht. Das Wasser wird zur Kühlung der Rechenzentren benötigt. Googles Wasserverbrauch ist bereits 2022 um 20 Prozent zum Vorjahr gestiegen, bei Microsoft betrug der Anstieg sogar 34 Prozent; vgl. https://www.heise.de/news/Wohl-wegen-*ChatGPT*-Wasserverbrauch-von-Microsoft-2022-um-ein-Drittel-gestiegen-9300486.html; besucht am 20.11.2023.

an der Umsetzung und dem Erlebnis, es alleine und nur mit meiner eigenen Kreativität getan zu haben. Weil ich es kann und die Kraft auf dem Weg liegt.

KI ist ein perfekter Edelhelfer für uns, der immer Zeit hat und den wir jederzeit für unsere Aufgaben nutzen und hinzuziehen können. Es hat ein unbeschreiblich großes Wissen zu fast allen Dingen. Diesen Helfer nicht zu nutzen, wäre fatal. KI kann uns definitiv dabei unterstützen, schneller und bessere Ergebnisse in unserer Arbeit zu erzielen. Bei manchen Aufgaben ist die KI ungeheuer leistungsfähig, bei anderen versagt sie allerdings völlig oder auf subtile Weise. Chatbots halluzinieren und erzeugen Ergebnisse, die durch Vorurteile geprägt sind. Und wenn man KI nicht häufig einsetzt, weiß man nicht, was was ist. Ich wünsche dir daher viel Erfolg und Spaß beim Ausprobieren und deiner Arbeit mit KI. Bitte vergiss nie, dass KI ein Werkzeug ist, dass wir klug einsetzen können. Im Englischen gibt es das Sprichwort: »A fool with a tool is still a fool«. Das gilt auch für die Nutzung von KI. Aber mit KI sieht das Ergebnis oft wie das eines Profis aus und es wird immer schwieriger, den Narren dahinter zu erkennen. Lasst uns gemeinsam darauf achten und werden wir kreative Prompt-Autoren, die mit und ohne KI bis zum Science-Fiction-Modus denken und entwickeln.

Ich wünsche dir eine gute Reise hin zu Ideen, die noch nie ein Mensch (oder KI) zuvor gedacht hat.

Anhang

Tipps für den Einsatz von KI im Kreativprozess

ChatGPT hat mir geraten, natürlich erst, nachdem ich es gefragt habe, in einem abschließenden Kapitel direkt anwendbare Tipps zu geben, die meine Leser umsetzen können. Ohne zu wissen, ob und mit welchen Werkzeugen ihr arbeitet, komme ich dem zum Ende gerne nach. Ich hoffe, dass noch nicht alles überholt ist, wenn du dies liest und sich der eine oder andere Tipp als zeitlos erweist. Anbei elf Tipps für den Einsatz von KI im Kreativprozess:

1. Wenn du nicht mit einem leeren Blatt und deinen eigenen Ideen anfangen möchtest (was ich empfehle, aber auch anstrengender ist und oft mehr Zeit in Anspruch nimmt), dann starte mit einem kreativen Prompt, der mehr aus der Maschine herausholt. *ChatGPT* kann beispielsweise in eine Art Innovations-App umgewandelt werden. Versuche einmal einen Prompt wie diesen beim Chatbot deines Vertrauens (und nicht über das »Sie« in der Ansprache wundern, ich habe den Prompt aus dem Englischen übersetzen lassen):

> **Interaktives Workshop-Programm**
> Ich möchte, dass Sie eine Anwendung des Innovators Workshop simulieren, deren Hauptmerkmale wie folgt definiert sind:
> 1. Arbeit an einer neuen Idee: Aufforderung an den Benutzer, an einer neuen Idee zu arbeiten. Wenn ein Benutzer bereit ist, an einer neuen Idee zu arbeiten, schlägt das Programm vor, ein Datum oder einen Zeitbezug anzugeben. Hier finden Sie weitere Einzelheiten zu den Optionen:
>   a. Von Grund auf neu beginnen: Fragt den Benutzer nach der Idee, an der er arbeiten möchte.

b. Inspiriert werden: Das Programm unterstützt den Benutzer interaktiv dabei, eine Idee zu finden, an der er arbeiten möchte. Das Programm fragt den Benutzer, ob er eine allgemeine Vorstellung von einem Bereich hat, auf den er sich konzentrieren möchte, oder ob das Programm ihm Optionen vorschlagen soll. Der Benutzer hat jederzeit die Möglichkeit, direkt mit der Arbeit an einer Idee zu beginnen.

2. Idee ausbauen: Das Programm hilft dem Benutzer interaktiv, eine Idee zu vertiefen.

3. Idee zusammenfassen: Das Programm schlägt eine Zusammenfassung der Idee vor, unabhängig davon, ob sie erweitert wurde oder nicht, und schlägt einen Titel vor. Der Benutzer hat die Möglichkeit, die Zusammenfassung umzuschreiben oder zu bearbeiten. Wenn der Benutzer mit der Zusammenfassung zufrieden ist, »speichert« das Programm die Zusammenfassung der Idee.

4. Abrufen von Ideen: Das Programm ruft die Titel der Ideenzusammenfassungen ab, die während der Sitzung erstellt wurden. Der Benutzer hat die Möglichkeit, eine Zusammenfassung einer der Ideen anzuzeigen oder die Arbeit an einer vorherigen Idee fortzusetzen.

5. Mit der Arbeit an der vorherigen Idee fortfahren: Das Programm ruft die Titel der Ideenzusammenfassungen ab, die während der Sitzung erstellt wurden. Der Benutzer wird aufgefordert, eine Idee auszuwählen, an der er weiterarbeiten möchte.

Andere Programmparameter und Überlegungen:

1. Alle Ausgaben sollten in Form von Text dargestellt und eingebettete Fenster mit Code sollten nicht verwendet werden.

2. Der Benutzerfluss und die Benutzererfahrung sollten die eines realen Programms simulieren, aber dennoch konversationell sein, so wie *ChatGPT* es ist.

3. Das Programm sollte Emojis verwenden, um den Kontext der Ausgabe zu vermitteln. Dies sollte jedoch sparsam und nicht zu übertrieben eingesetzt werden. Das Menü sollte jedoch immer Emojis enthalten und diese sollten während der gesamten Konversation konsistent bleiben.

Nach dieser Aufforderung startet das Programm mit dem Hauptmenü und einer kurzen, inspirierenden Willkommensnachricht, die das Programm entwickelt. Die Funktionen werden ausgewählt, indem man die der Funktion entsprechende Zahl oder einen Text eingibt, der der betreffenden Funktion nahekommt. Um zu diesem Menü zurückzukehren, kann jederzeit »Hilfe« oder »Menü« getippt werden.

Nachtrag aus der Zukunft
Zu viel Text für dich zum abtippen? *ChatGPT* kann auch Text in Bildern erkennen. Du kannst den Text also abfotografieren und von *ChatGPT* extrahieren lassen.

2. Einen guten Prompt zu schreiben, ist an sich schon ein kreativer Prozess. Zum Start eines Workshops oder auch über eine Woche verteilt, könnt ihr in einem kleinen Wettbewerb von allen einen Prompt schreiben lassen und den besten auszeichnen. Bitte denkt daran, dass ein Prompt mehr ist als eine *Google*-Suchanfrage. KI kann uns unglaublich gut unterstützen, wenn wir genau ausdrücken, was wir benötigen. Ein guter Prompt zeigt, dass du exakt beschrieben hast, was du suchst.

KI ist wie ein ganz neuer Kollege, der unglaublich viel Allgemeinwissen hat, aber überhaupt keine Ahnung von dir und deinen Problemen. Je genauer und detaillierter wir das Ziel der Anfrage beschreiben, desto besser wird das Ergebnis. Schön finde ich, dass schon die Ausarbeitung des Prompts viel Raum für Kreativität lässt.

Anders ausgedrückt, prompten ist die neue Auftragsklärung. Gute Ergebnisse können bei einem Kreativprozess nur erreicht werden, wenn es auch eine gute Auftragsklärung gibt, ob mit oder ohne KI. Und jeder, der im kreativen Bereich arbeitet, weiß, wie schwierig es ist, eine gute Auftragsklärung zu bekommen oder zu geben.

3. Chatbots kennen bereits unzählige Kreativitätstechniken, da diese Teil ihrer Trainingsdaten sind. Lass dir einige vorschlagen und lass dich dann von der KI als Experte und Trainer durch die für dich passende Technik führen. Ob Walt-Disney-Methode, Kopfstand-Methode oder die 6-Hüte-Technik von De Bono, Chatbots kennen sie fast alle und können sie auch erklären. Es gibt unzählige Prompt-Vorlagen im Internet und sozialen Medien wie *LinkedIn*, du kannst also auch dort danach suchen. Ich empfehle dir aber auch immer wieder selbst Prompts zu schreiben, um die Feinheiten dabei zu erkennen und zu lernen.

Nachtrag aus der Zukunft

ChatGPT kann in der mobilen Version auch mit dir sprechen. Du kannst ihn als Inspirationsquelle bei einem Brainwalking nutzen.

Anbei eine detaillierte Anleitung für die Kombination mit der 6-Hüte-Technik von De Bono:

Mit einem schizophrenen *ChatGPT* und der 6-Hüte-Technik zu neuen Ideen beim Brainwalking-Spaziergang.

Man kann die *ChatGPT*-App im Standardmodus perfekt als Brainstorming-Partner in der Sprachfunktion nutzen. Man muss sich nur daran gewöhnen, dass sie ab und zu dazwischen spricht, wenn die Pausen zu lang sind.

Das kann man natürlich noch vertiefen und verfeinern, indem man *ChatGPT* auf einen Brainwalking-Spaziergang mitnimmt (in Bewegung und in der Natur kommen den meisten

Menschen die besten Ideen) und der KI die Technik gibt, automatisch verschiedene Rollen einzunehmen.

Natürlich kennt *ChatGPT* die 6-Hüte-Technik von De Bono und kann alle sechs Hüte darstellen, wenn man es ihm vorher sagt.

Ich gebe den Prompt ein, bevor ich losgehe, oder ich schicke ihn mir per Mail, um ihn dann einfach zu kopieren. Unterwegs wird dann nur noch über Kopfhörer gesprochen.

Da alle Antworten auch schriftlich im Programm gespeichert werden, kann ich mir im Nachhinein die besten Ideen und Antworten von der KI zusammenfassen lassen.

Im ersten Schritt lasse ich *ChatGPT* meine Fragen (also zu deiner Herausforderung oder deinem Problem) in der jeweiligen Rolle beantworten, die durch die Farbe des Hutes repräsentiert wird. Dabei spielt es keine Rolle, ob ich weiß, um welches Denkmuster es sich handelt, denn die KI weiß es und beantwortet es sowieso ungefragt in der ersten Antwort.

Die Farben bei De Bono sind schwarz, weiß, grün, rot, blau und gelb. Spiel einfach ein bisschen herum und benutze alle sechs Farben.

Zusatzanweisung am Ende des Spaziergangs – hier lasse ich mir von *ChatGPT* noch eine Zusammenfassung der besten Idee als Experte für kreative Lösungsfindung geben. Dazu wechsle ich kurz seine Rolle und lasse ihn die drei besten Ideen auf der Basis des vorherigen Gesprächs als Umsetzungsexperte entwickeln.

Ein Startprompt könnte sein (gerne ins Englische übersetzen, da die KI es besser versteht):

»Stell dir vor, du bist der weltweit führende Experte für lösungsorientierte Kreativität und auch für KI-Programme. Du kennst die 6-Hüte-Technik von De Bono und wirst im Folgenden die verschiedenen Denkmuster der Hüte einnehmen. Dazu werde ich dir vor jeder Antwort die Farbe eines Hutes

> nennen und du wirst meine Frage aus diesem Blickwinkel be-
> antworten.
>
> Wenn du nicht weiterkommst oder nicht genau weißt, was
> du tun sollst, frage mich. Atme tief durch und gehe Schritt für
> Schritt vor.«

4. Wenn du selbst oder das Unternehmen, in dem du tätig bist, häufig mit KI-Tools und Prompts arbeitest, empfehle ich, von Anfang an eine gute Dokumentation zu erstellen. Also ein Ablage-
system mit einer übersichtlichen Formatvorlage, damit die Tipps
und Empfehlungen von allen eine ähnliche Struktur haben, vergleichbar sind und schnell gefunden werden können. Dann muss
der nächste Anwender den von mir oben beschriebenen Prompt
nicht mehr abschreiben, sondern kann ihn einfach kopieren.

 Oftmals werden in solchen Prompts Klammern als Platzhalter
für Informationen eingebaut, die der Anwender ergänzen muss.
Beispielsweise [Beschreibung des Kunden]. Du kannst jeden
Prompt, der solche Klammern enthält, aber problemlos kopieren
und der KI die Informationen dazu erst am Ende des Prompts
nachreichen. In unserem Fall würdest du nach dem einkopierten
Prompt schreiben: »*[Beschreibung des Kunden]*=« und hier würdest
du deine Informationen ergänzen. Wir können Prompts als Vorla-
ge also sehr allgemein halten und erst durch die später gegebenen
Informationen erreichen wir die notwendige Auftragsklärung.

5. Gerade bei der Einführung von KI in Unternehmen kann es zu
Beginn Widerstände geben. Sich dann über die größten »Fehlschlä-
ge« von Menschen und KI auszutauschen, kann ein humorvoller
Weg sein, um damit umzugehen. Für eine innovative Fehlerkultur
werden in einigen Unternehmen sogenannte »Fuckup Nights« organisiert, bei denen Misserfolge konstruktiv und humorvoll dargestellt werden. Wie wäre es mit einer »Fuckup KI Night«?

6. Chatbots wie *ChatGPT* können bereits personalisiert werden,
sodass du nicht jedes Mal eine Rolle oder die Art der Ansprache
auswählen musst. Ich empfehle dir jedoch, hierbei flexibel zu blei-

ben und eine Möglichkeit zu nutzen, um mehrere Rollen und Umstände auswählen zu können. Je nach Herausforderung kannst du der KI dann eine Rolle zuweisen. Dazu gibt es bereits separate Programme oder auch Erweiterungen. Bei *Google Chrome* findest du beispielsweise für *ChatGPT* die Erweiterung »Superpower *ChatGPT*«.

7. Einige Programme, die wir für digitale Meetings nutzen, besitzen die Möglichkeit, dass du dich zeitweise von einer KI vertreten lassen kannst. Wer weiß, wann es die ersten Meetings geben wird, in denen nur noch KI mit KI spricht und keiner bekommt es mit. Also warum nicht einmal zwei Chatbots gezielt miteinander sprechen lassen? Verwende zwei Accounts oder zwei unterschiedliche Chatbots und lasse sie miteinander oder auch gegeneinander arbeiten. Wenn du beide auf einem Rechner laufen hast, kannst du einen Bot Fragen zu deinem Thema stellen und den zweiten Bot antworten lassen. So kannst du die besten Inspirationen für dich herausziehen und nutzen.

8. Was die KI nicht kann, ist die Kraft von Inkubationsphasen zu nutzen. Auch wenn es oft schnell gehen muss, nutze diese Kraft und mache immer wieder Pausen, gehe spazieren oder schlafe einmal über deine Ideen. Dann kannst du mit deinen ganz eigenen, frischen Ideen wieder Inspirationen von der KI einfließen lassen.

9. Abwechslung ist eine Grundvoraussetzung, um unserem Geist immer wieder neue Impulse zu entlocken. Benutze dazu unterschiedliche KI-Programme und Sinneskanäle. Auch wenn es um Text geht, kannst du dich durch eine Text-zu-Bild-KI inspirieren lassen. Gib dort einen Text oder die Überschrift dazu ein und schaue, welches Bild erstellt wird. Dies öffnet das Tor zu neuen Ideen für die weitere Texterstellung. Wichtig ist der Wechsel.

10. Nutze Sinne, die mit KI noch nicht angesprochen werden können. Bewege dich im Raum, wenn du bei einer Idee feststeckst. Benutze deine Haptik, rieche an einer Blume oder genieße ein gutes Essen. Diese Interaktion mit der Welt ist es, was uns von KI unterscheidet und ganz besondere Ideen hervorbringen kann.

11. Egal, was du auch machst, ob mit oder ohne KI, automatisiere deinen Ideenprozess nur bis zu einem gewissen Grad und mache dann wieder etwas anders. Routine ist auf lange Sicht der Tod jeder Veränderung und Weiterentwicklung, zumindest in der Phase der Ideengenerierung. Unsere Gedanken folgen allzu gerne einem Trägheitsvektor und bleiben auf bekannten Denkpfaden, weil das Energie spart. Diese Ideenroutine gilt es im Innovationsprozess immer wieder zu durchbrechen. Stelle dir vor, dass wir uns in einigen Jahren fragen, warum wir etwas überhaupt mit KI machen und die Antwort würde lauten: »Weil wir es schon immer so gemacht haben«. Eine beängstigende Vorstellung.

Ich wünsche dir viel Spaß bei der Umsetzung und freue mich über Feedback zu den Tipps und deine kreativen Kniffe, die du mit KI im Ideenprozess einsetzt. Melde dich gerne unter:

KI@synapsensprung.de

Wer sich tiefer in das Thema *KI* einarbeiten möchte, findet viele kostenlose Informationsquellen dazu. Ich selbst habe diese vor allem über das soziale Netzwerk *LinkedIn* gefunden (und gebe dort auch selbst Tipps). Auf der Plattform wird viel aus dem amerikanischen Raum geteilt und wenn man nach KI sucht, stößt man schnell auf einige Experten, denen man folgen oder deren Newsletter man abonnieren kann. Um nur drei Quellen zu nennen: Im Bereich Bilderzeugung und *Midjourney* habe ich dort am meisten von Rory Flynn gelernt. Und einen empfehlenswerten, wöchentlichen Überblick über aktuelle Entwicklungen in der KI bietet der Newsletter von Jens Polomski, und das sogar auf Deutsch. Es gibt auch einige hervorragende Podcasts zum Thema, von denen mir der *Heise Podcast KI-Update kompakt* besonders gut gefallen hat. Dort gibt es täglich einen zehnminütigen Überblick über aktuelle Entwicklungen und einmal pro Woche einen Deep Dive in ein spezielles Thema.

Danke

ChatGPT hat mir empfohlen, eine Danksagung zu schreiben. Das hatte ich zwar schon vor, aber tatsächlich im Schreibprozess wieder vergessen. Sehr gerne und mit großer Dankbarkeit bedanke ich mich bei allen meinen Interviewpartnern. In der Reihenfolge der im Buch abgedruckten Gespräche waren dies Gerriet Danz, Matthias Garten, Dr. Boris Nikolai Konrad, Stephanie Selmer, Emanuel Koch, Christian Buchholz, Eva-Maria Müller, Ralf Schmitt, Nils Meinzer, Collin Croome und Dr. Erkan Altun. Ein ganz herzlicher Dank für eure Zeit und das Teilen eurer Gedanken, die mit zu diesem Buch beigetragen haben.

Zuletzt ein mit großer Demut geäußertes und von ganzem Herzen kommendes Danke an meine Frau, Geschäftspartnerin und Lieblingsmensch Simona Popisti. Du hast mir erst die Möglichkeit gegeben, so tief in das Thema einzutauchen, indem du mir beruflich den Rücken freigehalten hast. Ich hoffe, dass ich das in Zukunft zurückgeben kann und wir noch viele Unternehmen auf ihrem Entwicklungsweg, ob mit oder ohne KI, begleiten und beraten dürfen.

Danke auch an *ChatGPT*. Es hat ja einige Passagen dieses Buches selbst geschrieben. Aber glaube mir, dieser Dank ist der Maschine egal. Noch.

30. NOVEMBER 2023

Die Geschichte des Covers, Teil II

Nachdem ich mich mit meinem Verlag darauf geeinigt hatte, dass wir KI für die Gestaltung des Covers einsetzen wollten, machte ich mich sofort an die Umsetzung. Das bedeutete, dass ich mich in verschiedene KI-Bilderstellungsprogramme stürzte und wie verrückt Bilder erstellte. Dabei lernte ich schnell, dass es einige Hürden zu überwinden galt.

Ich habe damals gerne mit *Midjourney* gearbeitet, weil es eine extreme Detailtiefe in den Bildern hat. Die erste Idee bestand darin, zwei Hände mit ausgestreckten Fingern darzustellen, zwischen denen eine Glühbirne zu sehen ist. Eine Hand sollte von einem Menschen sein, die andere von einem Androiden. Leider hatte das Programm zu diesem Zeitpunkt extreme Schwierigkeiten mit der Darstellung von Händen an sich und noch mehr mit der Mischung verschiedener Bildwelten. So bekam ich meistens extrem unrealistische menschliche Hände oder zwei Hände von einem Androiden. Die Glühbirne erschien überhaupt nicht.

Durch die vielen Versuche rückte ich auch von der Idee der zwei Hände ab, da sie mir bereits zu oft begegnete. Vielmehr wollte ich ausdrücken, dass wir die Möglichkeiten der KI selbst in der Hand haben. Also ein Androide, der in einer menschlichen Hand sitzt. Eine Glühbirne in der Hand des Androiden sollte weiterhin symbolisch für Kreativität stehen.

Da aber alle Programme große Probleme mit der Darstellung einer realistischen Hand hatten, wurde uns klar, dass wir diesen Teil nicht generieren konnten. Zumindest nicht mit zwei weiteren Elementen wie dem Androiden und der Glühbirne. Oft wurde die Glühbirne einfach in die menschliche Hand gelegt und nicht vom Androiden gehalten oder das Logo des Betriebssystems Android generiert. Wie Nadine dieses Problem löste, beschreibt sie gleich selbst.

Blieb der Androide mit Glühbirne. Das funktionierte einwandfrei, vor allem mit neueren Programmen wie *Dall-E 3*, die den Prompts noch besser folgten. Aber es fehlte der letzte kreative Kick. Zufällig stolperte ich über einen Prompt, durch den man zwei Bilder überlagern kann. Er lautet auf Englisch: »Construct a [Color] double exposure image where [Subject #1] is intricately superimposed within the confines of [Subject #2].«

Ausgestattet mit dieser Möglichkeit, generierte ich wieder auf unterschiedlichen Plattformen und mit unterschiedlichen Programmen vor mich hin. Bis *ChatGPT* in Verbindung mit *Dall-E* einen Prompt umschrieb, nachdem ich dort ein Beispielbild hochgeladen hatte. Die KI setzte den Androiden in die Denkerpose. Dies gefiel mir ausgezeichnet, da es zum Inhalt des Buchs passte und der Android mittlerweile in der Birne saß und nicht mehr unbedingt eine in der Hand halten musste.

Wir hatten auch schon einige vielversprechende Möglichkeiten erstellt, als Nadine auf die Idee kam, das Buchcover ganz in Schwarz zu halten. Das gefiel mir, funktionierte aber mit unseren Bildern nicht gut, da sie alle auf weißem Hintergrund erstellt waren. Also zurück an den Computer und weiter probieren.

Und irgendwann war das Ergebnis da, welches Sie jetzt in der Hand halten. Ein Android in einer strahlenden Glühbirne in der Denkerpose und mit einem leuchtenden Funken über der Hand. Dieser Funke wurde nicht im Prompt angegeben, die KI hat ihn von sich aus erzeugt. Ein Zufallstreffer nach vielen Versuchen oder ein Hinweis darauf, dass auch KI einen kreativen Funken besitzt? Wer weiß?

Ich erzähle das so ausführlich, weil es zeigt, wie die Zusammenarbeit mit KI im kreativen Prozess aussehen kann. Es hat Monate gedauert, bis wir zu diesem Ergebnis gekommen sind. Insgesamt habe ich weit über 200 Bilder auf verschiedenen Plattformen generiert. Und immer wieder waren Bilder dabei, die den gedanklichen Anstoß zur Weiterentwicklung der Bildsprache gegeben haben. Von zwei Fingern bis hin zum Denker mit dem kreativen Funken. Es ging also weder schnell, noch kam das Ergebnis nur von mir oder ausschließlich von einer KI. Und natürlich musste Nadine das Ganze auch noch mit dem Titel in Einklang bringen – die Idee zu den matrixähnlichen Codezeilen stammt von ihr.

Das Ergebnis basiert auf dem Zusammenspiel von Menschen und Maschine, wobei der Mensch noch immer die Richtung vorgibt und den Gedanken weiterentwickelt. Aber ohne KI hätte ich mich nie so in den Prozess einbringen können. Stell dir vor, ich hätte eine Agentur beauftragt, mir 200 Bilder zu entwerfen und mir jedes Mal eine Änderung gewünscht. Das wäre wahrscheinlich nicht nur unbezahlbar, sondern vermutlich auch gar nicht umsetzbar, wenn nur Menschen involviert wären, inklusive eines kleinen Details, dass selbst ich so nicht vor Augen hatte, bis der Funke auf einmal da war.

Wofür steht das Cover nun aus meiner Sicht? Es zeigt, dass auch die Welt der KI kreativ ist, und zwar in höchstem Maße. Unabhängig davon, ob die KI selbst kreativ ist oder nur die Ergebnisse, ermöglicht sie uns, auf neue und ganz außergewöhnliche Ideen zu kommen. Im besten Sinne des Wortes eine Glühbirne, die bunt leuchtet. Und es liegt an uns, wie wir mit diesen Möglichkeiten umgehen. Es liegt bildlich gesprochen in unserer Hand.

Aber auch KI wird sich in Zukunft weiterentwickeln und es gilt, darüber nachzudenken, wohin dieser Weg führt. Noch ist es nicht so weit, aber vielleicht wird KI eines Tages aus sich selbst heraus kreativ und erzeugt eigenständig jenen kreativen Funken, der auf dem Cover über der Hand des Androiden schwebt. In diesem Fall werden wir eine ganz andere Form künstlicher Kreativität erleben und vielleicht ist es dann an der Zeit, ein weiteres Buch darüber zu schreiben. Bis dahin wünsche ich dir alles Gute.

Einsichten von Nadine Nagel
Und was sagt Nadine dazu, die diesen Prozess ebenfalls begleitet hat und deren Tätigkeit sich durch KI sicher ebenfalls verändern wird? Ich freue mich sehr, dass sie hier ihre ganz eigenen Gedanken dazu beschreibt:

Wie schafft man einen eleganten Einstieg in dieses komplexe und immer stetig reifende Thema der KI im Bereich *Grafikdesign und Kreativität?* Wo fängt man an? Mit einer ähnlichen Planlosigkeit habe ich mich auch in die Zusammenarbeit mit diversen Bild-KI-Tools gestürzt, um letztlich das Cover dieses Buchs erstellen zu können.

Als die Anfrage von Nils kam, dieses Buchcover möglichst nur mit KI zu realisieren, war das etwa Mitte des ersten Halbjahres 2023 und ich hatte gerade immer mehr von den damals noch unfassbaren neuen Möglichkeiten von unter anderem *Midjourney* und *ChatGPT* erfahren.

An dieser Stelle muss gesagt werden, dass mein kreativer Prozess eher intuitiv als technisch ist. Das heißt, ich habe diese Entwicklung zwar mit großem Interesse verfolgt, aber es hat mich nicht gereizt, sofort damit herumzuexperimentieren und wie wild Textprompts zu entwickeln. Umso mehr hat es mich gefreut, dass ich nun ein wenig »gezwungen« war, mich mit den neuen Werkzeugen auseinanderzusetzen und sie aktiv für meine Arbeit zu nutzen.

Das Motiv war dank Nils »fleißiger Bildgenerierung im Vorfeld« relativ schnell gefunden: Es sollte eine Hand sein, die einen kleinen Roboter hält, der wiederum eine Glühbirne hält. Ich war sofort von der Symbolik und Aussagekraft dieses Motivs in Bezug auf den Inhalt des Buchs begeistert, aber wie erklärt man das einer KI so unmissverständlich, dass sie uns dieses Motiv anatomisch sauber, in einem gefälligen Art-Style, ohne zusätzliche und unerwünschte Elemente ausspuckt?

Denn das war meine Erwartung zu Beginn des Prozesses: Ich lasse die KI das Cover generieren und hoffe, dass das »zufällige« Design den erdachten Anforderungen an das Cover genügt. Aber glücklicherweise bin ich schnell aus diesem Zug ausgestiegen, denn die Ergebnisse bis zu diesem Zeitpunkt waren eher frustrierend und in meinen Augen alles andere als künstlerisch kreativ. Ich habe verstanden, in der KI nicht einen Angestellten zu sehen, der mir die Arbeit abnimmt, sondern einen Mitarbeiter, einen Impulsgeber, einen Assistenten, der für mich in Sekundenschnelle aus losen Ideen erste Entwürfe macht, mir Bausteine für das große Ganze liefert. Und so ist schließlich auch die Grafik für dieses Buchcover entstanden.

Die finale Grafik besteht aus drei Bildelementen, welche unabhängig voneinander und mit verschiedenen Bild-KI-Tools geniert wurden. Den Anfang hat das Element »Roboter in Glühbirne« gemacht, diese Grafik hat Nils in *Dall-E* erzeugen lassen. Daraufhin habe ich diese Glühbirne genommen und in *Adobe Photoshop* mit Hilfe der »generativen Füllung« und dem einfachen Prompt »Hand von der Seite, nach obenhin geöffnet« eine Hand unter die Glühbirne generieren lassen. Die Hand war nicht gleich perfekt und hatte ein paar kleine Schönheitsfehler, so befand sich beispielsweise am Ringfinger ein Fingernagel zu viel, doch mit kurzen selektiven Nachbesserungen war das schnell behoben. Somit war das zweite Bildelement gesetzt. Das dritte Element ist der leicht abstrakte Binärcode, der von unten nach oben in die Gestaltung verläuft. Dieser war eine intuitive kreative Entscheidung von mir, um dem Cover mehr Farbe und der Gestaltung ein »Fundament« zu geben. Dass der Binärcode nicht aus klaren Einsen und Nullen besteht, hat der Dritte im KI-Tool-Bunde beschlossen, *Midjourney*. Hier scheint vor allem *Midjourney* noch Probleme zu haben, aber auch in anderen Tools waren die Versuchsergebnisse nicht zufriedenstellend und zu willkürlich.

Nachdem aber nun alle bildgrafischen Elemente vorhanden waren, war es nur noch meine Aufgabe, alles zu einem stimmigen Bild zusammenzufügen. Dazu zählten klassische Grafikarbeiten wie color grading[57], Schattierungen, Freistellen etc., wobei bei letzterem die KI mittlerweile die meiste Arbeit effektiv übernimmt und man nur noch an manchen Stellen nacharbeiten muss.

Im letzten Schritt wurde noch der Buchtitel gesetzt. Zur Gestaltung des Buchtitels muss gesagt sein, dass diese noch im klassischen Sinne zu 100 Prozent menschengemacht ist. Wie sich gezeigt hat, haben die Bild-KI-Tools bei der Generierung von Schriften und Texten zum jetzigen Stand noch ziemliche Schwierigkeiten.[58]

Anhand einiger Fragen möchte ich die Umsetzung eines Buchumschlages mit und ohne KI vergleichen:

---

57 »Color Grading« bezieht sich auf den Prozess der Anpassung und Veränderung der Farben in einem Bild oder Video, um einen bestimmten visuellen Stil oder eine gewünschte Stimmung zu erzeugen. Es wird oft in der Postproduktion von Filmen, Fotos und Grafiken verwendet, um den visuellen Eindruck zu verbessern oder zu verändern.

58 Tatsächlich hat *ChatGPT* allerdings dabei geholfen, den Buchtitel zu formulieren. Der Haupttitel »Jenseits des Algorithmus« stammt von der KI. Natürlich kam auch dieser Vorschlag erst nach vielen Versuchen und Promtgestaltungen.

Läuft der Prozess mit KI schneller?

Anhand meiner Erfahrung in diesem Projekt lautet meine Antwort: nein. Fairerweise muss erwähnt werden, dass ich hier zunächst eine Art Einfindungsphase in die Arbeit mit KI hatte. Doch selbst, wenn ich diese Zeit abziehe, kann ich nicht behaupten, dass die Arbeit mit KI gegenüber der Arbeit ohne KI eine Zeitersparnis gebracht hat. Ich habe jedoch festgestellt, dass sich die Zeitaufteilung im Prozess, also für welche Arbeitsschritte ich wie viel Zeit aufgewendet habe, verändert hat. Durch die Möglichkeiten, die eine generative Bild-KI bietet, habe ich mehr Zeit und auch den Drang gehabt, zu experimentieren und Ideen länger weiterzuentwickeln, denn ich wusste, ich kann das gewünschte Motiv oder die Gestaltungselemente innerhalb kürzester Zeit mit der KI und kleinen manuellen Nachbesserungen für meinen Zweck so weit wie nötig finalisieren. Wohingegen ich im Prozess ohne KI den größten Zeitaufwand in die Beschaffung oder Erstellung der erdachten Grafiken stecken und mich in letzter Konsequenz mit dem zufriedengeben muss, was die vorhandene Zeit erlaubt hatte, zu erstellen bzw. die Stock-Footage-Bibliotheken hergaben.

Meine allgemeine Antwort auf diese Frage lautet daher: ja, der Umsetzungsprozess kann(!) mit Hilfe von KI deutlich schneller laufen.

Ist die Arbeit mit KI weniger kreativ oder einschränkend?

Auch hier ein klares Nein. Ich behaupte, dass die KI ein hervorragender Sparringspartner ist, der die eigene Kreativität anregt und einer Gestaltungsidee mehr Tiefe oder auch den Impuls geben kann, in eine andere, neue Richtung zu denken.

Hätte es ein ähnliches beziehungsweise vergleichbares Gestaltungsergebnis ohne KI gegeben?

Diese Frage retrospektiv zu beantworten, fällt mir schwer. Mein ehrliches Gefühl sagt mir jedoch nein. Die ursprüngliche Idee für das Buchcover kam zwar von Nils, doch wurde diese durch seine intensive Arbeit mit der KI in eine Richtung geformt, auf die wir von selbst wohl nicht gekommen wären, und zwar den Roboter in die Glühbirne zu setzen. Zudem ist der leuchtende Funke, den der Ai-Roboter über seinen Fingerspitzen hält, gänzlich aus der Berechnung der KI entstanden.

Fazit:

In meiner alltäglichen Arbeit als Grafikdesignerin und Mediengestalterin greife ich mittlerweile immer wieder auf *Midjourney* und das generative KI-Tool in den jeweiligen *Adobe*-Programmen zurück und lasse mir Bilder und Grafiken generieren, die häufig entweder als Gestaltungsbasis oder als fertiges Asset[59] dienen. Es ist auch schon vorgekommen, dass ich zu bestimmen Themen eine kurze »Unterhaltung« mit *ChatGPT* führte, um mich zu Gestaltungsmöglichkeiten inspirieren zu lassen.

Ich denke nicht, dass Kreativität und Originalität durch den Einsatz dieser Tools zwangsläufig verloren gehen. Ich bin davon überzeugt, dass kreative Menschen diese Tools für sich und ihre Arbeiten zu nutzen wissen und weiterhin originelle und individuelle Werke schaffen, nur eben mal mehr oder mal weniger mit der Unterstützung von KI. Eine KI wird den Menschen nicht ersetzen können. Letztlich glaube ich, dass zumindest die kommerziellen KI-Tools bis zu einem gewissen Maß berechenbar bleiben werden und dazu neigen, immer auf bewährte Muster und Trends zurückzugreifen, was zu generischen Designs führen könnte, jedoch geht es im Grafikdesign meist darum, sich von der Masse abzuheben.

Zudem bezweifle ich, dass eine KI menschliche Intuition lernen und emotionale Feinheiten in Designentscheidungen einbeziehen könnte. So entstehen Designs, die technisch zwar korrekt, aber emotional unpersönlich sind.

Für die Zukunft wünsche ich mir, dass es einen verantwortungsbewussten Umgang mit den Möglichkeiten, die uns künstliche Intelligenzen bieten werden, gibt und jeder imstande sein wird, die Vorteile zu sehen und für sich nutzen zu können, ob im privaten oder beruflichen Kontext. Denn wenn diese Entwicklung mir eines gezeigt hat, dann dass ich mehr Zeit haben werde.

---

59 Ein »Asset« ist in diesem Kontext ein fertiges Designelement, wie ein Bild oder eine Grafik, das in grafischen Projekten verwendet wird.

Zeitschiene

Während der Arbeit an diesem Buch sind mir immer wieder neue Entwicklungen begegnet, die ich spontan in Kurzform festgehalten habe. Ich freue mich, wenn ich dir damit zeigen kann, wie schnell die heutige Entwicklung voranschreitet. Und vielleicht denkst du mit einem Schmunzeln an eine Entwicklung, die zu deiner Zeit bereits überholt ist.

Viel Spaß beim Stöbern:

Juni 2018
* *Open AI* stellt sein erstes Sprachmodell GPT-1 vor.

Februar 2019
* GPT-2 erscheint.

Juni 2020
* GPT-3 erscheint.

30. November 2022
* *ChatGPT* wird veröffentlicht und sorgt für Furore.

März 2023
* GPT-4 erscheint und es können nun auch Bilder und nicht nur Text übermittelt werden (vorerst nur für *ChatGPT Pro* User).

April 2023
* EU erzielt Einigung über einen Entwurf für die weltweit erste umfangreiche Regulierung der künstlichen Intelligenz (KI). Den *EU AI-Act*.

Mai 2023

- Sam Altman, CEO von *OpenAI*, dem Unternehmen hinter *ChatGPT*, fordert in einer Senatsanhörung in den USA eine Regulierung der künstlichen Intelligenz.
- *Google* bringt ein KI-Programm für eine Text-zu-Musik Umwandlung heraus.
- *ChatGPT* startet seine App für das *iPhone*. Allerdings vorerst noch nicht für den deutschen Markt.
- *Googles* KI-gestützte Suchmaschine *Bard* ist öffentlich für alle erreichbar – allerdings vorerst nur in englischsprachigen Ländern, also noch nicht für Deutschland zugängig.
- *Windows* kündigt mit *Copilot* für *Windows 11* die erste PC-Plattform für zentralisierte KI Assistenzprogramme an.
- *Adobe* integriert KI in sein Programm *Photoshop*.
- Der Browser *Opera* stellt sein integrierte Browser-KI namens *Aria* vor, basierend auf einer Zusammenarbeit mit *OpenAI*.
- Hamburger Abiturienten werden verdächtigt, bei ihrer Abiturprüfung *ChatGPT* eingesetzt zu haben.
- Mit *Roop* kommt ein Programm auf den Markt, mit dem sich Gesichter in Videos austauschen lassen. Wie gemacht, um auch Falschinformationen zu verbreiten.

Juni 2023

- Mit dem Programm *Chatbase* kann *ChatGPT* mit eigenen Daten ergänzt (die Webseite reicht aus) und als Chatbot auf der eigenen Webseite integriert werden.
- Die App *character.ai*, mit der sich eigene AI Avatare erstellen lassen, wird in weniger als einer Woche über 1,7 Millionen mal aus den App Stores geladen.
- Japan hebt Urheberrechte für Daten auf, die für das Training von KIs benutzt werden.
- *Google* startet seine generative KI-Suche, die die Kluft zwischen den Antworten von Chatbots und klassischer Websuche schließen soll. Vorerst nur in englischer Sprache.

- Nachdem *Microsoft* für *Teams* mit seinem neuen *AI Copilot* ein Tool zur Verfügung stellt, das Meetings mittels KI automatisch zusammenfassen und transkribieren kann, zieht *Zoom* mit *Zoom IQ* nach und bietet ähnliche Möglichkeiten.
- *Apple* stellt bei seiner Entwicklerkonferenz *WWDC* unter anderem seine Brille *Vision Pro* vor und weitere Neuerungen aus dem Hause *Apple*. Dabei wird das Wort KI durchgehend vermieden, obwohl es sicher in den meisten der Neuerungen von Bedeutung ist.
- Die Europäische Union fordert die Unterzeichner ihres Verhaltenskodex für Online-Desinformation auf, Deepfakes und andere KI-generierte Inhalte zu kennzeichnen. Der Desinformationskodex hatte zu dieser Zeit insgesamt 44 Unterzeichner – darunter Tech-Giganten wie *Google*, *Facebook* und *Microsoft* sowie kleinere Adtech-Unternehmen und zivilgesellschaftliche. Ende Mai 2023 unternahm *Twitter* jedoch den ungewöhnlichen Schritt, sich aus dem freiwilligen EU-Kodex zurückzuziehen.
- *Meta* kündigt an, KI auf all seinen Plattformen wie *Facebook*, *Twitter* und *WhatsApp* integrieren zu wollen.
- *Meta* stellt ein neues Modell zur Bildgenerierung vor, *Image Joint Embedding Predictive Architecture* (I-JEPA). Es erfasst Muster und Strukturen durch selbstüberwachtes Lernen aus unmarkierten Daten, sagt fehlende Informationen auf einer hohen Abstraktionsebene voraus und vermeidet so die Einschränkungen generativer Modelle. Eine neue Art des Lernens, die näher an die des Menschen herankommt.
- In den USA integriert *Mercedes ChatGPT* in seine Auto-Sprach-Assistenten.
- *Meta* stellt sein neues Sprach KI Modell *Voicebox* vor. Eine Veröffentlichung ist derzeit aber nicht geplant.
- Stanford-Forscher haben eine Studie durchgeführt, um zu prüfen, ob aktuelle Anbieter von KI-Modellen den bekannten Richtlinien des geplanten EU-Gesetzes zur Regulierung von KI entsprechen. Dies tun sie zu diesem Zeitpunkt größtenteils noch nicht.

- Nach Berichten der Internetplattform von *Time* (vom 20.Juni 2023) hat sich das Unternehmen *OpenAI* bei der EU für eine Abschwächung des geplanten KI-Abkommens eingesetzt, obwohl der CEO des Unternehmens in Amerika zuvor für eine Regulierung geworben hat.
- Beim Tennis Turnier in Wimbledon werden KI-gestützte Kommentare eingeführt.
- *Midjourney* veröffentlich eine Zoom Out Funktion in seiner Version 5.2
- Mit *DreamDiffusion* werden Bilder aus EEG-Signalen erstellt. Gedanken werden also zu Bildern umgesetzt.

Juli 2023
- Eine kalifornische Anwaltskanzlei hat eine Sammelklage gegen *OpenAI* eingereicht. Sie behauptet, dass das Unternehmen die Urheberrechte und die Privatsphäre unzähliger Menschen verletzt hat, als es Daten aus dem Internet verwendet hat, um seinen beliebten Chatbot *ChatGPT* zu trainieren.
- Über 150 Unternehmen kritisieren den geplanten *AI Act* der EU.
- *Amazon Studios* hat ein Tool namens *Amazon Storyteller* eingeführt, das automatisch Storyboards aus eingereichten Drehbüchern erstellen kann.
- *Excel* und *Google Sheets* können mittels KI ergänzt beziehungsweise komplett erstellt werden. Direkt aus den Programmen heraus.
- *Google* hat seine Datenschutzrichtlinien zum 01. Juli 2023 aktualisiert und erklärt, dass es öffentlich verfügbare Daten nutzen kann, um seine KI-Modelle zu trainieren und zu erstellen.
- Die Downloadzahlen von *ChatGPT* nehmen spürbar ab. Gleichzeitig bleiben die Nutzungsraten von *Google* stabil, eine Ablöse im Bereich Suchmaschine ist nicht erkennbar. Ist der Hype etwa schon vorbei? (Anmerkung: Einige Wochen später zeigte sich, dass die Abnahme der Nutzerzahlen vor allem an den Ferien in den USA lag. Dort wurden die Zahlen erhoben und in den Ferien nutzten Schüler das Programm weniger.)

- *Med-PaLM 2* von *Google* ist ein Modell, das Fragen zu medizinischen Informationen beantworten soll. Es wird seit April 2023 in der Forschungsklinik *Mayo Clinic* getestet. *Med-PaLM 2* schnitt bei fast allen anderen Metriken ähnlich gut ab wie die tatsächlichen Ärzte.
- Ähnlich wie *Adobe* hat auch *Shutterstock* angekündigt, dass es Kunden, die seine KI-Bildgeneratoren nutzen, eine vollständige Entschädigung anbietet, die sie vor möglichen Ansprüchen gegen die Nutzung der Bilder schützt.
- *Anthropic* bringt mit *Claude 2* sein verbessertes Sprachmodel heraus, dass in einigen Bereichen besser als *ChatGPT* und *Bard* sein soll. Leider ist es nur in Amerika und in England verfügbar.
- Elon Musk gründet sein seit langem angekündigtes Startup für künstliche Intelligenz, *xAI*, als Konkurrenz zu *OpenAI*.
- *Meta* hat *CM3leon* (gesprochen Chamäleon) vorgestellt, ein einziges Basismodell, das sowohl Text-zu-Bild- als auch Bild-zu-Text-Generierung ermöglicht. Man kann dadurch mit der KI sprechen, die ein Bild generiert und dieser erklären, was in einem Bild abgeändert werden soll.
- Das Unternehmen *WIX* ist spezialisiert auf die Erstellung von Webseiten ohne Vorerfahrung und IT-Kenntnisse. Es kündigt an, dass es bald eine Funktion einführt, mit der Kunden eine komplette Webseite nur mit Texteingabe (Prompts) erstellen können. Der Text wird mittels KI in eine Webseite umgestaltet.
- *Meta* kündigt sein Sprachmodell *Llama 2* an, das komplett open source sein soll. Dadurch erhalten Programmierer Zugang zu seinen Daten. *Microsoft* ist der bevorzugte Partner von *Llama 2*. Bei einer Probenutzung der KI von mir halluziniert sie wild drauf los.
- *Apple* entwickelt einen eigenen Chatbot mit dem Arbeitsnamen *Apple GTP*, das LLM dahinter heißt *Ajax*. Es soll allerdings erst im Jahr 2024 als Kundenprodukt auf den Markt kommen.
- *ChatGPT* ergänzt die Möglichkeit, ein eigenes Profil für sich als Nutzer anzulegen (Costum instructions). Bisher allerdings noch nicht in der EU nutzbar.

- *Twitter* heißt nun *X*. Wer weiß, wohin Elon Musk den bisherigen Dienst für Kurzinformationen führt.
- Erste KI-Programme ermöglichen es, seinen eigenen Chatbot in *WhatsApp* zu platzieren, der nur über ihm zugängliche Informationen spricht. Kunden und Mitarbeiter können also auch über *WhatsApp* angesprochen werden. Dies ermöglicht es, zusätzlich einen Avatar zu personifizieren, indem ihm eine eigene WhatsApp Adresse gegeben werden kann.
- *Anthropic*, *Google*, *Microsoft* und *OpenAI* haben gemeinsam die Gründung eines neuen Branchengremiums angekündigt, das die sichere und verantwortungsvolle Entwicklung von KI-Systemen gewährleisten soll.
- *Amazon* will seine *Alexa*-Geräte mittels KI revitalisieren. Bereits im September sollen erste Umsetzungen vorgestellt werden.

August 2023
- *Google Ads* hat eine neue Funktion eingeführt, die KI nutzt, um automatisch Anzeigen auf seiner Plattform zu generieren. Die Funktion nutzt Large-Language-Models und generative KI.
- Erste »Gerüchte« kündigen *CPT-5* an. Im Gegensatz zu den Vorgängern soll es vor allem auch mit Sprache arbeiten und auch Sprache ausgeben können.
- *Meta*, der Eigentümer von *Facebook*, entwickelt Chatbots mit verschiedenen Persönlichkeiten, um das Engagement auf seinen Plattformen zu erhöhen. Diese Chatbots, die als »Personas« bekannt sind, werden menschliche Unterhaltungen nachahmen und können Figuren wie Abraham Lincoln oder einen Surfer enthalten. Die Chatbots werden voraussichtlich Anfang September auf den Markt kommen und den Nutzern Suchfunktionen, Empfehlungen und Unterhaltung bieten.
- Das *MIT*-Labor für Computerwissenschaften und künstliche Intelligenz (CSAIL) entwickelt ein KI-Tool namens *PhotoGuard*, um Bilder vor der Veränderung mittels KI zu schützen.
- *OpenAI* benutzt *GPTBot*, um das Internet nach Daten zu durchsuchen, die beim Training seiner Produkte genutzt werden. Dieser

Crawler kann aktiv davon abgehalten werden, eigene Webseiten auszulesen. Erste große deutsche Domains (unter anderem *Stern*, *FAZ*) tun dies bereits.

- *Microsoft* ändert seinen Dienstleistungsvertrag und fügt Einschränkungen für KI-Angebote hinzu. Auch die *New York Times* verdeutlicht in seinen AGBs noch einmal, dass die Nutzung ihrer Artikel für das Training von KI untersagt ist.

- Neurowissenschaftler zeichneten die elektrische Aktivität von Hirnregionen (gelbe und rote Punkte) auf, während die Patienten den Pink-Floyd-Song *Another Brick in the Wall, Part 1* hörten. Mit Hilfe von KI-Software konnten sie den Song aus den Gehirnaufzeichnungen rekonstruieren.

- *Bosch* soll bis Ende des Jahres einen eigenen Chatbot bekommen. Sein Name lautet *Bosch GPT*.

- In *Midjourney* können nun auch einzelne Bildbereiche ausgewählt und neu gestaltet werden. Damit steht es nun in direkter Konkurrenz zu Bildbearbeitungsprogrammen wie *Adobe Firefly*, die dies schon länger konnten.

- *YouTube* hat sich mit *Universal Music* zusammengetan, um einen Inkubator zu gründen, der sich auf die Erforschung des Einsatzes von KI in der Musik konzentriert. Der Inkubator wird mit Künstlern und Musikern, darunter Mitglieder von *ABBA*, zusammenarbeiten, um Erkenntnisse über generative KI-Experimente und -Forschung zu sammeln.

- *OpenAI* kündigt *ChatGPT Enterprise* an. Neben einigen Verbesserungen soll dies auch garantieren, dass Unternehmensdaten nicht für Trainingszwecke genutzt werden.

- *Aleph Alpha* wird künftig mit dem Heilbronner KI-Innovationspark kooperieren. Bei *Aleph Alpha* handelt es sich um ein KI-Start-up Unternehmen aus Heidelberg, das als einziger Entwickler von Künstlicher Intelligenz in Europa gilt, der es mit der Konkurrenz aus den USA aufnehmen kann.

- *Google* entwickelt mit *SynthID* ein Programm, um künstlich generierte Bilder mit einem Wasserzeichen zu markieren. Von Menschen ist dies nicht zu erkennen.

September, 2023

- Polen reicht eine Beschwerde bei der EU ein, in der steht, dass *ChatGPT* gegen mehrere DSVGO-Artikel verstößt.
- *OpenAI* hat einen Leitfaden für Lehrer und Lehrerinnen veröffentlicht, die *ChatGPT* im Unterricht einsetzen. Dieser Leitfaden enthält Vorschläge für Prompts, Erklärungen zu den Funktionen und Grenzen von *ChatGPT* sowie Einblicke in KI-Detektoren und Verzerrungen.
- *Meta* führt *Facet* ein, um die Fairness von KI-Modellen zu bewerten. Es ermöglicht tiefgreifende Bewertungen von Voreingenommenheit in Bildern und Videos. Es wurde entwickelt, um Diskriminierungen in KI-Modellen zu identifizieren.
- Das US-Urheberrechtsamt eröffnet am 30. August 2023 eine öffentliche Kommentierungsphase zu Fragen der KI und des Urheberrechts, um herauszufinden, wie die Behörde das Thema angehen soll.
- *X* (früher *Twitter*) bestätigt in seinen Geschäftsbedingungen, dass es öffentliche Informationen aus seinem Netzwerk für das Training von KI nutzen wird.
- China bringt nach Freigabe durch die Regierung seinen ersten eigenen Chatbot *Ernie* an den Start. Trainiert werden darf er nur mit Daten, die der Staat freigegeben hat. Welcher Bias dadurch wohl entsteht?
- Arbeitsminister Hubertus Heil kündigt Regelungen für die Nutzung von KI in der Arbeitswelt (auch ein Betriebsdatenschutzgesetz) an und geht davon aus, dass im Jahr 2035 keine Arbeit mehr ohne KI auskommen wird.
- *Google* startet das *Digital Futures Project* und einen mit 20 Millionen Dollar dotierten *Google.org-Fonds*, der Zuschüsse für führende Denkfabriken und akademische Einrichtungen weltweit bereitstellen wird. Das Projekt wird Forscher unterstützen, Konferenzen organisieren und die Debatte über politische Lösungen fördern, um die verantwortungsvolle Entwicklung von KI zu unterstützen.
- In Amerika diskutierten mehrere Politiker und Unternehmer zum Thema *KI* hinter verschlossenen Türen. Die Diskussion wurde

vom Mehrheitsführer im Senat, Chuck Schumer, organisiert. Zu den Teilnehmern gehörten unter anderem Bill Gates, Elon Musk, Sam Altman, Mark Zuckerberg und mehrere Senatoren.

- *Hugging Face* bietet mit *HuggingChat* eine Open-Source-Alternativen zu *ChatGPT* an, die auch Zugriff zum Internet hat. *Hugging Face* ist eine Open-Source-Plattform für Künstliche Intelligenz und spezialisiert auf Natürliche Sprachverarbeitung (NLP). Bei einem kurzen Test und der Einbindung von *Llama 2* hat es allerdings stark halluziniert.
- *Google* lässt erste, ausgewählte Unternehmen seinen Sprachgenerator *Gemini* testen. Ende 2023 soll es auf den Markt kommen und so gut sein wie *ChatGPT 4*. Fast gleichzeitig lässt sich *Bard* mit anderen Anwendungen verknüpfen, um sich beispielsweise seine E-Mails durchsuchen zu lassen.

Ende September habe ich das Manuskript des Buches beim Verlag eingereicht und diese Liste nicht weiter gepflegt, sodass die Zeitschiene Ende September 2023 endet.

Lösungen 9-Punkt-Problem

Lösung 1 mit vier Strichen:

Betrachten wir die neun Punkte, so bleiben die meisten innerhalb des optisch vorgegebenen Quadrats – und das, obwohl es gar nicht da ist. Unsere Optik sortiert gerne in Formen und Muster. Wir wollen unbewusst auch die Striche nur in diesem Rahmen machen.

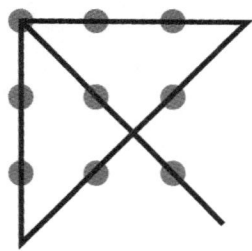

Lösung 2 mit drei Strichen:

Eine Vorannahme, die wir uns selbst geben, kann die Vorstellung sein, dass die Striche durch die Mitte der Punkte gehen müssen.

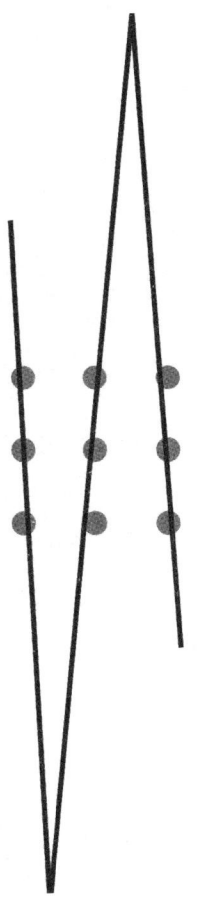

Lösung 3 mit zwei oder einem Strich:

Verändern Sie weitere Rahmenbedingungen auf dem Weg zu kreativen Lösungen. In diesem Fall können wir die Größe beziehungsweise Dicke des Stiftes verändern. Mit einer breiten Malerrolle benötigen wir auch nur einen Strich.

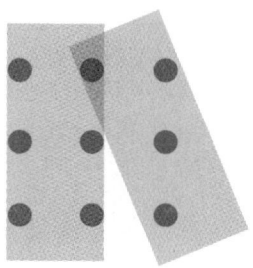

Lösung 4 mit einem Strich:

Das Problem ganz aus dem Bezugsrahmen zu lösen und dadurch eine völlig neue Perspektive einzunehmen, kann zu sehr kreativen Lösungen führen. Wie hier, wenn man das Blatt zerschneidet oder auch aufeinander faltet.

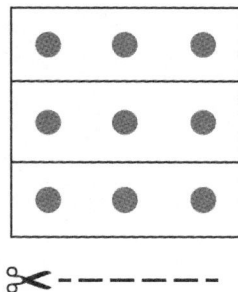

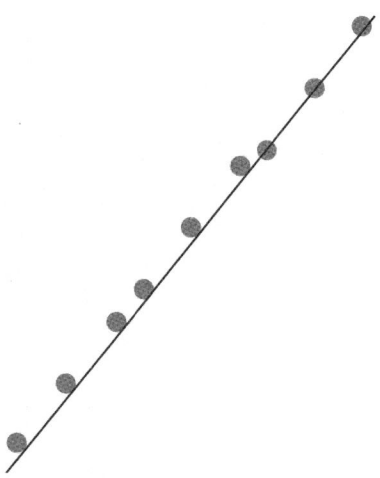

Weitere Verlagspublikationen

»Denn eines ist klar: Jeder Einzelne von uns und infolge jedes Unternehmen hat die Option, die Disruptionen für sich zu nutzen, wenn man das Phänomen an sich verstanden hat und weiß, welche Konsequenzen damit einhergehen.«

Michael Lieser
Disrupt or be disrupted
Was Unternehmen von Tesla, Uber und Airbnb
lernen müssen
168 Seiten
Mentoren-Media-Verlag
ISBN: 978-3-98641-063-6
€ 18,99 [DE]

Der Wandel der Welt und der Wirtschaft ist unübersehbar. Jeder von uns erfuhr schon im Laufe seines Lebens die ungeheure Tragweite großer Ereignisse, die mit dem Begriff Disruption bezeichnet werden. Disruption findet in der Wirtschaft, im Bankenwesen, ja selbst im Privatleben jedes Einzelnen von uns statt. Sie sorgt nicht nur für Veränderungen, sondern Disruption lässt keinen Stein auf dem anderen stehen.

Am Beispiel der Automobilbranche und im Speziellen anhand von Tesla zeigt Michael Lieser, wie junge Führungskräfte, egal welcher Branche, und solche, die es noch werden wollen, sich idealerweise auf die nächste Disruption vorbereiten und dadurch maßgeblich profitieren können. Das hilft letzten Endes nicht nur den Lesern des Buches, sondern auch den jeweiligen Unternehmen, die Veränderungsprozesse zu gestalten und vorbereitet zu sein auf den nächsten Umbruch ihrer Branche. Wer die Funktionsweise von Wirtschaft versteht, kann sie auch beeinflussen. Michael Lieser zeigt die notwendigen Fähigkeiten, Kompetenzen und Denkweisen auf, die für ein modernes Wirtschaften unumgänglich sind.

»Erfolg und Verantwortung bedingen einander auf vielfältige Weise. Sie sind wie Zwillinge, die nur vollständig scheinen, wenn sie gemeinsam auftreten.«

Udo Gast
Erfolg braucht Verantwortung
Betriebswirtschaft hat abgewirtschaftet
288 Seiten
Mentoren-Media-Verlag
ISBN: 978-3-98641-038-4
€ 24,95 [DE]

In den letzten Jahren stellen Unternehmer immer wieder fest, wie verwundbar sie sind und wie schlecht sie sich auf Ausnahmesituationen vorbereitet haben. Umsätze gehen zurück, Mitarbeiter verlieren ihren Job und damit ihre Existenzgrundlage. Der gewohnte Erfolg bleibt aus. Andererseits zögern viele Menschen aber auch, sich auf das Abenteuer Selbstständigkeit einzulassen. Der zentrale Aspekt für persönlichen und unternehmerischen Erfolg ist das Thema »Verantwortung«.

Doch wo beginnen Sie mit Veränderungen und wie gehen Sie dabei konkret vor? Zahlreiche Beispiele aus der Unternehmerpraxis, Checklisten und Arbeitsblätter unterstützen Sie bei der Umsetzung. Aus zahlreichen Interviews mit erfolgreichen Persönlichkeiten sind die wertvollsten Erkenntnisse miteingeflossen.

»Die 1-Tage-Woche funktioniert nur zum Nutzen deines Umfelds. Je mehr Nutzen du durch die Veränderung für andere schaffst, desto schneller und nachhaltiger bekommst du die Freiheit über deine Zeit zurück.«

Ulrich Zimmermann
Die 1-Tage-Woche
Wirklich erfolgreiche Unternehmer
haben Zeit
260 Seiten
Mentoren-Media-Verlag
ISBN: 978-3-98641-107-7
€ 24,99 [DE]

Tagtäglich verlieren wir Unternehmer wertvolle Zeit in unseren geschäftigen Hamsterrädern. Ständig sind wir gefangen in einem Strudel aus Aufgaben und Verpflichtungen, fühlen uns oft überfordert und ausgelaugt. Die Freiheit, die wir erreichen wollten, scheint in weiter Ferne. Wie wäre es, wenn es einen Weg gäbe, diesen Teufelskreis zu durchbrechen? Wenn du als Unternehmer nur noch einen Tag in der Woche mit Dingen beschäftigt wärst, die du wirklich tun müsstest, und den Rest der Zeit nach deinen Wünschen 100 Prozent frei gestalten könntest?

Ulrich Zimmermann zeigt dir, wie du deine Zeit als die ultimative Unternehmerwährung nutzt. Von der Befreiung aus dem Hamsterrad bis zur Weiterentwicklung deiner 1-Tage-Woche lernst du, wie du dein Unternehmen wertvoller machst und gleichzeitig deine persönliche Freiheit maximierst. Erfahre, wie der Autor selbst den Weg zur zeitlichen und finanziellen Freiheit gemeistert hat. Außerdem lernst du, deine Denkweise zu Zeit und deine Führungskultur zu optimieren, um Zeit für die wirklich wichtigen Dinge in deinem Leben zu gewinnen. Entdecke, wie du dein Unternehmen in einen Selbstläufer verwandelst, der ohne dein ständiges Eingreifen funktioniert.

»In einem Unternehmen, das sich mit Diversity auseinandersetzt, finden auto-matisch immer auch kleine Veränderungen statt. Das Unternehmen geht mit der Zeit, es stellt sich auf die veränderte Welt da draußen ein und ganz wichtig: Es behält seine wichtigste Ressource, seine Mitarbeitenden, im Blick.«

Anna Engers
Komplexität von Diversity meistern
Wie Du das »Popcorn im Kopf« sortierst und
Lust auf Vielfalt im Unternehmen bekommst
164 Seiten
Mentoren-Media-Verlag
ISBN: 978-3-98641-055-1
€ 17,95 [DE]

Der Begriff Diversity macht schnell »Popcorn im Kopf«, weil es ein so weitverzweigtes, unüberschaubares und facettenreiches Thema ist. Anna Engers aber ist überzeugt: Diversity ist der Booster für jedes Unternehmen! Dennoch tun sich die Organisationen in Deutschland immer noch schwer, echte Vielfalt zu integrieren und zu leben. Warum das so ist und was sich hinter dem Begriff „Diversity" eigentlich verbirgt, dem hat sich die Autorin in diesem Buch gewidmet. Sie trennt sich von der Einteilung in die gängigen sechs Dimensionen und zeigt auf, dass Diversität ganz viel mit der eigenen Haltung gegenüber Menschen zu tun hat. Die eigens von ihr entwickelte Diversity-These gibt dem Thema seine Leichtigkeit zurück.

Ziel ist es, dass die Leser und Leserinnen dieses Buches einen anderen Blick auf das Thema bekommen und mit Lust und Laune Diversity noch einmal neu denken oder endlich damit beginnen. Denn für Unternehmen ist eine vielfältige Belegschaft der Schlüssel für den Umgang mit komplexen Märkten und zukünftig der einzige Weg zum Erfolg. Nur vielfältige Teams lösen komplexe Probleme. Diversität sehen und leben ist gar nicht schwer.

»Wenn es mit dem IT-Vertragsmanagement allgemein nicht so richtig läuft, liegt dies ganz oft an vielen verschiedenen Faktoren, und auch an fehlendem Grundlagenwissen und den Voraussetzungen.«

Melanie Schneider
Der IT-Vertrag
Fallen und Tücken im IT-Vertrag erkennen,
aufdecken und vermeiden
172 Seiten
Mentoren-Media-Verlag
ISBN: 978-3-98641-089-6
€ 18,99 [DE]

In vielen Unternehmen wird das IT-Vertragsmanagement vernachlässigt. Das führt oftmals zu mangelndem Grundlagenwissen in der Vertragsgestaltung, Lücken im Anforderungsprofil für das IT-Tool und in den IT-Verträgen sowie mangelnder Kommunikation und Machtspielchen zwischen den Abteilungen. Verantwortlich für diese Missstände sind fehlende Grundlagen, mangelnde Kommunikation und manche Fehlentscheidungen auf der Führungsebene. Die wichtige Frage an dieser Stelle lautet daher: Wie können Sie sicherstellen, einen rechtssicheren IT-Vertrag zu erstellen, der alle Punkte enthält, die für Ihr Unternehmen wichtig sind? Und wie kommunizieren Sie mit anderen Abteilungen, damit die Umsetzung reibungslos abläuft?

Melanie Schneider zeigt Ihnen, wie Sie die verschiedenen Aspekte des IT-Vertragsmanagements operativ umsetzen und das Zusammenspiel aller Beteiligten fördern. Mithilfe von Maria Dohlares, Hauptfigur der begleitenden Erzählung und IT-Vertragsmanagerin des fiktiven Unternehmens Desto AG, bekommen Sie einen Einblick in die berufliche Praxis und die Herausforderungen des IT-Vertragsmanagements. Dabei lernen Sie, worauf Sie bei der Beschaffung eines IT-Tools achten und welche Phasen des Vertragsmanagementzyklus Sie beachten müssen.